Im Bund mit der Macht

Antje Windgassen

Im Bund mit der Macht

Die Frauen der Diktatoren

Campus Verlag
Frankfurt/New York

Für meine Eltern – Günter und Christel Logemann

Die Deutsche Bibliothek – CIP-Einheitsaufnahme

Ein Titeldatensatz für diese Publikation ist bei
der Deutschen Bibliothek erhältlich
ISBN 3-593-36900-1

Umschlaggestaltung: RGB, Hamburg
Satz: Fotosatz L. Huhn, Maintal-Bischofsheim
Druck und Bindung: Wiener Verlag, Himberg
Gedruckt auf säurefreiem und chlorfrei gebleichtem Papier.
Printed in Austria

Inhalt

Vorwort

Es bestätigt sich immer wieder. Wenn man die Biographie einer Frau aufschlägt, finden sich dort mit Sicherheit nicht nur Aufzeichnungen über ihren beruflichen Werdegang, ihr Wirken, ihre Karriere, sondern auch über ihre private Situation. Ob sie verheiratet war und wenn ja, mit wem und warum. Welchen Beruf ihr Mann ausübte, welchen Einfluss er auf seine Frau nahm oder wie die beiden miteinander lebten.

In den Biographien von Männern hingegen muss man nach diesen Informationen lange und zumeist vergeblich suchen. Das Privatleben scheint keine Rolle zu spielen, nur die Taten zählen. Wie und mit wem die Herren gelebt haben, wird meistens – wenn überhaupt – nur am Rande erwähnt. Ein paar Namen, ein paar Daten, mehr nicht. Und das, obwohl die Bedeutung von Partnerverhältnissen unbestritten ist, und diesbezügliche Hinweise einfach zum besseren Begreifen des Gesamtbildes nützlich wären.

Auch über die Diktatoren des 20. Jahrhunderts, ihre Verbrechen, ihren Größenwahn und ihre Menschenverachtung ist schon viel geschrieben worden. Biographen und Historiker haben ihr zerstörerisches Handeln aufgezeichnet und versucht, es von allen Seiten zu analysieren. Dabei vernachlässigten sie in der Regel die Frauen, die diesen Männern zur Seite standen.

Wer aber waren diese Frauen? Was hat sie dazu gebracht, mit eben diesen Männern zu leben, die kaum einen der Vorzüge aufweisen konnten, die das weibliche Geschlecht doch angeblich an einem Partner so schätzt: Ehrlichkeit, Treue, Warmherzigkeit, Humor...? Tatsächlich fällt es schwer, ausgerechnet diesen Männern, die zumeist Angst und Schrecken verbreiteten und ganze Völker terrorisierten und misshandelten, positive Eigenschaften zuzuordnen. Dafür hatten sie ihren Frauen jedoch etwas anderes zu bieten: Macht! Als Führer totalitärer Systeme, als Alleinherrscher über ganze Staaten waren sie mit der größten denkbaren Machtbefugnis ausgestattet.

Dieses Buch versucht, das Leben jener Frauen aufzuzeichnen, die den Bund mit dieser Macht eingingen – und zwar das wahre Leben, das, welches man oftmals hinter offiziellen aber verfälschten Biographien zu verstecken suchte. Es ist ein Versuch, die unterschiedlichen Motive der Frauen zu ergründen und ihren eigenen Umgang mit der Macht aufzudecken.

Einen Versuch nenne ich es deswegen, weil es sich als sehr schwierig erwiesen hat, die Wahrheit über die Frauen der Diktatoren herauszufinden. Oftmals wurden Ereignisse nicht aufgezeichnet, weil eben offiziell die Männer die großen Rollen spielten und den Frauen an ihrer Seite nicht genug Bedeutung beigemessen wurde. Außerdem nahm man es in den verfügbaren Aufzeichnungen mit der Wahrheit nicht immer genau. Sie wurde gebeugt und beschönigt, Dokumente wurden vernichtet oder gefälscht, Aussagen von Zeitzeugen manipuliert. So blieben fast zwangsläufig Fragen offen, entstanden Lücken im Detail, die trotz intensiver Recherche nicht ausgefüllt werden konnten. Schon aus diesem Grund erhebt dieses Buch keinen Anspruch auf Vollständigkeit.

Apropos Vollständigkeit. Ein Name, an den viele zuerst denken mögen, fehlt: Eva Braun, Hitlers Lebensgefährtin und Ehefrau. Angesichts der zahlreichen Veröffentlichungen der letzten Jahre habe ich es vorgezogen, auf eine weitere Darstellung zu verzichten. Es fehlen auch andere Namen, wie zum Beispiel Lucia Hiriat, die Ehefrau des Ex-Diktators Pinochet, oder Imelda Marcos. In diesen Fällen war die Recherche, die das Leben hinter der Fassade offizieller oder geschönter Lebensbeschreibungen ergründen wollte, leider nicht ergiebig genug. Wie gesagt: Ich erhebe keinen Anspruch auf Vollständigkeit.

Die Beschäftigung mit den Frauen der Diktatoren bedeutet keine Vernachlässigung des Politisch-Historischen zugunsten des Privaten. Frauen spielten für Diktatoren nicht nur eine Rolle als Geliebte oder Ehefrauen, sondern waren in den meisten Fällen viel mehr: Partnerinnen und Vertraute, Mitwisserinnen, aktive Komplizinnen und manchmal sogar Mittäterinnen.

Hamburg, im September 2001
Antje Windgassen

Die Ehefrauen des roten Zaren

Jekaterina Swanidse
Nadjeshda Allilujewa
Rosa Kaganowitsch

Jossif W. Stalin ist als einer der grausamsten Tyrannen in die Geschichte eingegangen und prägte durch seine politischen Machenschaften und Verbrechen das 20. Jahrhundert wie kaum ein anderer. Er war aber nicht nur der grausame Sowjetführer, sondern auch ein Mann, dem aufgrund seiner Machtposition die Frauen, die ihm begegneten, buchstäblich zu Füßen lagen. Dabei war er alles andere als ein zärtlicher Ehemann und Liebhaber. Frauen galten für ihn als Menschen zweiter Klasse, die er beliebig benutzen und hinterher, wenn er ihrer überdrüssig geworden war, ihrem Schicksal überlassen konnte.

Wie sah es überhaupt aus, das Privatleben des sowjetischen Diktators? Seine Tochter Swetlana behauptete: »Mein Vater war ein guter Mensch.« Seine drei Ehefrauen allerdings würden diese Aussage, wenn man sie dazu befragen könnte, gewiss nicht bestätigen.

»Mir träumte von einem Sohn und ich sah ihn zum größten Patriarchen der Kirche Russlands heranwachsen. Ich weiß, dass dies eine Botschaft des Allmächtigen war.«[1] Die fromme Jekaterina Dschugaschwili aus Gori, einer georgischen Kleinstadt im Norden von Tiflis, war im dritten Monat schwanger, als sie ihrer Nachbarin überglücklich von diesem Traum erzählte. Tatsächlich gebar sie am 21. Dezember 1879 einen Jungen, den sie und ihr Mann, der Schuster Wissarion, auf den Namen Jossif Wissarionowitsch

Dschugaschwili taufen ließen. Später sollte er sich Stalin, der Stählerne, nennen.

Jossifs Vater war ein gewalttätiger, alkoholabhängiger Schuhmacher, der Frau und Kind schlug und kaum den Lebensunterhalt verdiente. Stalins Mutter konnte weder lesen und schreiben und musste hart arbeiten, um die Familie mit Näharbeiten ernähren zu können. Das Geld, das sie für die Ausbildung ihres Sohnes zurücklegte, um ihren Traum vom »größten Patriarchen der Kirche Russlands« wahr werden zu lassen, sparte sie sich förmlich vom Munde ab.

Jossif erwies sich als sehr guter Schüler. Er bestand die Abschlussprüfung mit Auszeichnung und erhielt 1894 ein Stipendium für das orthodoxe Priesterseminar in Tiflis. Fünf Jahre später wurde er wegen revolutionärer Umtriebe aus dem Seminar ausgeschlossen. Jossif widmete sich nun ganz der Revolution und wurde Mitglied in Lenins verbotener »Sozialdemokratischer Arbeiterpartei Russlands« (SDAPR). Zu seinen Aufgaben gehörte es, Streiks und Demonstrationen unter den Arbeitern zu organisieren und die Kassen der Partei durch Überfälle auf Banken und Geldtransporte zu füllen. Seinen Decknamen wählte Jossif in Erinnerung an einen georgischen Volkshelden und nannte sich von nun an »Koba« (der Unbeugsame). Als Mitglied einer verbotenen Partei lebte Koba meist im Untergrund und war ständig auf der Flucht vor der zaristischen Polizei. Bei diesem unsicheren und gefährlichen Leben war er darauf angewiesen, dass Genossen und Sympathisanten ihn unterstützten und ihm ein Bett oder, wenn nötig, ein Versteck besorgten.

Jekaterina Swanidse

Sie war die erste Ehefrau Stalins und heiratete ihn zu einer Zeit, als er noch ein kleiner Revolutionär war – allerdings bereits fest entschlossen, sich den Weg nach oben zu erkämpfen. Absolut unpolitisch, bereit sich bedingungslos unterzuordnen und ausschließlich auf ihre Rolle als treu sorgende Ehefrau und Mutter beschränkt, liebte und bewunderte sie ihren Mann rückhaltlos. Seinem herrischen Verhalten ihr gegenüber und seiner Entwicklung zum menschenverachtenden Despoten hatte die sanftmütige Jekaterina nichts entgegen zu setzen. Sie war die Frau und damit dem Manne untertan – so war es Gesetz und so lehrten es die orthodoxe Kirche und die zaristische Gesellschaft. Und da sie diese Vorschrift nicht anzweifelte, sondern sie im Gegenteil als gut und richtig empfand, akzeptierte sie ohne Murren die traditionelle Frauenrolle ihrer Zeit.

Jekaterina Swanidse wurde 1881 in Kaspegi geboren, einem kleinen Dorf an der Alten Heerstraße, unweit vom georgischen Tiflis. Ihre Eltern, einfache Weinbauern, starben, als sie sechs Jahre alt war und ließen sie und ihren Bruder Alexej allein zurück. So nahm sich die Familie der Waisen an. Alexej kam zu einem Bruder seines Vaters, Jekaterina zur Großmutter nach Tiflis. Dort besaß die Witwe Swanidse ein paar Weinstöcke und ein kleines Backsteinhäuschen sowie ein Zimmer im Erdgeschoss, eine Mansardenkammer darüber und einen Keller darunter. Getreu einem alten georgischen Sprichwort war das Haus zur Straße hin abgeschlossen und öffnete sich mit Fenstern und Balkon zum Weinhang hin. »Die Rebe verlangt die ganze Zuwendung des Bauern«, hieß es. »Nichts soll seine Aufmerksamkeit stören.«

In diesem Haus verlebte Jekaterina, die von aller Welt nur »Keke« gerufen wurde, eine behütete Kindheit und Jugend. Zwar war das Geld immer knapp und die Witwe Swanidse und ihre Enkelin gezwungen, sparsam zu wirtschaften, aber zumindest hatten sie das Nötigste zum Leben, was im zaristischen Russland des ausgehenden 19. Jahrhunderts keine Selbstverständlichkeit war.

Keke, die sich mit den Jahren zu einer dunkelhaarigen georgischen Schönheit entwickelte, ging ihrer Großmutter in Haus und Weinberg fleißig zur Hand. Sie war ein frommes Mädchen, stets freundlich, fröhlich und hilfsbereit. Eine Schule besuchte Keke nie – die allgemeine Schulpflicht wurde in Georgien erst 1931 eingeführt, aber der Pope der Metechi-Kirche lehrte sie auf Wunsch der Großmutter ein wenig Lesen und Schreiben. Das genügte dem jungen Mädchen. Das Wissen über Anbau und Herstellung des Weines, den sie und die Großmutter nach althergebrachten Traditionen produzierten, interessierte sie mehr als jede Schulbildung. So lernte sie, wie die Trauben gepflückt und gestampft wurden und der gewonnene Saft, Matschari genannt, gären musste. Danach wurde der junge Wein in Tongefässe – Kwewris – gefüllt, die so in der Erde vergraben waren, dass nur der Hals aus dem Boden ragte. Und schließlich lernte Keke diese irdenen Gefäße mit Ton und Holzasche abzudichten, bis der Wein reif war. Keke liebte ihre Arbeit, auch wenn sie schwer und hart war, und pflegte dabei, zur Freude ihrer Großmutter, mit ihrer vollen Altstimme georgische Volksweisen zu singen. Wenn der Wein lange genug geruht hatte und ausgereift war, trugen Großmutter und Enkelin ihn auf den Markt, um ihn zu verkaufen. Nur einer der eingegrabenen Kwewris blieb nach einer alten Tradition unangetastet in der Erde: der, den Kekes Vater im Jahr ihrer Geburt gefüllt hatte, und der erst am Tage ihrer Hochzeit getrunken werden durfte.

Das Haus der Witwe Swanidse lag am Stadtrand von Tiflis, ein wenig abseits und zu Füßen der bewaldeten Berge, die die Stadt umgeben. Als Versteck schien es wie geschaffen. Zumindest mochte sich das der Sohn eines alten Freundes der Swanidses, der Journalist Lew Borisowitsch Rosenfeld, der sich später unter dem Namen Kamenjew einen Namen machen sollte, gesagt haben. Und so kam er im Winter 1899/1900 in Begleitung eines etwa zwanzigjährigen Mannes mit pockenvernarbtem Gesicht und Vollbart. Der Fremde nannte sich Koba.

Rosenfeld bat die Witwe Swanidse, seinen Freund für einige Tage aufzunehmen und verschwieg auch nicht den Grund: Er sei fremd in Tiflis, Mitglied der SDAPR und suche ein Versteck, um seine revolutionäre Tätigkeit fortsetzen zu können. Die Witwe, eine Sympathisantin der verbotenen Arbeiterpartei, stimmte zu und quartierte ihren Gast in dem kleinen Kellerraum ein. Die achtzehnjährige Keke war vom ersten Augenblick an von Koba fasziniert. Er war zwar klein, maß lediglich 1,65 Meter, hatte aber breite Schultern, einen kräftigen Körper und eine lebendige Ausstrahlung.

Elf Jahre zuvor, am 1. Mai 1889, hatte man auf dem Gründungstag der »Zweiten Sozialistischen Internationale« in Paris den 1. Mai zum Arbeiterkampftag proklamiert. Aus diesem Anlass war für den 1. Mai 1900 eine Demonstration in Tiflis geplant und Koba sollte sie organisieren. Da die Kundgebung durch Arbeiter aus seiner Heimatstadt Gori unterstützt werden sollte, war die Organisation dieser Aktion sehr aufwändig, zeitraubend und anstrengend. Trotzdem fand Koba hin und wieder Zeit, sich der schönen Jekaterina zu widmen, deren offensichtliche Bewunderung ihm natürlich nicht entgangen war. Doch die wenigen Minuten, die Koba für sie erübrigen konnte, reichten Keke nicht. Sie wollte mehr, und obwohl selbst politisch völlig desinteressiert bot sie dem Hausgast schließlich an, ihn bei seiner Arbeit zu unterstützen. Von da an nahm Jekaterina an konspirativen Treffen teil, überbrachte geheime Botschaften und erledigte andere kleine Aufträge, die Koba ihr anvertraute. Der Gefahr, der sie sich damit aussetzte, war sie sich zwar bewusst, aber sie nahm sie in Kauf, um an Kobas Leben teilhaben zu können.

Die Mai-Demonstration des Jahres 1900 wurde für die SDAPR ein großer Erfolg. Fast 1 000 Demonstranten, viele davon in kaukasischer Nationaltracht, zogen durch die Straßen der Stadt und sangen russische Revolutionshymnen. Der Vizekönig Georgiens, der ein Blutvergießen vermeiden wollte, ließ seine Polizisten nur Warnschüsse in die Luft abgeben, war jedoch fest entschlossen, die Verantwortlichen nach dem Ende der Kundgebung zur Rechenschaft zu ziehen. Koba musste fliehen.

Keke dagegen, die sich an der Demonstration beteiligt hatte, stand nicht auf der Verhaftungsliste und konnte in Tiflis bleiben. Dort wartete sie von nun an auf ein Lebenszeichen ihres Geliebten – allerdings vergebens. Koba meldete sich nicht bei ihr. Und obwohl sie die nächsten Jahre auf die spärlichen Nachrichten angewiesen war, die Rosenfeld ihr brachte, hielt sie beharrlich an der Beziehung fest. Zwei Heiratsanträge, die Keke in dieser Zeit von jungen Männern aus der Nachbarschaft erhielt, wies sie ohne zu überlegen zurück, sehr zum Missfallen ihrer Großmutter.

Von Rosenfeld erfuhr Keke, dass Koba zunächst nach Gori gegangen war und dann zu einem Vetter, der in einem kleinen Bergdorf lebte. Obwohl er hier in Sicherheit gewesen wäre, zog er schließlich doch weiter und tauchte woanders unter. Den Grund dafür – Koba hatte eine Vierzehnjährige vergewaltigt – nannte Rosenfeld allerdings nicht. Als nächstes hörte Jekaterina, er halte sich in Batum auf. Dort versuche er, die Arbeiter der Ölraffinerien und des Hafens für die Ideen der Sozialdemokratischen Arbeiterpartei zu gewinnen. Jekaterina spielte mit dem Gedanken, ihm in die Hafenstadt am Schwarzen Meer nachzureisen, auch wenn die Eisenbahnverbindung zwischen Tiflis und Batum noch nicht fertiggestellt war. Doch der Plan scheiterte vor allem deshalb, weil Koba verhaftet und bald darauf nach Sibirien verbannt wurde. Zwei Jahre vergingen, ohne dass Jekaterina ein weiteres Lebenszeichen erhielt.

Die Großmutter starb und Keke blieb in dem kleinen Backsteinhäuschen allein zurück. Dennoch wartete sie weiter, betend, hoffend und überzeugt davon, dass Koba eines Tages zurückkehren würde. Tatsächlich stand er Anfang des Jahres 1904 plötzlich vor ihrer Tür. Er hatte aus der Verbannung in Sibirien fliehen können und Tiflis mit dem Ausweis eines toten Teppichhändlers namens David Nischeradse ungehindert erreicht. Sogleich nahm Koba seine revolutionäre Arbeit in Georgien wieder auf und als diese ihn schließlich wieder in seinen Heimatort Gori führte, ging Jekaterina mit ihm. Seinen Verwandten missfiel es, dass Koba entgegen der Tradition mit der jungen Frau ohne Ehering und Trauschein zusammenlebte. Und natürlich hätte auch Keke lieber heute als morgen geheiratet, doch Koba besaß ein überzeugendes Argument, die Trauung immer wieder zu verschieben: Er war ein von der Gendarmerie und der zaristischen Geheimpolizei gesuchter Mann und konnte sich daher nicht die erforderlichen Heiratspapiere und Ur-

kunden beschaffen. Immerhin bemühte er sich, das Problem zu lösen. Und dafür gab es, wenn man Lew Rosenfeld Glauben schenkt, auch einen Grund: »Jekaterina Swanidse«, so Rosenfeld in einem Interview mit dem amerikanischen Journalisten Hutton, »war der einzige Mensch auf Erden, den Koba gern hatte, und zu dem er sich menschlich benahm.«[2] Schließlich erklärte sich der Pope Kurdiani, ein ehemaliger Kommilitone aus dem Priesterseminar zu einer heimlichen Trauung bereit. Die Vermählung von Jossif Dschugaschwili und Jekaterina Swanidse ist im Register der alten georgischen Kirche Goris unter dem Datum des 22. Juli 1904 vermerkt. Der »große Revolutionär«, der erbitterte »Gegner der Religion« hatte sich mit seiner Jekaterina kirchlich trauen lassen.

Kurz nach der Hochzeit fanden die Hüter des Gesetzes heraus, dass es sich bei dem angeblichen David Nischeradse, der seit einiger Zeit in Gori lebte, in Wahrheit um Jossif Dschugasch-

Jekaterina Swanidse (1881-1907) war ein junges Mädchen, als sie Stalin kennen lernte. Ihre Familie versteckte den flüchtigen Revolutionär und sie übernahm kleine Botendienste.

wili und damit um den gesuchten Revolutionär Koba handelte. Um einer Verhaftung zu entgehen, musste Koba erneut untertauchen und er beschloss, gemeinsam mit Keke nach Baku, der Hafenstadt am Kaspischen Meer, zu fliehen. Eilig packten sie ihre geringe Habe zusammen und verließen Gori. Von Tiflis aus mit der Transkaukasischen Eisenbahn nach Baku zu fahren, wäre der einfachste und bequemste Weg gewesen, doch zur Sicherheit und aus Angst vor der Polizei nahmen sie den weiten und beschwerlichen Weg durch die Berge nach Rustawi. Von dort gelangten sie wohlbehalten mit der Bahn an ihr Ziel.

In Baku wurde Koba zum Sekretär des Streik-Komitees gewählt. Keke war von Anfang an bewusst, dass ihr Mann einem gefährlichen Geschäft nachging. Trotzdem – oder gerade deswegen? – bemühte sie sich, ein wenig Ordnung und Normalität in sein Leben zu bringen. Sie hielt die kleine Wohnung sauber, wusch und flickte seine Kleidung und setzte ihm eine warme Mahlzeit vor, sobald er durch die Tür trat. Niemals wäre sie auf die Idee gekommen, die Handlungen ihres Mannes in Frage zu stellen oder ihn selbst zu kritisieren. Zum einen, weil sie ihn zu sehr liebte und Angst hatte, ihn zu verlieren, zum anderen aber, und dieser Grund war noch schwerwiegender, weil sie ihm vor dem Altar Treue und Gehorsam geschworen hatte. Er war ihr Herr, und alles was er tat, war in ihren Augen gut und richtig, ob er Polizeibeamte umbringen ließ oder die Arbeiter und Bauern zu einem bewaffneten Aufstand aufrief. Ihn anzuzweifeln und ihm die Loyalität zu verweigern, hätte nach den Maßstäben, nach denen sie erzogen worden war, bedeutet, den Schwur vor dem Traualtar zu brechen und sich somit gegen Gott selbst aufzulehnen.

Am 23. März 1905 brachte Jekaterina Dschugaschwili einen Sohn zur Welt, der auf den Namen Jakow getauft wurde und den sie »Jascha« nannte. Es war eine schwere Geburt, von der sich Keke nie ganz erholte. Ihr Gesundheitszustand verschlechterte sich, als sie sich zusätzlich eine Rippenfellentzündung zuzog, die sich schließlich zu einer galoppierenden Schwindsucht entwickelte. Koba, der zwar ständig betonte, wie sehr er seine schöne Frau liebe, kümmerte sich nur wenig um die Kranke. Die Partei war ihm wichtiger, ihr widmete er sich Tag und Nacht.

Kekes Zustand verschlechterte sich nun täglich. Das war natürlich in erster Linie auf ihre Krankheit zurückzuführen, möglicherweise aber auch auf die erschütternde Erkenntnis, wie wenig sie ihrem Mann bedeutete. Sie wusste, dass er sie betrog. Er machte kein Geheimnis daraus und rechtfertigte sich damit, dass sie für Geschlechtsverkehr – insbesondere für seine wenig zärtlichen Praktiken – viel zu schwach geworden sei. Keke litt unter seiner Lieblosigkeit und seinem rücksichtslosen Verhalten und ihr Gesundheitszustand verschlimmerte sich schließlich dramatisch. Als Jekaterina ihn am Morgen des 10. April 1907 bat, ihr in den letzten Stunden beizustehen, nahm Koba sich nicht die Zeit. Lediglich das Versprechen, sie nach den Riten der orthodoxen Kirche zu begraben, ließ er sich abringen, dann ging er. Jekaterina starb allein.

Iremaschwili, ein entfernter Verwandter und Freund, der der Beerdigung beiwohnte, schrieb darüber: »Als der kleine Trauerzug am Friedhofstor angekommen war, griff Koba nach meiner Hand und wies auf die Bahre: ›Sie war das einzige Wesen, das mein hartes Herz rühren konnte‹, sagte er. ›Sie ist tot und mit ihr jedes Gefühl für die Menschen in mir gestorben.‹ Er legte die Hand aufs Herz und fügte hinzu: ›Hier ist es nun leer, unbeschreiblich leer.‹«[3]

Was von der Aufrichtigkeit seiner Worte zu halten war, wurde deutlich, sobald er den Friedhof verlassen hatte. Er feierte und hatte seine Trauer ebenso wie Kekes geliebten Sohn Jascha vergessen. Koba zeigte kein Interesse für seinen erst zwei Jahre alten Sohn und war entschlossen, ihn in ein Waisenhaus zu geben. Bevor es dazu kam, erklärten sich jedoch Kekes Bruder Alexej Swanidse und seine Frau bereit, den Neffen aufzuziehen.

Auch in späteren Jahren sollten Vater und Sohn nur wenig Kontakt miteinander haben. 1941, während des Zweiten Weltkriegs also, geriet Jakow, der im Range eines Hauptmanns stand, in deutsche Kriegsgefangenschaft. Als bekannt wurde, dass er der Sohn des Sowjetführers war, wurden Angebote für einen Gefangenenaustausch gemacht. Doch Stalin, für derartige Vorschläge sonst immer offen, zeigte diesmal kein Interesse. Als Jascha Dschugaschwili dann auch noch erfuhr, dass seine Pflegeeltern, Alexej und Marija Swanidse, die ihn liebevoll aufgezogen hatten, von seinem Vater inhaftiert und hingerichtet worden waren, verfiel er in tiefe Depressionen. Um die Wachen zum gezielten Schuss zu provozieren, stürzte er sich schließlich in den elektrisch geladenen Stacheldraht seines Gefangenenlagers. Sein Plan ging auf und er starb im Kugelhagel.

Am Sonntag, dem 22. Januar 1905, versammelten sich etwa 200 000 Menschen – Männer, Frauen und Kinder – vor dem Winterpalais in Sankt Petersburg, um friedlich für eine Verbesserung ihrer ökonomischen und politischen Lage zu demonstrieren. Doch der Onkel des Zaren Nikolaus II. ließ die zaristischen Truppen in die Menge feuern: Hunderte von Demonstranten wurden an diesem »Blutsonntag« ermordet, weitere Hunderte verletzt. Dieses Massaker war das Signal für eine Revolution. Es kam zu Streiks und Aufständen in allen Teilen Russlands. In dieser Zeit, die mit der Geburt seines ersten Sohnes und der Erkrankung seiner Frau Jekaterina zusammenfiel, ging es mit der Karriere des Berufsrevolutionärs Koba steil bergauf. Er wurde zu einem der führenden Funktionäre seiner Partei.

In den folgenden Jahren war sein Beitrag zur Parteipolitik allerdings eher praktischer als theoretischer Natur. Er warb, oftmals durch brutale Erpressung, neue Mitglieder, beteiligte sich an Banküberfällen, um Gelder zugunsten der Parteikasse zu »enteignen«, und füllte eben diese Parteikasse durch Einnahmen aus Bordellen, die er selbst betrieb. Hin und wieder kam er ins Gefängnis oder wurde in die Verbannung geschickt. Doch jedes Mal gelang ihm die Flucht.

Lenin schätzte den Genossen Jossif Wissarionowitsch Dschugaschwili alias Koba, nahm ihn vor allem wegen seiner »organisatorischen« Fähigkeiten im Jahre 1912 in das Zentralkomitee der Bolschewiki auf und gab ihm einen neuen Namen: Stalin.

Nadjeshda Allilujewa

In den Tifliser Tagen, kurz bevor Stalin bei der Witwe Swanidse untertauchen konnte, hatte er sich für eine Weile bei seinem Freund Sergo Allilujew versteckt gehalten. Dort konnte er jedoch nicht lange bleiben, denn die Wohnung stand schon bald unter Polizeiaufsicht. Außerdem wurden die zwei winzigen Zimmer zu klein, da Allilujews Frau Olga Eugejewna ihr erstes Kind zur Welt brachte: eine Tochter, die auf den Namen Nadjeshda getauft wurde.

Siebzehn Jahre später, nach der Februarrevolution, die mit dem Aufstand vom 8. bis 12. März 1917 (nach dem damals in Russland gebräuchlichen julianischen Kalender 23.-27. Februar) begann und zum Sturz der Zarenherrschaft führte, begegneten Stalin und die Allilujews einander in Sankt Petersburg wieder. Sergo Allilujew machte seinem Freund, der als Führer der Sankt Petersburger Bolschewiken nicht einmal die Zeit fand, sich selbst eine Bleibe zu suchen, den Vorschlag, ein Zimmer in seiner Wohnung zu beziehen und Stalin nahm das Angebot dankend an.

Nadjeshda, inzwischen siebzehn Jahre alt, war zu einem intelligenten und wissbegierigen Mädchen herangewachsen. Zeitzeugen beschrieben sie als außergewöhnliche Schönheit: klein, zart, mit wunderbarem weißen Teint, einer geraden Nase und einem wohlgeformten Mund. In einem revolutionären Haushalt aufgewachsen, in dem Konspirationen und heimliche Treffen zum Alltag gehört hatten, interessierte sie sich sehr für Politik, war mit den Zielen der Bolschewiken vertraut und identifizierte sich mit ihnen. Ja mehr noch, sie war begeistert von den politischen Ideen des Kommunismus, der Schaffung einer verfassungsmäßigen Regierung, der Beseitigung des Kapitalismus und der Errichtung einer neuen Gesellschaft, in der alle Menschen gleich waren und keiner Not leiden musste.

Da war es vermutlich nur selbstverständlich, dass Nadjeshda den berühmten Stalin, dessen Aufstieg sie seit frühester Kindheit mitverfolgt hatte, verehrte und stolz darauf war, dass er ausgerechnet bei ihrer Familie wohnte. Schon bald bot sie »Onkel Jossif« daher ihre Hilfe an und nahm ihm nach und nach alle anfallenden Sekretariatsarbeiten ab.

Am 25. Oktober 1917 (nach dem gregorianischen Kalender der 7. November) übernahmen die Bolschewiki die Macht. Lenin wurde zum Vorsitzenden im Rat der Volkskommissare und damit praktisch zum Regierungschef gewählt. Eine der ersten Amtshandlungen der neuen Regierung war die Neuregelung der Besitzverhältnisse. Der gesamte Grundbesitz der Zarenfamilie, des Adels, der Gutsherren, der Klöster und Kirchen wurde Staatseigentum. Nur das Land der Kleinbauern und einfachen Kosaken war davon ausgenommen. Die Beschäftigung von Lohnarbeitern auf dem Land wurde verboten, das Land sollte denen gehören, die es mit eigener Hände Arbeit bestellten. Am 17. November 1917 gestand Lenin außerdem allen Völkern des ehemaligen Zarenreiches das Recht auf Selbstbestimmung zu. Wenig später erklärten daraufhin die Ukraine, Georgien, Armenien, Finnland, die baltischen Provinzen und Polen ihre Unabhängigkeit. Mit dieser Entwicklung hatten die Bolschewiken jedoch nicht gerechnet und sie waren auch nicht bereit, sie zu akzeptieren. Ein »Volkskommissar für Nationalitätenfragen« wurde daher eingesetzt, dessen Aufgabe darin bestand, die Abtrünnigen, notfalls mit Gewalt, wieder in den Gesamtstaat einzugliedern. Diese Funktion erhielt Jossif W. Stalin.

Nadjeshda Allilujewa blieb in Sankt Petersburg und wartete sehnsüchtig auf Stalins Rückkehr. Sie, das lebenslustige, immer freundliche und ausgeglichene junge Mädchen, hatte sich trotz der 21 Jahre Altersunterschied in Stalin verliebt. Wie sehr sie ihm mit ihren Gefühlen schmeichelte, war ihr nicht bewusst, und dass er sie vor seiner Abreise noch zu seiner Geliebten gemacht hatte, empfand sie als große Auszeichnung. In den Armen des von ihr so bewunderten und mächtigen Mannes zu liegen, bedeutete für die kleine, idealistische Nadjeshda höchstes Glück. Dass an Heirat – zumindest vorerst – nicht zu denken war, hatte Stalin ihr erklärt. Dazu sei er zu sehr mit politischen Angelegenheiten beschäftigt.

Dafür hatte Nadjeshda auch Verständnis. Trotzdem sollte es früher als gedacht zur Hochzeit kommen: Mit der Machtübernahme der Bolschewiki wurde Moskau Regierungssitz und Hauptstadt. Im März 1918 zogen die neuen Herrscher in die alten Paläste und Verwaltungsgebäude des Kremls. Auch die Familien der Regierenden sollten nach dem Willen Lenins dort leben, und er machte gleichzeitig deutlich, dass er es aus Gründen der Seriosität für wünschenswert hielt, wenn die führenden Köpfe der Parteiorgane eine Familie besaßen. Stalin brauchte also eine Frau.

Am 24. März 1919 heiratete Stalin die mittlerweile neunzehnjährige Tochter seines Freundes Sergo Allilujew. Die Hochzeit fand in einem Moskauer Standesamt statt. Als Trauzeuge der Braut fungierte ihr Schwager Stanislaw Redens, ein polnischer Kommunist, als Trauzeuge des Bräutigams ein Sekretär und alter Freund Stalins, Abel Jenukidse. Das üppige Hochzeitsessen, ein georgisches Gericht namens »Tschachom-Bili« kochte Stalin selbst. Dieses Gericht wird unter anderem mit einem Suppenhuhn, Auberginen, Tomaten, Paprikaschoten und Reis zubereitet, alles Zutaten, die für den gewöhnlichen Bürger schon lange nicht mehr zu bekommen waren. Die Feier fand in seinem neuen Haus im Kreml statt. Abel Jenukidse berichtete: »Es war einst vom Dienstpersonal des Zaren bewohnt worden und stand im eingefriedeten Kreml-Bezirk, in der Nähe des Eingangstores. Das Haus war ein gelblichgraues Gebäude, zu dem ein Treppenaufgang führte, und bestand aus einem großen Raum und einer Küche im Parterre, sowie zwei Zimmern im ersten Stock.«[4] Ein spartanisch eingerichtetes Dienstbotenhäuschen im Kreml war im nachzaristischen Russland eine der ersten Adressen des Landes. Stalin lebte seit knapp einem Jahr hier, und Nadjeshda hatte ihn in dieser Zeit oft besucht und dabei die Privilegien genossen, die er ihr bieten konnte: Einkaufsmöglichkeiten in speziell für die aufkommende Funktionärsschicht eingerichteten Geschäften, in denen man trotz der allgemeinen Not im Land kaufen konnte, was das Herz begehrte. Zu den Privilegien zählten auch Fahrten mit Chauffeur in der neuen technischen Errungenschaft der Zeit, dem Automobil. Am meisten imponierte der jungen Frau der freie Zutritt zum Kreml. Sie fuhr einfach zum Tor und wurde ohne Kontrolle in das Zentrum der Macht durchgewunken.

Natürlich könnte man Nadjeshda vorwerfen, dass sich ihre offensichtliche Freude an dem Genuss der Privilegien so gar nicht mit ihrem ansonsten ausgeprägten Idealismus in Einklang bringen ließ. Aber war es nicht immer so gewesen? Hatten die Menschen, die die ganze Last der Verantwortung für ein Land trugen, nicht schon immer besondere Vorrechte genossen? Warum sollte es ausgerechnet diesmal, da die neu gegründete Sowjetunion ein Staat werden sollte, in dem bald alle Menschen ohne Unterdrückung, ohne Not und Elend in Frieden und Eintracht miteinander leben würden, anders sein? Und hatten die Männer, die sich dieser schweren und gigantischen Aufgabe stellten, nicht einen Anspruch darauf, sich das Leben ein wenig zu erleichtern? Nadjeshda war überzeugt davon und stolz darauf, sich nach ihrer Heirat endlich offiziell der bevorrechtigten Schicht zugehörig fühlen zu dürfen. Sie war jung, naiv, beeinflussbar und die Ehefrau eines der einflussreichsten Männer der jungen Sowjetunion, dem sie vollkommen vertraute.

Knapp ein Jahr nach der Hochzeit brachte Nadjeshda Stalina einen Sohn zur Welt. Seine Eltern nannten ihn Wassilij. Als sich fünf Jahre später Tochter Swetlana anmeldete, zogen die Stalins aus ihrem kleinen Häuschen in eine größere Kreml-Wohnung. Diese bestand nun aus drei Schlafzimmern, einem Salon und einer Küche. Und sie war nicht mehr mit angestoßenen und wackeligen Möbelstücken ausgestattet, sondern mit wertvollen Stilmöbeln, Orientteppichen und schweren Portieren, die allesamt aus den Beständen des Winterpalastes in Sankt Petersburg stammten. Im Salon der neuen Wohnung stand ein großer Bechstein-Flügel, auf dem Nadjeshda oft spielte und auch ihre Kinder Klavier spielen lehrte. Sie war eine gute Pianistin und gab, wenn Gäste anwesend waren, zuweilen kleine Konzerte oder begleitete ihren Gatten, den sie zärtlich »Soso« nannte, bei seinem Gesang.

Allerdings nahm Stalin sich nur selten Zeit für derartige Veranstaltungen. Er arbeitete viel und hatte 1922 das neu geschaffene Amt des Generalsekretärs der Partei übernommen. 1924 war Lenin gestorben, und obgleich dieser in seinem politischen »Testament« riet, Stalin als Generalsekretär abzusetzen, hatte dieser sich behaupten können und damit begonnen, seine Gegner systematisch auszuschalten.

Nadjeshda führte inzwischen ihr Leben als Hausfrau und Mutter. Ihre Freizeit verbrachte sie mit Freundinnen, die wie sie in der Abgeschiedenheit des Kremls lebten. Die große Euphorie war vorbei und hatte einer trägen Langeweile Platz machen müssen. Sie, die einst so engagierte Kommunistin, musste zu Hause sitzen und konnte nicht teilhaben an dem Aufbau des neuen Staates. Zudem zeigte Stalin nur selten Interesse für sie und die Kinder. Immer öfter kam es daher zwischen den Ehegatten zum Streit. Ihr Schwager und Trauzeuge, der mit seiner Ehefrau, Nadjeshdas Schwester, häufig einen Besuch abstattete, wurde zwangsläufig mehrmals Zeuge dieser unangenehmen Auftritte. Er schrieb darüber: »Es war kein Geheimnis, dass Stalin nur schlecht mit Nadjeshda auskam, hauptsächlich wegen seiner obszönen Späße und zotigen Ausdrücke, die keine Frau mit Selbstachtung ertragen würde, insbesondere vor Gästen. Alle Versuche Nadjeshdas, ihn zum Schweigen zu bringen, bewirkten nur, dass er noch ordinärer wurde, besonders wenn er betrunken war.«[5] Mehr noch als diese Demütigungen und sein mangelndes Interesse an Heim und Familie schmerzten Nadjeshda jedoch die ständigen Affären, die ihr Mann mit anderen Frauen hatte. Oftmals versuchte Stalins bester Freund, Abel Jenukidse, Frieden zu stiften. Stalin warf Jenukidse dann meistens wütend aus dem Haus und befahl ihm, sich um seine eigenen Angelegenheiten zu kümmern.

K.V. Pauker, einst Friseur am Budapester Operettentheater, dann Stalins Chauffeur und schließlich – als Leiter der operativen Abteilung der OGPU (Vorläufer des KGB) – sein Leibwächter, persönlicher Berater, Saufkumpan, Leibbarbier und Witzeerzähler, der Väterchen Stalin mit den neuesten Gerüchten versorgte, beschrieb die

Stalinsche Ehe folgendermaßen: »Nach acht Ehejahren war es mit Nadjeshdas Glück vorbei. Zum richtigen Bruch kam es jedoch, als Stalin, vollkommen betrunken, die ebenso betrunkene Sekretärin Marusja Petrowna in sein Schlafzimmer brachte und Nadjeshda praktisch zwang, seinem Verkehr mit Marusja zuzusehen. Nadjeshda vergab ihm später und nahm seine Entschuldigung an, dass er betrunken war und nicht wusste, was er tat. Doch das Gleiche wiederholte sich ständig.«[6] Nadjeshda verzieh ihrem Mann alles. Die Alternative Trennung, Scheidung und Abhängigkeit von der Familie muss ihr wenig erstrebenswert erschienen sein. Vielleicht war es keine Liebe mehr, die sie an seiner Seite aushalten ließ, aber auf jeden Fall noch immer Bewunderung. Sie schaute zu dem mächtigen Sowjetführer auf; auch seine Verdienste um ihr Vaterland und das gesamte russische Volk, von denen sie noch immer überzeugt war, erkannte sie vorbehaltlos an. So blieb sie, aber sie stellte ihre Forderungen: Die russische Revolution hatte, so argumentierte sie, den sowjetischen Frauen die Gleichberechtigung gebracht. Sie durften wählen und selbstverständlich auch studieren. Da die Industrialisierung des Landes mit Macht vorangetrieben werden sollte, wurden vor allen Dingen Ingenieure gesucht. Die intelligente Nadjeshda, die für ein Universitätsstudium qualifiziert war, forderte daher, ein Ingenieurstudium absolvieren zu dürfen, um endlich beim Aufbau des Vaterlandes helfen zu können. Stalin lehnte diesen Wunsch zwar kategorisch ab, doch diesmal war Nadjeshda nicht bereit nachzugeben. Sie bat ihren Schwager und Abel Jenukidse um Unterstützung und setzte sich schließlich durch.

Als Nadjeshda mit ihrem Studium begann, hatte Stalin bereits die alleinige Macht in der Partei an sich gerissen, alle Gegner und oppositionellen Strömungen beseitigt, die eigene Machtposition gefestigt und ein diktatorisches, totalitäres Regime errichtet. 1929 erließ er den ersten Fünfjahresplan, ein gigantisches Modernisierungs- und Industrialisierungsprogramm. Es wurde begleitet von der Zwangskollektivierung der Landwirtschaft und den damit ver-

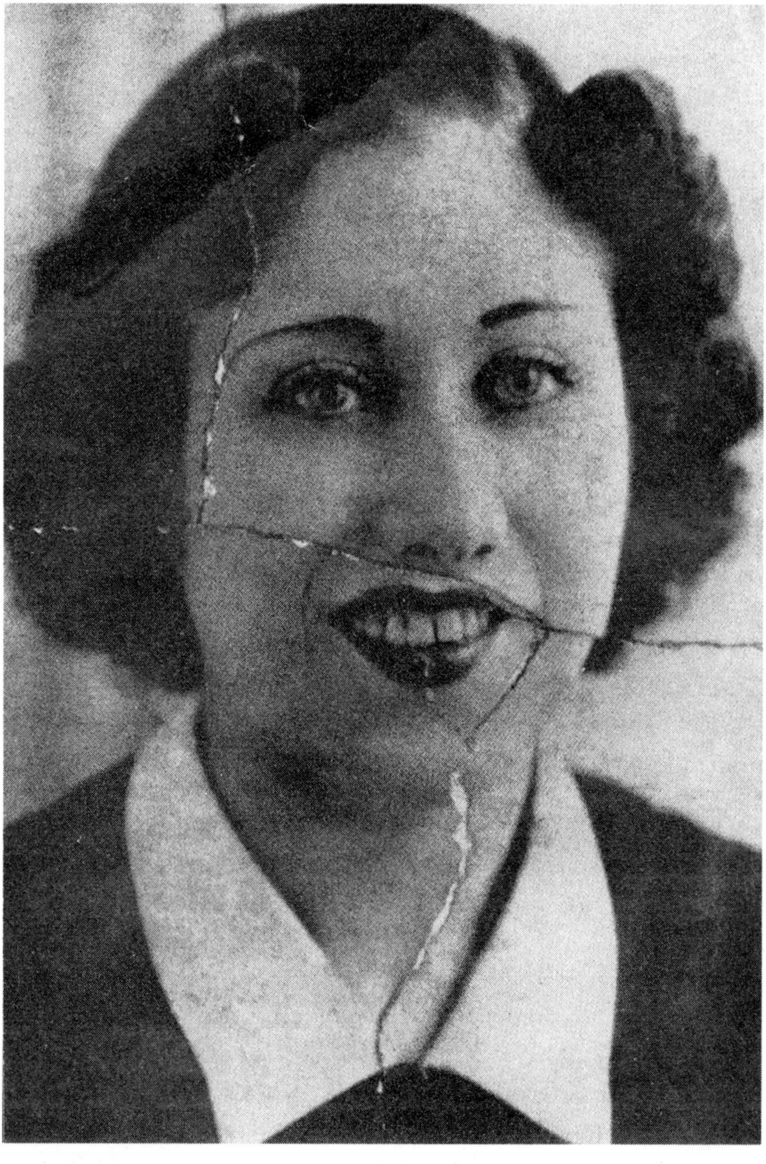

Nadjeshda Allilujewa (1900-1932) kritisierte Stalin für seine Politik. Nach einer ihrer vielen lautstarken Auseinandersetzungen zerriss er ihr Foto, sein Sekretär klebte es wieder zusammen.

bundenen umfangreichen Massenumsiedlungen der Landbevölkerung, die brutal und mit großer Härte durchgeführt wurden. Bauern, die sich widersetzten, wurden erschossen, ihr Vieh und ihre Pferde beschlagnahmt und ihre Frauen und Kinder nach Sibirien verschleppt. Die Liquidierungen, Deportationen und die anschließende Hungersnot kosteten viele Millionen Menschen das Leben.

Nadjeshda wusste von all dem nichts. Sie war glücklich, studieren zu dürfen und damit endlich etwas Sinnvolles mit ihrem Leben anfangen zu können. Im Heim der Stalins herrschte vorübergehend Frieden, allerdings nur für kurze Zeit. Durch ihr Studium bekam Nadjeshda wieder Kontakt zu »normalen« Sowjetbürgern und zu dem Leben außerhalb der Kreml-Mauern. Und diese Realität erschreckte sie. Bisher hatte sie wirklich geglaubt, Stalin und die Partei würden eine neue, humane Gesellschaft auf sozialer Grundlage schaffen und sie war überzeugt gewesen, dass alle Handlungen ihres Mannes nur auf das »edle Ziel des Volkswohls« ausgerichtet gewesen seien. Sie hatte ihm zugestimmt, dass vom Volk vorübergehend Opfer gebracht werden müssten, um die Industrialisierung des Landes zu ermöglichen, und sie hatte seinen Schilderungen geglaubt, dass diese Entbehrungen der Vergangenheit angehörten und die Lebensbedingungen der Bauern und Arbeiter sich nun ständig verbesserten. Nichts davon stimmte jedoch. Statt dessen erfuhr sie, dass Kindern und Frauen, die keine Arbeit hatten, die Lebensmittelrationen entzogen worden waren, und dass Ärzte und Beamte nahezu rund um die Uhr arbeiten mussten, um sich und ihre Familien vor dem Hungertod zu bewahren. Außerdem berichteten Kommilitonen, die auf dem Land als Erntehelfer eingesetzt wurden, von Massenverhaftungen, Hinrichtungen und Deportationen, über eine unglaubliche Hungersnot und von verwaisten Kinderscharen, die verzweifelt um Nahrung bettelten.

Nadjeshda berichtete Stalin alles, was ihr zugetragen wurde. Er winkte jedoch nur ab und warf ihr vor, auf Gerüchte seiner politischen Gegner hereingefallen zu sein. Verunsichert ließ Nadjeshda die Angelegenheit zunächst einmal auf sich beruhen, bis ihr zwei

Mitstudenten, die von einem Ernteeinsatz aus der Ukraine zurückkehrten, ihre Erlebnisse schilderten. Sie hatten die Hungersnot selbst erlebt und berichteten, dass in den Landstrichen, in denen das Elend am größten war, bereits Fälle von Kannibalismus auftraten. Sie behaupteten, bei der Verhaftung von zwei Männern dabei gewesen zu sein, die das Fleisch eines bereits zerlegten Menschenkörpers für den Verkauf vorbereiteten. Nadjeshda war erschüttert und erstattete Stalin sofort Bericht. Die Folge waren ein lautstarker Streit mit vielen Beleidigungen und das Verbot, weiterhin die Ingenieursschule zu besuchen. Außerdem ließ Stalin die beiden Studenten verhaften und nutzte die Gelegenheit für eine gründliche »Säuberung« der Hochschulen durch die OGPU. Zum ersten Mal erkannte Nadjeshda, wer ihr Mann wirklich war: ein von Machtgier Besessener, dem es gelungen war, einen autokratischen Staatsapparat aufzubauen, der den des zaristischen Russlands an Grausamkeit und sozialer Ungerechtigkeit noch um vieles übertraf. Diese Erkenntnis war die schmerzvollste ihres Lebens. Zu begreifen, dass ihr Ehemann, dem sie stets Vertrauen und Bewunderung entgegengebracht hatte, ein ganzes Volk, alle Ideale und natürlich letztlich auch sie verraten hatte, war so grausam, so unglaublich, dass Nadjeshda sich zunächst wie gelähmt fühlte. Doch dann raffte sie sich auf. Sie war bereit zu kämpfen, sie musste und wollte etwas unternehmen, das war sie sich und ihrer eigenen Überzeugung schuldig. Nur, was konnte sie tun?

Zunächst einmal kümmerte sie sich um das Nächstliegendste und half ihren Kommilitonen mit Geld, Lebensmitteln und Bezugsscheinen. Außerdem verschaffte sie denen, die untergetaucht waren, Schlafstellen in Herbergen und schützte sie – so gut sie es vermochte – vor der gefürchteten Geheimpolizei. Furchtlos machte sie Stalin klar, dass sie nicht bereit sei, sein Handeln schweigend zu dulden, und dass sie, sollte er sich nicht einsichtig zeigen, notfalls sogar bereit war, gegen ihn zu kämpfen. Außerdem forderte sie, ihr Studium wieder aufnehmen zu dürfen. Sie sei nicht seine Sklavin, sondern dem Gesetz nach eine gleichberechtigte Frau. Und wenn er ihr die Zustimmung weiterhin verweigerte, würde sie sich nicht scheuen, ihren Fall vor das Politbüro zu bringen.

Nadjeshda durfte ihr Studium fortsetzen. Aber das war auch alles, was sie erreichte. Stalin sah sich selbst im Recht und sie im Unrecht. Seine Frau, die ihm anfangs Sekretärin, Geliebte und Vertraute und dann Ehefrau und Mutter seiner Kinder gewesen war, wagte es, ihn politisch anzuzweifeln, sein Handeln und Tun in Frage zu stellen. Das war Verrat! Stalin, der unter Verfolgungswahn litt und hinter jeder Kritik, jedem Widerspruch, jedem kleinen Witz eine Verschwörung witterte und dessen Mitarbeiter sich längst auf Jasagen beschränkten, fühlte sich nun auch von Nadjeshda hintergangen und war entschlossen, es ihr heimzuzahlen. Stalins Sekretär Mechlis erinnerte sich: »Nach einer Vorfeier seines kommenden Geburtstags in seinem Büro betrank sich Stalin wieder übermäßig und ging mit der Stenotypistin Esfir in sein Schlafzimmer, wo Nadjeshda schlief. Er weckte sie und teilte ihr mit lauter Stimme mit, dass er Esfir mitgebracht habe, weil er mit beiden schlafen wolle, um herauszufinden, welche begehrenswerter sei. Nadjeshda schrie, Stalin brüllte zurück. Die Schlafzimmertür flog auf, Nadjeshda stürmte an uns (Pauker und Mechlis) vorbei ins Zimmer ihrer Tochter Swetlana und schloss sich ein. Diese Vorsichtsmaßnahme erwies sich allerdings als unnötig, denn Stalin folgte ihr nicht. Er tobte. Plötzlich erblickte er Nadjeshdas Fotografie, die auf ihrem Toilettentisch stand. Er warf sie auf den Boden und trampelte darauf herum. Dann wandte er sich Esfir zu und riss ihr die restlichen Kleider vom Leib. Am nächsten Morgen klebte ich die zerrissene Fotografie wieder zusammen.«[7] Diese Szene ereignete sich elf Monate vor Nadjeshdas Tod.

Verzweifelt suchte Nadjeshda nach einem Ausweg. Sie wollte das Terrorregime ihres Mannes nicht akzeptieren und konnte doch nichts ändern. Stalin hatte alle politisch Andersdenkenden, denen sie sich hätte anschließen können, ermorden, deportieren oder in die Verbannung schicken lassen. Sie war allein. Für sie gab es nur noch zwei Möglichkeiten. Entweder sie verließ ihren Mann und die

Kinder, die er ihr im Falle einer Trennung natürlich niemals überlassen hätte, oder sie blieb und wurde zum »wandelnden Vorwurf« an seiner Seite. Nadjeshda entschied sich für den zweiten, den weitaus schwierigeren Weg. Von nun an herrschte Krieg im Hause Stalin. Es kam zu häufigen Auseinandersetzungen hinter geschlossenen Türen, aber in einer Lautstärke, dass anwesende Freunde, Funktionäre und Bedienstete zwangsläufig zu Zeugen wurden. Trotzdem änderte sich nichts. Stalin wich keinen Millimeter von seinen Vorstellungen ab und das Morden ging weiter. Nadjeshda war am Ende ihrer Kräfte und begriff schließlich, dass es weder Hilfe noch einen Ausweg gab.

Am 8. November 1932 besuchte sie mit Stalin anlässlich der Feierlichkeiten des fünfzehnten Jahrestags der großen Oktoberrevolution ein Konzert. Anschließend waren sie Gäste im Hause Kliment J. Woroschilows, Mitglied des Politbüros und Marschall der Sowjetunion. Über die nun folgenden Ereignisse gibt es unterschiedliche Versionen, wobei keine erwiesen ist. In der einen heißt es, dass es im Laufe der Feier zu einem politischen Gespräch über die Lage der Sowjetunion kam. Nadjeshda soll in die Diskussion eingegriffen und zum ersten Mal öffentlich scharfe Kritik an dem Terrorregime ihres Mannes geübt haben. Das wollte Stalin nicht stillschweigend hinnehmen. Er beschimpfte seine Frau in so unflätiger Weise, dass sie das Haus Woroschilows allein verließ. Am nächsten Morgen wurde sie erschossen in ihrem Schlafzimmer aufgefunden. Angeblich soll sie mit einer Walther-Pistole, die man neben ihrem Leichnam fand, Selbstmord verübt haben. Einer anderen Version zufolge verließ das Ehepaar Stalin das Haus Woroschilows gemeinsam, fuhr nach Hause und stritt dort weiter. Im Zuge dieser Auseinandersetzung teilte Nadjeshda ihrem Mann mit, dass sie ihn verlassen werde. Während er nun versuchte, einzulenken und sie zu beruhigen, bot er ihr ein Getränk an, in dem Gift enthalten war. Die Wachen vor der Tür, die angeblich jedes Wort mitgehört hatten, vernahmen schließlich das dumpfe Geräusch ihres zu Boden fallenden Körpers und das Klirren von Glas. Sie stürzten in das Zimmer und fanden die tote Nadjeshda. Einer dritten Variante nach soll Stalin seine Frau nicht vergiftet, sondern mit besagter Walther-Pistole selbst erschossen haben.

Welche Version die richtige ist, lässt sich, wenn überhaupt, erst nach der Öffnung der geheimen Staatsarchive feststellen, die in Moskau zur Zeit noch sorgfältig verschlossen gehalten werden. Alle Zeit- und möglichen Tatzeugen haben ihre wahrscheinlich manipulierten Aussagen gemacht und sind nicht mehr am Leben. Einzig Swetlana Stalin hätte vielleicht etwas Licht in das Dunkel bringen können, doch in ihrem Buch *Zwanzig Briefe an einen Freund*, in dem sie die Verbrechen ihres Vaters bagatellisiert, beschreibt sie die Umstände um den Tod ihrer Mutter so verworren, dass Rückschlüsse kaum möglich sind. Allerdings darf man nicht vergessen, dass Swetlana erst sieben Jahre alt war, als ihre Mutter ums Leben kam. Dennoch sind sich die Historiker und Stalin-Kenner heute relativ sicher, dass Nadjeshda von ihrem Ehemann umgebracht wurde. Und auch damals müssen bereits derartige Anschuldigungen gegen ihn vorgebracht worden sein, denn Stalin bot kurz nach Nadjeshdas Tod seinen Rücktritt von allen Parteiämtern an. Dieses Angebot wurde jedoch, wie er es erwartet hatte, abgelehnt.

Was nach dem Tod Nadjeshda Stalins geschah, ist unbestritten: Die Todesursache wurde zunächst geheimgehalten. Doch viele Menschen hatten Nadjeshda am Abend vor ihrem Tod noch gesehen, ihr Tod musste also plötzlich und unerwartet eingetreten sein. Das Gerücht, sie sei bei einem Autounfall ums Leben gekommen, verbreitete sich ebenso wie die Vermutung, sie sei an einer Blinddarmentzündung gestorben. Stalin gab schließlich die offizielle Erklärung ab: Seine Frau Nadjeshda sei bereits seit langem krank gewesen und entgegen den Warnungen ihres Arztes zu früh aufgestanden. Das habe ihren Tod verursacht.

Die tote Nadjeshda wurde in jenem Haus aufgebahrt, in dem man später das berühmte Moskauer Warenhaus GUM einrichtete. Sie erhielt ein Staatsbegräbnis und wurde auf dem Friedhof des Neuen Jungfrauenklosters (Nowodewitschi) in unmittelbarer Nähe

Katharinas I., der Frau Peters des Großen, und anderer Angehöriger des russischen Hochadels beigesetzt. In ihrem bereits erwähnten Buch schildert Swetlana Stalin, wie ihr Vater von ihrer Mutter Abschied nahm: »Er stand einen Augenblick stumm am Sarg, stieß ihn plötzlich mit beiden Händen von sich und drehte sich um. Hinter dem Trauerzug zum Nowodewitschi-Friedhof lief er wohl aus Etikette mit, aber nur zehn Minuten lang. Beim Begräbnis selbst war er nicht dabei und hat auch das Grab nicht ein einziges Mal besucht. Auf Nadjas Grab steht auf einer Steinsäule eine Kopfbüste. Sie trägt die kyrillische Aufschrift >Allilujewa Stalina<«. Stalin kehrte in den Kreml zurück und besuchte am Abend ein ausgelassenes Fest. Dort verhielt er sich, als wäre nichts geschehen Er war fröhlich, tanzte und überredete eine junge Stenotypistin, die im Zentralkomitee tätig war, die Nacht mit ihm zu verbringen.

Rosa Kaganowitsch

Am 9. März 1933, also nur wenige Monate nach Nadjeshdas Tod, lernte Stalin seine dritte Frau kennen. Sie war die Schwester der Kaganowitschs – vier Brüder, die allesamt im Politbüro saßen. Vor allem Lazar hatte sich einen Namen gemacht und zum Vertrauten und engsten Mitarbeiter des Diktators hocharbeiten können.

Rosa Kaganowitsch war 27 Jahre, und damit exakt halb so alt wie der 54jährige Stalin. Sie war eine ehrgeizige und selbstbewusste Frau, die im öffentlichen Leben stand und ganz genau wusste, was sie wollte. Angefangen hatte sie als kleine Bibliothekarin in der Staatsbibliothek, dann jedoch erfolgreich Karriere gemacht als Autorin, Filmkritikerin und Lektorin für Literatur an der Moskauer Universität. Ebenso wie Keke und Nadjeshda galt auch Rosa als sehr attraktiv. Sie hatte kastanienfarbenes Haar, grüne Augen, eine gerade Nase und sehr weiße Zähne, die sie gerne mit einem strahlenden Lächeln zeigte. Sie maß 1,70 Meter – also fünf Zentimeter mehr als Stalin, der stets unter seiner mangelnden Größe litt und darum Fersenpolster in seinen Stiefeln trug, hatte eine schlanke Figur und war stets geschmackvoll gekleidet.

Wjatscheslaw Molotow machte Rosa Kaganowitsch und Stalin am besagten Märztag des Jahres 1933 – es war sein Geburtstag – miteinander bekannt und von diesem Augenblick an zeigte Stalin zumindest für eine Weile kein Interesse mehr an anderen Frauen. Bereits nach wenigen Monaten machte er Rosa einen Heiratsantrag und sie war sofort bereit, diese Chance zu ergreifen.

Natürlich war ihr bewusst, was er sich von dieser Ehe versprach. Er suchte eine Frau zum Repräsentieren, eine Geliebte fürs Bett und eine Stiefmutter für seine drei Kinder – den dreizehnjährigen Wassilij, die achtjährige Swetlana und den fünfjährigen Boris, einen unehelichen Sohn, den er mit der Kreml-Sekretärin Jolka Andrejewna hatte. Rosa wusste außerdem, was sie von Stalin zu halten und zu erwarten hatte. Als Schwester von Lazar Kaganowitsch stand sie dem Kreml recht nahe, war befreundet mit vielen führenden Funktionären. Sie war über Stalins Politik ebenso informiert wie über seine ständigen Frauengeschichten und die Fragen, die Nadjeshdas Tod aufgeworfen hatte. Dennoch reizte sie das Leben an der Seite eines derart mächtigen Mannes so sehr, dass sie bereit war, ihn zu heiraten und ihre eigene Karriere aufzugeben, um von nun an nur noch Ehefrau, Hausfrau, Mutter und – vor allem anderen – First Lady der Sowjetunion zu werden.

Rosa war jedoch klug genug, ihre eigenen Bedingungen zu stellen, bevor sie Stalin endgültig ihr Jawort gab: Sie hatte nichts dagegen einzuwenden, wenn er sie mit anderen Frauen betrog, aber sie forderte für sich zugleich das Recht, jederzeit und uneingeschränkt mit Freunden zusammentreffen zu können. Sie liebte es zu tanzen und gesellschaftliche Veranstaltungen zu besuchen, sie ging gerne ins Theater und in die Oper, sie las viel und sie wünschte keinerlei Einschränkungen ihrer Interessen und Aktivitäten.

Stalin ging auf ihre Bedingungen ein. Er und Rosa heirateten zu Beginn des Jahres 1933. Die Hochzeit fand im kleinen Kreis auf

Stalins Datscha Gorinka vor den Toren Moskaus statt. Kaum ein Dutzend Gäste waren Zeugen der Trauzeremonie.

Als die frischgebackene Gospodina Stalina danach Stalins Kreml-Wohnung bezog, ersetzte sie als erstes die kostbaren alten, aus der Zarenzeit stammenden Möbel durch eine moderne Einrichtung. Da sie dort wegen der strengen Sicherheitsvorschriften nicht uneingeschränkt Gäste empfangen konnte, sah sie sich schon bald nach einer Zweitwohnung außerhalb der Kreml-Mauern um. Sie fand schließlich unweit des Roten Platzes eine im Parterre gelegene Dreizimmerwohnung, die für ihre Bedürfnisse wie geschaffen schien: zwei durch eine große Doppeltür getrennte Räume, die zum Salon erklärt wurden. Diesen Salon richtete Rosa modern ein und stattete ihn mit einem Flügel und einem Plattenspieler aus. Sie musste an nichts sparen, und obwohl sie auch bisher der privilegierten Schicht angehört hatte und keine Not kannte, war dieses »aus dem vollen Schöpfen« doch eine neue und höchst angenehme Erfahrung, die sie in vollen Zügen genoss.

In ihrer Zweitwohnung traf sie sich nun mit Freunden, veranstaltete literarische Diskussionsrunden oder musikalische Abende. Rosa liebte klassische Musik, vor allem Beethoven, Mozart und Schubert. Stundenlang konnte sie den Schallplatten mit den Konzerten, Liedern und Symphonien dieser Komponisten lauschen. »Rosas Salon« wurde ein Begriff in Moskau und zum erklärten Treffpunkt der geistigen und politischen Elite der Stadt. Oft fanden sich so viele Gäste ein, dass die Sitzgelegenheiten nicht ausreichten, und obwohl politische Gespräche verpönt waren, galt der Salon als beliebte Informationsquelle. Rosa selbst war gern bereit, interessante Neuigkeiten auszuplaudern, allerdings nur, wenn sie sich im engsten Freundeskreis befand. Der Alkohol floss bei diesen Veranstaltungen – für russische Verhältnisse ungewöhnlich – nur in Maßen. Rosa trank selbst wenig, höchstens ein Glas Sherry oder Weißwein, bot ihren Gästen jedoch auch Wodka, Rum und Weinbrand an. Obwohl überall im Lande eine große Hungersnot herrschte, fehlte es auf den Büffets in Rosas Salon an nichts. Die Hausherrin bewirtete ihre Gäste fürstlich und aß auch selbst gern – vorzugsweise Lachs und Stör. Kaviar hingegen ließ sie unbeachtet, liebte aber ausländische Süßigkeiten, vor allem Schokolade, über alles.

Auch daheim sorgte sie für einen reichlich gedeckten Tisch vor allem mit Stalins georgischen Lieblingsgerichten, Schaschlik und

Als First Lady der Sowjetunion unterhielt Rosa Kaganowitsch (1906-?) die kritische Intelligenz des Landes in ihrem berühmten Moskauer Salon.

Pilaff, aber auch gebratenen Enten und vor allem mit Forellen, die in Spezialbehältern aus dem Kaukasus eingeflogen wurden. Doch Stalin schätzte auch Kaviar, mit rohem Ei und fein gehackten Zwiebeln angerichtet oder Borschtsch, ein russisches Nationalgericht, das im Winter heiß und im Sommer kalt verzehrt wird. Überhaupt liebte er üppiges Essen. Und wenn ihm die Art der Zubereitung nicht gefiel, konnte es geschehen, dass er den gefüllten Teller einfach auf den Boden warf.

Doch Rosa kümmerte sich nicht allein um Stalins leibliches Wohl, sondern behielt auch seinen »schöngeistigen« Ruf im Auge. Sie sorgte dafür, dass er namhafte Schriftsteller der Sowjetunion, wie beispielsweise Alexej Tolstoi, in sein gesellschaftliches Leben einbezog und sich mit ihnen, wann immer es sich einrichten ließ, in der Öffentlichkeit zeigte.

Rosa war allgemein beliebt, ihr Bruder hingegen, Lazar Kaganowitsch, galt in der kommunistischen Führungsschicht als arrogant und eingebildet. Das Volk allerdings verehrte ihn, weil er durch Rosas Vermittlung die Rolle des »Rächers« eingenommen hatte. Immer wieder brauchten die Kommunisten »Volksfeinde«, um Missstände rechtfertigen zu können. So wurden zum Beispiel die russischen Mittel- und Großbauern, die Kulaken, als »agrarische Kapitalisten« und Ausbeuter diskreditiert, verfolgt und ermordet. In solchen Situationen war Lazar derjenige, der das Volk »aufklärte« und versprach, dass Stalin und das Politbüro Ungerechtigkeiten erbarmungslos ausmerzen würden. So fingen die Massen an, ihn als Wächter über ihr Wohlergehen anzusehen. Trotz Hungersnot und der anschließenden »Säuberungsaktion«, der so genannten großen Tschistka, in der Lazar Kaganowitsch entscheidend mithalf, alle echten oder vermeintlichen Stalingegner in Partei, Verwaltung, Armee, Gesellschaft und Industrie rücksichtslos zu verfolgen und umzubringen, schenkte ihm das Volk auch weiterhin Vertrauen. Rosa sagte über ihren Bruder: »Er ist zwar intelligent, aber charakterlos und war schon als Kind heimtückisch.«

Natürlich sah die First Lady der UdSSR, was im Lande vor sich ging. Doch im Gegensatz zu Nadjeshda fühlte sie sich nicht berufen, gegen ihren Ehemann Stellung zu beziehen. Sie war intelligent genug, seine Fehler zu erkennen, sein Terrorregime zu missbilligen und ihn dennoch niemals bloß zu stellen. »Ich bin eine loyale Frau«, sagte sie und genoss auch weiterhin die Privilegien, die ihr Stalin bot.

Lediglich im Kreis engster Freunde kritisierte sie viele Männer aus seinem Gefolge. Über Molotow sagte sie beispielsweise, dass er der »fähigste Kopf der ganzen Sippschaft sei, aber gefährlich, weil er nur seine eigene Karriere im Auge« habe. Und über Chruschtschow, der damals noch ein bescheidener Sekretär des Moskauer Parteikomitees war, urteilte sie: »Ein lauter, primitiver Bauer, der zu laut lacht, in Gesellschaft zu oft spuckt und schlecht den Narren spielt. Aber seine Trinkfestigkeit ist unglaublich.« Als den einzigen ehrlichen Bolschewiken, der wirklich der Überzeugung war, dass für die sowjetischen Bürger bessere Lebensverhältnisse geschaffen werden müssten, betrachtete Rosa Abel Jenukidse. Er sei der Beste von allen, »weil er seinem Jugendfreund und der Partei gegenüber loyal geblieben ist.«[8] Das war zwar richtig, nutzte Jenukidse jedoch nichts. 1935 wurde er auf Stalins Befehl aus der Partei ausgeschlossen und zwei Jahre später erschossen.

Wann der rücksichtslose und launische Stalin seiner dritten Ehefrau müde wurde, ist nicht mehr genau zu rekonstruieren. Letzte Klarheit können auch hier nur die noch geschlossenen Archive bringen, sofern diesbezügliche Unterlagen nicht bereits vernichtet wurden. Die offizielle Version lautet: Er ließ sich nach kurzer Ehe 1935 von ihr scheiden. Tatsächlich verschwand Rosa jedoch einfach von der Bildfläche. Ob sie das Leben an Stalins Seite nicht mehr ausgehalten, ihre Schäfchen ins Trockene gebracht und sich selbst aus dem Staub gemacht hat, ob Stalin sie rausgeworfen und sie – intelligent wie sie war – schnell das Weite suchte, ob sie ermordet und ihr Leichnam beseitigt wurde – alles ist möglich, für nichts gibt es Beweise. Rosa verschwand einfach spurlos.

Dass die kurze Ehe zwischen Rosa Kaganowitsch und Stalin später sogar bestritten wurde, könnte – so vermuten Historiker – daran liegen, dass Rosa Jüdin war und in Russland antisemitische Ressentiments bestanden. Fest steht lediglich, dass etwa zeitgleich mit Rosas Verschwinden drei ihrer Brüder aller politischen Ämter enthoben wurden und gut bezahlte Posten außerhalb Moskaus zugewiesen bekamen. Lediglich Lazar blieb als einziger Kaganowitsch weiterhin in Amt und Würden. Mit Rücksicht auf seine eigene Karriere kümmerte er sich jedoch weder um das Wohlergehen seiner Brüder noch um den Verbleib seiner Schwester. Der sowjetische Historiker Roy Medwedjew sagte später über ihn: »An diesem Mann klebt so viel Blut wie an jenen, die 1946 in Deutschland auf Grund der Nürnberger Prozesse erhängt wurden.«

Jossif Wissarionowitsch Dschugaschwili, genannt Stalin, starb am 5. März 1953. Als sein Nachfolger Nikita Chruschtschow während des 20. Parteitags der KPdSU einen Geheimbericht über Stalins Verbrechen verlas, sah man keine Veranlassung, das kommunistische System in Frage zu stellen. Der Kommunismus leninistischer Prägung wurde als Politik bestätigt, die Verbrechen Stalins als Verfehlungen eines einzelnen Tyrannen ausgelegt.

Die Frauen des Duce

Rachele Mussolini
Clara Petacci

Rachele Mussolini

»Ich werde Frauen nicht das Stimmrecht geben, eine Frau soll gehorchen«, erklärte Mussolini 1921, und acht Jahre später rief er den italienischen Frauen zu: »Entbehre! Gebäre!«

Rachele Mussolini, seine eigene Frau, kam diesen Forderungen bedingungslos nach. Das Wort des Duce war für sie Gesetz und sie gehorchte, ohne es jemals in Frage zu stellen. Immerhin war sie in einer Zeit aufgewachsen, in der italienische Frauen aus der Obhut des Vaters in die Vormundschaft des Ehemannes entlassen wurden, keine gesetzlich verankerten Rechte besaßen und sich einzig auf ihre »gottgegebene« Rolle als Ehefrau und Mutter zu beschränken hatten.

Als Benito Mussolini, der Begründer des italienischen Faschismus, dieses traditionelle, durch Kirche und Gesellschaft geprägte Frauenbild zu idealisieren begann und in sein faschistisches Herrschaftssystem übernahm, akzeptierte Rachele sein Vorgehen. Dass er den Mutterkult propagierte und Frauen von jeglicher politischer Verantwortung ausschloss sowie dem Mann im Zivil- und Strafrecht unterordnete, schien sie nicht zu sehen. Doch selbst wenn sie es verstanden hat, kann man davon ausgehen, dass ihr Kritik nicht angebracht erschienen wäre. Der berufliche Werdegang ihres Mannes und sein politischer Aufstieg hatten sie nur in dem Maße zu interessieren, wie er sie teilhaben ließ. Ihre Aufgabe war es, sich um den Haushalt und den Nachwuchs zu kümmern. Mehr wurde nicht von ihr verlangt und auf mehr besaß sie auch kein Recht. So hatten bereits ihre Mutter und ihre Großmutter gelebt und so lebte auch sie. Etwas anderes wäre ihr niemals in den Sinn gekommen.

Predappio ist ein kleines Städtchen in der mittelitalienischen Romagna. Üppige Weinberge, auf denen der berühmte, rote Sangiovese-Wein reift, umgeben die schmalen, niedrigen Häuser, die von einer alten Burgruine überragt werden. Hier, genauer gesagt im Ortsteil Salto, kam Donna Mussolini am 11. April 1890 als Rachele Guidi zur Welt.

Ihre Eltern, Agostino und Anna Guidi, waren arme Pacht-Bauern und der Hof, der bereits seit drei Generationen von der Familie bewirtschaftet wurde, gehörte dem einflussreichen Großgrundbesitzer Zoli. Als Pachtzins mussten die Guidis ihre Arbeitsleistung auf fremden Feldern zur Verfügung stellen und außerdem einen großen Teil der Erträge ihrer selbst bebauten Äcker abführen. Unter derart ärmlichen Verhältnissen war es selbstverständlich, dass auch die Kinder – zwei Söhne und fünf Töchter – zum Lebensunterhalt beitrugen. Die Jungen starben früh, legten sich einfach hin und schlossen die Augen für immer. Kein Mensch wusste warum, denn einen Arzt konnten sich die Guidis nicht leisten. Die Mädchen, solange sie zu klein waren, um auf den Feldern arbeiten zu können, mussten sich um den Haushalt kümmern. Das Backen der »Piada«, eines Fladenbrotes, gehörte dabei ebenso zu ihren Aufgaben, wie das Waschen, Putzen und Kochen.

Rachele war die jüngste Tochter der Guidis. Als sie vier Jahre alt wurde, übertrugen ihr die Eltern die Verantwortung für den Hühnerstall und die beiden Schweine. Jeden Morgen musste das kleine Mädchen mit den blonden Zöpfen nun das Federvieh füttern und die Borstentiere aus ihrem Verschlag auf die Weide treiben. Rachele war ein gehorsames Kind und verrichtete die ihm zu zugewiesene Arbeit ohne Murren. Nur einmal, sie war inzwischen sechs Jahre alt, äußerte das Mädchen einen Wunsch: Sie wollte zur Schule gehen. Dies war eine ungewöhnliche Bitte in jener Zeit, in der nicht einmal für die Elementarklassen Schulpflicht bestand und Landarbeiterkinder für gewöhnlich Analphabeten blieben. Rachele versetzte mit ihrem Wunsch die Familie in Aufruhr. Der Vater war dagegen. Er vertrat die Ansicht, dass Rachele mit der unnützen Lernerei zu viel Zeit verlor, Zeit, in der sie daheim ihre Pflichten vernachlässigen würde. Die älteren Schwestern, die nie zur Schule gegangen waren, beschuldigten sie sogar, sich lediglich vor der Arbeit drücken zu wollen. Nur die Mutter unterstützte Racheles Bitte. Sie verstand selbst ein wenig zu lesen und zu schreiben und war der Meinung, dass Racheles Wunsch erfüllt werden müsse. Vielleicht würde das Wissen, das sie sich in der Schule aneignete, ihr später einmal die Möglichkeit geben, diesem armseligen Leben zu entrinnen.

Anna und Rachele setzten sich schließlich durch und das Mädchen wurde auf der Volksschule von Predappio angemeldet. Sie war eine eifrige Schülerin, die sich bemühte, vor und nach dem Unterricht und dem insgesamt zwölf Kilometer langen Schulweg ihre häuslichen Aufgaben gewissenhaft zu verrichten. Dennoch musste sie die Schule nach der ersten Klasse wieder verlassen. Ihre älteste Schwester Giovanna hatte geheiratet und war zu ihrem Mann gezogen. Dadurch verringerte sich zwangsläufig die Arbeitsleistung, die die Familie für den Gutsherren erbringen konnte. Grund genug für Zoli, den Pachtvertrag zu kündigen.

Die Guidis zogen nach Dovia, einem anderen Ortsteil Predappios. Auch hier ging Rachele wieder in die Schule. Ihre neue Lehrerin hieß Rosa Maltoni Mussolini. Sie bewohnte mit ihrer Familie Räume des Palazzo Varano, des Schulhauses, das später restauriert und als Rathaus genutzt wurde. Ihr Mann Alessandro war Schmied und Anhänger der Sozialistischen Partei. Ebenso leidenschaftlich, wie er seinen Hammer schwang, gab er auch seine politischen Ideale zum Besten und handelte sich damit oftmals Ärger ein. Benito, der älteste Sohn der Mussolinis, war selbst noch Schüler, half aber dennoch hin und wieder seiner Mutter bei ihrem Unterricht. »Durch sein ernstes Gesicht und seine energische Stimme hat er mir sehr imponiert«, schrieb Donna Rachele später in ihrem Buch

Mein Leben mit Benito. »Er war zehn Jahre älter als ich und verlangte äußerste Disziplin und Ordnung. Von seinen schwarzen und leuchtenden Augen war ich wie hypnotisiert.«[9]

Rachele war noch keine acht Jahre alt, als ihr Vater starb und sie die Schule endgültig verlassen musste. Agostinos Tod war für die Familie, die mit ihm den einzigen Ernährer verlor, eine Katastrophe. Als dann auch noch Anna Guidi erkrankte und nicht mehr wusste, wie sie ihre Kinder ernähren sollte, musste Rachele zu ihrer verheirateten Schwester Rosa ziehen. Doch auch dort gab es kaum genug zu essen und das Mädchen, von Heimweh und Hunger getrieben, lief schließlich fort, um zu ihrer Mutter zurückzukehren.

Nach Anna Guidis Genesung zog der Rest der Familie nach Forli, in der Hoffnung, dort Arbeit zu bekommen. Tatsächlich fanden die Mutter und die ältere Schwester Agostina schon bald eine Stellung und auch für Rachele ergab sich eine Möglichkeit, ein paar Lire zum Lebensunterhalt beizusteuern. Sie wurde von einem Gemüsebauern als Mädchen für alles eingestellt. Die Arbeit war jedoch schwer und die Achtjährige nicht in der Lage, den Ansprüchen ihres Dienstherrn gerecht zu werden. Darum musste sie wieder gehen.

Eine neue Stellung fand sich bei der Familie eines Feldwebels. Rachele musste um 5 Uhr morgens aufstehen, das Frühstück zubereiten und war danach bis in die Abendstunden beschäftigt. Ein langer, harter Tag für ein Kind, aber die Angst, ihrer Familie Schande zu machen und auch diese Arbeit wieder zu verlieren, ließ sie durchhalten. Am schwersten fiel Rachele jedoch die lange Trennung von der Mutter. Als Dienstmädchen hatte sie keine Rechte und die einzige Pflicht ihrer Herrschaft war, sie zu ernähren, ihr eine Schlafstelle zu geben und sie zu kleiden. Einen Anspruch auf freie Zeit oder gar Urlaub gab es nicht und das Empfangen von Besuch war gleichfalls verboten. Möglicherweise hätte sie ihren Arbeitgeber um die eine oder andere freie Stunden bitten können, aber da ihre Mutter ein ähnlich rechtloses Dasein führte, war ein Wiedersehen so gut wie unmöglich.

Im Jahre 1905 veränderte sich Anna Guidis Leben jedoch grundlegend. Signora Mussolini, Racheles ehemalige Lehrerin, war gestorben. Der Witwer, der das Schulhaus verlassen musste, zog nun gleichfalls nach Forli, gab das Schmiedehandwerk auf und eröffnete ein Wirtshaus. Anna Guidi erfuhr davon und bat Alessandro Mussolini um Arbeit. Er stellte sie als Haushaltshilfe ein, machte sie jedoch wenig später zu seiner Geliebten. Nun hätte Anna die Möglichkeit gehabt, sich mit ihrer Tochter in Verbindung zu setzen. Aus Scham über ihren zweifelhaften Lebenswandel – immerhin lebte sie mit einem Mann zusammen, ohne mit ihm verheiratet zu sein – verschob sie es immer wieder, der Tochter den neuen Aufenthaltsort mitzuteilen. So erfuhr Rachele erst drei Jahre später davon. Zu jener Zeit war sie als Haushaltshilfe bei dem einflussreichen Gutsbesitzer Chiedini angestellt. Eines Tages hörte sie dort, während sie den Fußboden schrubbte, wie ihre Herrschaft sich im Nebenzimmer aufgebracht über einen jungen Mann unterhielt, einen Sozialisten, der die Frechheit besessen hatte, die Landarbeiter aufzuhetzen. Es war zu einer Demonstration gekommen, in der diese Menschen sogar gewagt hatten, Rechte einzufordern. Chiedini war ehrlich entrüstet und berichtete voller Genugtuung, der Anführer, dieser Hitzkopf mit den verdrehten Ideen, säße bereits hinter Gittern. Sein Name war Benito Mussolini.

Rachele schrubbte fleißig den Boden weiter, spürte in sich jedoch eine gewisse Genugtuung. Endlich hatte es einer gewagt, etwas zu unternehmen, war mutig genug gewesen, die Missstände der herrschenden Gesellschaftsordnung anzuprangern. Und dass dieser Mann ausgerechnet der junge Mussolini war, für den sie bereits in ihrer Kinderzeit geschwärmt hatte, freute sie umso mehr.

Im Herbst 1908 begegnete sie Benito Mussolini durch Zufall persönlich. Über das Wiedersehen berichtete sie später: »In Begleitung der kleinen Tochter der Chiedinis kam ich gerade aus der Messe. Wir verweilten auf dem Kirchplatz von San Mercuriale, um ein bisschen zu schwätzen und uns zu sonnen. Ich hörte, wie man mich rief. Ich drehte mich schnell um und blickte in zwei feurige Augen. Einen Moment sah ich nichts anderes mehr und hörte mein Herz schlagen. Es war Benito Mussolini.«[10] Von ihm erfuhr Rachele nun den Aufenthaltsort ihrer Mutter. Eilig brachte sie die Tochter der Chiedinis nach Hause und bat ihre Herrin um Erlaubnis, ihre Mutter besuchen zu dürfen. Tatsächlich bekam sie den Nachmittag frei. Die Freude über das Wiedersehen muss sogar Anna Guidis schlechtes Gewissen in den Hintergrund gedrängt haben. Jedenfalls wurde Rachele herzlich begrüßt und bereits wenige Tage später ganz ins Haus geholt. Hier erfuhr sie nun auch, wie es Benito in all den Jahren ergangen war: Er hatte sein Lehrerexamen gemacht und eine Weile in der Volksschule von Gualtieri Emilia unterrichtet. Um dem Militärdienst zu entgehen, war er 1902 in die Schweiz emigriert, wo er in italienischen und russischen Sozialistenkreisen verkehrte – er selbst war seit 1901 Mitglied der Sozialistischen Partei Italiens – und sich politisch weiterbildete. Um Geld zu verdienen, nahm er jede Tätigkeit an, die sich ihm bot, und arbeitete als Handlanger, Lehrer, Verkäufer und Journalist. Als er keine Anstellung mehr fand, musste er betteln, wurde schließlich wegen Vagabundierens aufgegriffen, inhaftiert und des Landes verwiesen. Er kehrte nach Italien zurück und war nun gezwungen, den verhassten Militärdienst doch noch abzuleisten. Danach arbeitete er wieder als Lehrer, ging für eine Weile nach Frankreich und kehrte schließlich in die Romagna zurück, wo er wenig später – wegen besagter Demonstration – verhaftet wurde. Da er nach seiner Entlassung aus dem Gefängnis in Forli keine Anstellung mehr bekam, wollte er nun ein Angebot der Trienter Zeitung *Il Popolo* annehmen und dort als Journalist arbeiten. Bereits eine Woche, nachdem Rachele im Haus der Mussolinis Aufnahme gefunden hatte, reiste Benito ab. In ihren Erinnerungen beschreibt Rachele den Abschied: »Er nahm mich beiseite, sah mich mit seinen leuchtenden Augen an und sagte zu meiner Überraschung: ›Wenn ich wiederkomme, werden Sie meine Frau. Sie müssen auf mich warten.‹ Das kam wie ein Blitz.«[11]

Ein knappes Jahr später kehrte Mussolini nach Forli zurück und gründete gemeinsam mit seinen sozialistischen Freunden die Wochenzeitschrift *Lotta di classe* - der Klassenkampf. In dieser Zeit erhielt Rachele einen Heiratsantrag von einem jungen Mann namens Olivieri aus Ravenna. Obwohl ihr väterlicher Freund Alessandro Mussolini den Antrag des jungen Mannes unterstützte, konnte sie sich nicht entschließen ihn anzunehmen. Ihre Gefühle galten Benito, aber seit seiner Rückkehr hatte er nicht mehr vom Heiraten gesprochen. Also sorgte sie nun dafür, dass er zumindest von der Werbung erfuhr. Er reagierte sofort, schrieb seinem Rivalen einen Brief, in dem er ihm dringend empfahl, seinen Antrag zurückzuziehen, und machte danach seinem Vater heftige Vorwürfe, diesen Olivieri bestärkt zu haben. Alessandro Mussolini hingegen hielt ihm vor, arbeitslos zu sein, kein Geld zu verdienen und sich nur um seine Politik zu kümmern. Da sollte er doch Rachele mit diesem Mann gehen lassen, der ihr wenigstens eine sichere Zukunft bieten könnte. Doch Benito ließ sich nicht einschüchtern. In ihren Memoiren, die Donna Mussolini drei Jahre nach dem Tod ihres Mannes veröffentlichte, schrieb sie: »Mir gefiel sein unerschrockener Charakter, der bei Bekämpfung eines Hindernisses erst dann Halt machte, wenn es beseitigt war. Es machte großen Eindruck auf mich, wenn alle ihm auf den Versammlungen aufmerksam zuhörten und er seine Reden mit der Bestimmtheit einer Herausforderung führte. Aber am meisten liebte ich wohl seine Güte, die sich hinter einem scheinbar harten Stolz verbarg.«[12]

Wenige Tage nach der Auseinandersetzung mit dem Vater rief Benito den Familienrat zusammen – Alessandro, Rachele und ihre Mutter. Er erklärte, dass er zwei Zimmer gemietet hätte und Rachele mit sich nehmen wolle. Als sein Vater Einspruch erhob, zog Benito einen Revolver hervor und sagte: »Sechs Patronen habe ich. Eine ist für sie«, er zeigte auf Rachele, »die anderen sind für mich.«[13] Anna Guidi war die erste, die nachgab.

Rachele folgte Benito, auch wenn ein Schatten auf ihr Glück fiel, weil er es mit dem Heiraten nicht eilig hatte. Sie träumte von einer kirchlichen Trauung, während er sogar den Weg zum Standesamt als überflüssig empfand. Die Enttäuschung, weder vor Gott noch dem Gesetz seine Frau zu werden, war daher groß. Da Mussolini einer Heiratsurkunde jedoch keine Bedeutung beimaß und die Sakramente der Kirche als Sozialist sogar ablehnte, musste sich die Siebzehnjährige zunächst mit seinem Wort begnügen, dass man irgendwann, wenn sich die Gelegenheit einmal ergeben sollte, vor den Standesbeamten treten würde.

Die beiden Zimmer, die Mussolini gemietet hatte, waren klein und nur spartanisch möbliert. Dennoch war es kein Problem, den bescheidenen Hausstand des jungen Paares unterzubringen, der lediglich aus vier Leinentüchern, vier Tellern und sechs Bestecken bestand. Auch die Mahlzeiten fielen sehr bescheiden aus: Mittags kam nur selten etwas Fleisch in die Minestra, und abends gab es meistens Kohl und Rüben – selten genug, um wirklich satt zu werden.

Während Rachele in der folgenden Zeit ihren kleinen, friedlichen Haushalt versah, wurde der politische Kampf auf den Straßen Forlis immer heftiger. Jeden Abend kam es zu Schlägereien zwischen den erbitterten Gegnern – den Sozialisten, denen Benito angehörte, auf der einen Seite und auf der anderen Seite den Republikanern und den Konservativen. Mehr als einmal musste Rachele die blaugeschlagenen Augen ihres Mannes verarzten, wenn er spät in der Nacht von einer dieser »handfesten« Auseinandersetzungen heimkam.

Am 1. September 1910 brachte Rachele ihr erstes Kind zur Welt, eine Tochter, die Edda genannt wurde. Die Geburt verlief normal und Mussolini kaufte eine hölzerne Wiege, die er auf seiner Schulter heim trug. Doch nun kam es zum ersten Streit zwischen dem Paar, als Mussolini sich strikt weigerte, seine Tochter taufen zu lassen. Rachele gab schließlich nach. »Ich folgte mit der den romagnolischen Frauen eigenen passiven Gehorsamkeit, für die der Wille des Mannes Gesetz ist«, sagte sie.[14]

Nachdem Mussolini den Ersten Weltkrieg in seiner Anfangsphase 1914 noch als imperialistisch verurteilt hatte, gelangte er bald zu der Überzeugung, dass der Krieg günstige Bedingungen für eine

Revolution schaffen könne, und sprach sich daher für den Kriegseintritt Italiens aus. Daraufhin schlossen ihn die Sozialisten Italiens, die einen strikt neutralen Kurs verfolgten, aus der Partei aus.

Ohne die Unterstützung der Partei blieb Mussolini nun keine andere Wahl als Forli zu verlassen. Die Familie zog nach Mailand und da Benitos Vater inzwischen gestorben war, schloss Racheles Mutter sich ihnen an. Um den Umzug finanzieren zu können, mussten sie die Möbel, die sie sich inzwischen angeschafft hatten, zum größten Teil wieder verkaufen. Sie behielten nur das Bett, Eddas Wiege und die Kücheneinrichtung. Der Verlust war zu verschmerzen, da die neue Wohnung zwar recht teuer, aber dafür modern möbliert war.

In Mailand gründete Mussolini seine eigene, zum Teil von der italienischen Industrie finanzierte Zeitung, *Il Popolo d'Italia* – Das Volk Italiens. Unter den Namen ließ er die Worte drucken: »Wer Eisen hat, hat Brot.«

Am 23. Mai 1915 erklärte Italien Österreich-Ungarn und am 28. August 1916 dem Deutschen Reich den Krieg. Mussolini meldete sich als Freiwilliger und kam an die Front. Rachele hörte nur selten von ihm, konnte seine Erlebnisse jedoch durch die Artikel, die er dem *Popolo* schickte, verfolgen. Schließlich kam die Meldung, dass Benito an Paratyphus erkrankt sei. In einem Viehwagen fuhr Rachele ins Lazarett nach Treviglio, um sich persönlich vom Gesundheitszustand ihres Mannes zu überzeugen. Bei ihrer Ankunft war er jedoch bereits außer Gefahr und die Genesung ging mit großen Schritten voran. Während dieses Besuchs erfüllte sich einer von Racheles geheimen Wünschen: Mussolini und sie ließen sich standesamtlich trauen. Es war eine schlichte Feier mit nur zwei Gästen, Kameraden ihres Mannes, die als Trauzeugen fungierten. Zwar hatte sich Rachele ihre Hochzeit ganz anders vorgestellt – größer, festlicher und zumindest in Anwesenheit der Familie –, dennoch war sie glücklich, auch wenn die kirchliche Trauung weiterhin unerreichbar schien. Aber endlich durfte sie sich mit Fug und Recht »Signora Mussolini« nennen. Wenige Tage später ging Benito an die Front und Rachele kehrte nach Mailand zurück. Am 27. September 1916 konnte sie ihrem Ehemann die Geburt des zweiten Kindes melden, ihres Sohnes Vittorio.

Die Nachkriegsjahre waren in Italien nicht nur von einer schweren Wirtschaftskrise geprägt, sondern vor allem auch durch soziale Unruhen. Es kam zu Streiks, bürgerkriegsähnlichen Aufständen und Fabrikbesetzungen. Die Regierung war immer weniger in der Lage, die Situation zu kontrollieren. Benito Mussolini, der als überzeugter Anti-Sozialist, Anti-Bürgerlicher und Anti-Kapitalist aus dem Krieg zurückgekehrt war, vertrat nun die Überzeugung, dass Italien einen starken Führer an seiner Spitze brauchte, einen Mann, der rücksichtslos und intelligent genug war, um »reinen Tisch zu machen«. Diese Meinung brachte er zusammen mit dem italienischen Schriftsteller Gabriele d'Annunzio im *Popolo* auch deutlich zum Ausdruck.

Im Jahr 1919 formierte sich in Mailand bei einem Treffen von etwa 200 unzufriedenen Sozialisten, Gewerkschaftern, Republikanern, Anarchisten und entlassenen Soldaten unter der Führung Mussolinis eine neue politische Kraft. Er gab ihr den Namen »Fascio di Combattimento«. Der Begriff »Fascio« leitete sich vom lateinischen Fasces (Rutenbündel) ab, die im antiken Rom die Amtsgewalt der höheren Magistrate symbolisierten. Sie bestanden aus einem Bündel von Birken- oder Ulmenzweigen, das mit einem scharlachroten Lederriemen zusammengehalten wurde. So fest und eng, wie es die Fasces umschloss, sollte das Band zwischen den Mitgliedern dieser neuen Partei, den Faschisten, halten. Die faschistischen Squadristi trugen die schwarzen Hemden, die bei den Tagelöhnern der Romagna zur Uniform der Anarchisten geworden waren und führten als Zeichen die Totenkopffahnen der Arditi, einer Kommandoeinheit des italienischen Heeres. Dieses Sammelbecken der Enttäuschten und Unzufriedenen wandelte sich immer stärker zu einer Bewegung der »revolutionären Reaktion«, die das bestehende bürgerliche »System« beseitigen wollte.

Am 22. April 1918 gebar Rachele ihr drittes Kind. Sohn Bruno kam einige Tage zu früh auf die Welt und enttäuschte damit seinen Vater, der unbedingt bei der Geburt hatte dabei sein wollen. Mussolini hielt sich jedoch in Genua auf und erfuhr von dem freudigen Ereignis durch seinen Freund Morgagni, als er in Mailand aus dem Zug stieg. Ärgerlich eilte er nach Hause und machte Rachele bittere Vorwürfe: »Hättest du nicht auf mich warten können?«[15] Verletzt und stumm vor Überraschung sah sie ihn an. Und als er begriff, was er da eigentlich von ihr verlangt hatte, musste er selbst lachen und entschuldigte sich bei ihr.

Die Parlamentswahlen im November 1919 wurden für die neue faschistische Partei zu einem großen Misserfolg. Nachdem das Ergebnis feststand, sah sich Mussolini gezwungen, seine Frau anzurufen und sie vor dem Terror der politischen Linken zu warnen: »Reg dich nicht auf, wenn eine Menge vor unser Haus zieht. Denk' an die Kinder. Wenn ich nicht nach Hause komme, so bin ich entweder tot oder im Gefängnis.« Sofort brachte Rachele ihre drei Kinder auf dem fensterlosen Speicher des Hauses in Sicherheit. Die Sozialisten hatten sich zu einem Trauerzug formiert und zogen mit Fackeln und drei Bahren – für Mussolini, Marinetti und d'Annunzio – am Haus der Mussolinis vorbei. Donna Rachele schrieb später in Erinnerung an diesen Abend: »Vor unserm Haus hielt der Zug, und die Menge rief: ›Hier bringen wir die Leiche Mussolinis!‹ Ich eilte zu den Kindern auf den Speicher und suchte die Handgranaten, die mein Mann aus dem Feld heimgebracht hatte. Doch zum Glück donnerte man nur ein paar Mal gegen das Haustor, dann zogen die Leute schreiend ab.«[16]

Die Wahlniederlage entmutigte Mussolini jedoch nicht. Umsichtig begann er die Neuorganisierung der faschistischen Gruppen und benannte seine »Fascio di Combattimento« in »Partito Nazionale Fascista« um. Die neue Partei wurde zum Sammelbecken der politischen Rechten und entwickelte sich in den Zwanzigerjahren zur Massenbewegung. Bei den Parlamentswahlen des Jahres 1921 gewannen die Faschisten so viele Stimmen dazu, dass sie 35 Abgeordnete stellten – einer von ihnen war der inzwischen in ganz Italien bekannte Benito Mussolini. Seine große Chance kam im August 1922, als ein Generalstreik ausgerufen wurde. Mussolini erklärte, wenn die Regierung den Ausstand nicht verhindere, würden die Faschisten ihn auf ihre Weise beenden. »Entweder wird die Regierungsgewalt uns übertragen oder wir ergreifen sie durch einen Marsch auf Rom.«[17] Das war keine leere Drohung. Und während seine faschistischen Schwarzhemden tatsächlich nach Rom marschierten, wartete er auf den Ruf des Königs. Die Regierung wollte den Ausnahmezustand ausrufen, doch König Viktor Emanuel III. weigerte sich, die Verfügung zu unterzeichnen. Statt dessen beauftragte er Mussolini mit der Regierungsbildung. Am 31. Oktober 1922 wurde Benito Mussolini zum Ministerpräsidenten ernannt. Gestützt auf die konservativen Eliten aus Wirtschaft, Armee und Kirche bildete er eine Koalitionsregierung mit den konservativ-bürgerlichen Parteien. Innerhalb kurzer Zeit gelang es ihm, seine eigene Machtposition und die der Partei entscheidend auszubauen und den Faschisten, obwohl sie in der Minderheit waren, alle Schlüsselpositionen in der Regierung zu verschaffen. Mussolini hatte nun den Titel »Duce« – italienisch für Führer – angenommen. Das Ausland nannte ihn so, ganz Italien, ja sogar seine Frau sprach nur noch als Duce von ihm, und seine Enkel sollten ihn später »Großvater Duce« nennen.

Für Rachele änderte sich vorerst nichts. Getreu ihrer Vorstellung von der Rolle der Frau hielt sie sich vollständig aus den politischen Angelegenheiten ihres Mannes heraus und lebte nur für ihre Familie, vor allem für ihre drei Kinder. Da Mussolini peinlichst darauf achtete, nicht verdächtigt zu werden, sich selbst oder seiner Familie einen persönlichen Vorteil zu verschaffen, blieb Rachele in der kleinen Mailänder Wohnung, während er in Rom arbeitete und nur hin und wieder heimkam. Trotz ihres zurückgezogenen Lebens wurde sie von italienischen und ausländischen Journalisten belagert, die sie interviewen wollten und überrascht waren, die Frau des Ministerpräsidenten allein und mit Hausarbeit beschäftigt zu sehen. Rachele erklärte jedoch, dass die Politik sie nichts anginge und dass sie nur die Frau Mussolinis sei. Dann verabschiedete sie ihre Besucher in der Regel höflich, aber bestimmt. Durch ihre Zurückhaltung entstand nach und nach der Eindruck, sie sei an dem offiziellen und politischen Leben ihres Mannes völlig desinteressiert. Das entsprach nicht der Wahrheit. Im Gegenteil: Rachele nahm sogar regen Anteil an Mussolinis politischem Leben. Nach ihrer Einstellung und auch der ihres Mannes besaß sie jedoch nicht das Recht, ihre Meinung kundzutun. Nicht einmal Mussolini gegenüber, aber natürlich schon gar nicht vor Außenstehenden. Dennoch vertraute sich der Duce seiner Frau häufig an, vor allem weil sie zuhören konnte, keine überflüssigen Bemerkungen machte, immer leidenschaftlichen Anteil an seinen Plänen nahm und absolut verschwiegen war. Außerdem bewunderte er an ihr, dass sie sich auch nach langer Zeit noch sehr genau an Ereignisse, Daten und Namen erinnern konnte und so wandte er sich oft mit Rückfragen an sie.

Im Januar 1925 begann Mussolini mit dem Aufbau einer totalitären Einparteiendiktatur. Er ließ seine politischen Gegner ins Gefängnis werfen und schaltete nach und nach alle nichtfaschistischen Parteien und Organisationen aus. Danach sicherte er die eigene Vormachtstellung und die der Partei, ein gefügiges Parlament, in dem fast nur noch Faschisten vertreten waren, verabschiedete die entsprechenden Gesetze.

Ende 1925 überraschte Mussolini seine Frau mit dem Vorhaben, sich kirchlich trauen zu lassen – die guten und für das Regime wichtigen Beziehungen zum Vatikan machten diesen Schritt unumgänglich. Rachele, die ihren Traum im Laufe der Zeit vergessen zu haben schien und sich die Einstellung ihres Mannes vollkommen zu eigen gemacht hatte, sagte dazu: »Unsere tiefe Verbundenheit, die ständige und wechselseitige Hilfe, die wir uns in unserem bewegten Leben boten, und besonders unsere Kinder bedeuteten uns beiden mehr, als die üblichen konventionellen Bedingungen. Aber ich stimmte trotzdem gerne der Weihe unserer Vereinigung vor Gott zu.«[18] Die Feier fand im kleinen und privaten Kreis am 29. Dezember 1925 in Mailand statt. Ein gutes Jahr später war Rachele erneut schwanger. Mussolini bestand darauf, das sein dritter Sohn – er zweifelte keinen Augenblick daran, dass es wieder ein Junge werden würde – in der Romagna zur Welt kommen sollte – ebenso wie sein Großvater, sein Vater und er selbst. Der Geburtsort sollte ein kleines Gehöft in Carpena werden, ein kleines Städtchen unweit von Racheles Geburtsort Predappio. Mussolini hatte ihr das Gehöft geschenkt und die glückliche Rachele verließ Mailand ohne zu zögern.

Kurz vor der Geburt rief sie ihren Mann in Rom an. Der setzte sich sofort in sein kleines Flugzeug – er hatte einen eigenen Pilotenschein – und war fünf Stunden später in Carpena. Im Gepäck hatte er eine Säuglingsausstattung und einen Berg von Telegram-

Rachele Mussolini (1890-1979) misstraute dem politischen Klüngel in Rom und lebte lieber auf dem Land. Von links: Rachele mit Ihrem jüngsten Töchterchen Anna Maria, Mussolini mit Romano, Bruno, Edda und Vittorio.

men, in denen zu der glücklichen Geburt eines gesunden Jungen gratuliert wurde. Offensichtlich war sich Mussolini seiner Sache so sicher, dass er das freudige Ereignis schon vorweg bekannt gemacht hatte. Am 26. September 1927 kam sein Sohn zur Welt, der den Namen Romano erhielt.

Das ganze Land feierte die Geburt des neuen Erdenbürgers und Mussolini versäumte es nicht, die Frauen Italiens aufzurufen, es Rachele gleichzutun. Kinder sollten sie gebären für das Vaterland, das war ihre Aufgabe und heilige Pflicht, ließ er sie wissen.

Sobald sich Rachele, nun vierfache Mutter, von der Entbindung erholt hatte, beschäftigte sie sich begeistert mit ihrem neuen Besitz. Sie begann Hühner und anderes Kleinvieh zu züchten und verbrachte viele Stunden mit der Planung und Einrichtung neuer Gehege. Hier auf dem Lande fühlte sie sich glücklich und unbeschwert, hier durfte sie das sein, was sie im Grunde ihres Herzens, trotz des Aufstiegs ihres Mannes, geblieben war: eine einfache, erdverbundene Frau. Von Mussolinis nationalen und internationalen Erfolgen erfuhr sie aus seinen Berichten und der Zeitung, an seinem Leben in Rom hatte sie keinen Anteil. Sie erlebte seine Karriere lediglich als Zuschauerin, vielleicht misstraute sie deshalb zutiefst der Beständigkeit der Macht, die ihr Mann inne hatte, und dem Glanz, mit dem er sich umgab. Sollte er tatsächlich einmal aus den Schwindel erregenden Höhen, in die er aufgestiegen war, herabstürzen, so meinte sie, dann würde dieses Anwesen in der Romagna ihre Existenz sichern. Das eigene Land, die Felder und Weiden, waren allemal verlässlicher als das unsichere Geschäft mit der Politik.

Zwei Jahre später war Donna Rachele erneut schwanger. Diesmal sollte es ein Mädchen werden, forderte Mussolini und tatsächlich schenkte seine Frau am 3. September 1929 einer Tochter das Leben, die sie nach ihrer verstorbenen Mutter Anna Maria nannte. Der Duce war zufrieden und begann nun nach einem Haus in Rom zu suchen, in dem er zusammen mit seiner Familie leben konnte. »Ich will mich in meinen Stunden der Ruhe an meinen Kindern freuen«, sagte er und Rachele gehorchte wie üblich. Obwohl ihr der Abschied von Carpena unendlich schwer fiel, zog sie am 15. November nach Rom.

Die Villa Torlonia wurde nun das neue Domizil der Mussolinis: ein helles Gebäude im neo-klassizistischen Stil, inmitten eines großen, von einer hohen Mauer umgebenen Parks. Mit Statuen und Obelisken geschmückte Alleen verbanden das Haupthaus mit Nebengebäuden und einem kleinen, von Pinien umgebenen See. Es gab große Gewächshäuser und sogar ein Theater. Die Villa im Viertel Nomentana lag nur wenige Minuten von der Piazza Venezia, dem Herzen Roms, entfernt und war dennoch abgeschirmt vom Lärm der Stadt. Doch auch in dieser luxuriösen Umgebung dachte Donna Mussolini nicht daran, von nun an die »erste Dame Italiens« zu spielen. Nach wie vor suchte sie keine Privilegien für ihre Familie, wirtschaftete sparsam und warnte vor pompösen Gästen und falschen Freunden. Aus ihrer Abneigung gegen faschistische Schranzen, selbst gegen ihren künftigen Schwiegersohn, den Grafen Ciano, machte sie keinen Hehl. Über dieses Ereignis, die Traumhochzeit ihrer ältesten Tochter Edda am 24. April 1930, schrieb Rachele in ihr Tagebuch: »Villa Torlonia ist ein weißes Blütenmeer, sie sieht wie ein Gewächshaus aus. Das Personal sagt mir, dass man nicht mehr weiß, wo man die Blumen unterbringen soll, und ich lasse vier Lastwagen voll zur Kirche und zum Gefallenengrabmal im Verano Friedhof bringen. Der Empfang wurde von anderen vorbereitet, aber am Schluss musste ich natürlich selbst das Einzelne leiten. Eine erlesene Schar von Gästen, unter denen ich viele berühmte Gesichter entdeckte, war geladen und ich versuchte sie zu betrachten, ohne Neugier zu zeigen. Bei der Zeremonie sah ich jedoch nur das blasse Gesicht meiner Tochter und ich betete: ›Herr, mach dass sie glücklich wird.‹ Auch Benito war bewegt. Ich bemerkte das an der tiefen Längsfalte die seine Stirn furchte. Mehr als einmal suchte er meinen Blick, und ich verstand ihn…«[19]

Dass der Duce seine Frau nach Strich und Faden betrog, war eine Tatsache, die die Spatzen bereits seit vielen Jahren von den Dächern pfiffen. Bereits 1914, kurz nachdem die Mussolinis von Forli nach Mailand umgezogen waren, hatte Rachele Besuch von einer Frau bekommen, die Benito zu sprechen wünschte, der sich jedoch gerade in Genua aufhielt. Die extravagant gekleidete Dame verlangte daraufhin die Wohnung zu sehen. Sie stellte sich als Ida Dalser vor, gab an, aus Österreich zu stammen, jedoch in Mailand zu leben und von Beruf Krankenschwester zu sein. Rachele berichtete in ihren Erinnerungen über diesen sonderbaren Besuch: »Sie war sehr aufgeregt und fragte Edda, ob ihr Papa mich gern hätte. Ich gab mir Mühe, sie loszuwerden. Später erfuhr ich, dass Benito, in der seinem impulsiven Charakter eigenen großen Naivität zu dieser Frau eine Beziehung gehabt hätte. Sie war eine exaltierte Verrückte. So verrückt, dass sie einmal Einrichtungsgegenstände eines Hotels anzündete und erklärte, sie sei die Gattin Mussolinis. Auf Grund dieses Streichs wurde ich dann verhaftet und zwei Tage eingesperrt, bis endlich das Missverständnis geklärt war.«[20]

Was Donna Rachele in Bezug auf Naivität und Impulsivität ihres Mannes auch immer geglaubt haben mag, fest steht, dass Mussolini sich eine Frau nahm, wann immer ihm danach war. Früher waren es die Bauernmädchen aus dem Dorf, später zumeist linke oder rechte Kampfgefährtinnen oder Journalistinnen, die er rasch in seinem Privatapartment oder auch nur auf der Steinbank unter dem Fenster seines Arbeitszimmers an der römischen Piazza Venezia »abfertigte«. Sein Treiben brachte Rachele den zweifelhaften Titel der »meistbetrogenen Ehefrau Italiens« ein. Manchmal wusste sie von seinen kurzen Affären, manchmal ahnte sie nur davon, doch immer ignorierte sie, was da hinter ihrem Rücken geschah. Es war zwar verletzend, aber sie konnte darüber hinweg sehen, denn Benito war ihr Ehemann, der sie und die Kinder liebte. Niemals würde er sich, da war sie ganz sicher, wegen einer anderen Frau von seiner Familie trennen.

Im Frühjahr des Jahres 1932 lernte Mussolini jedoch eine junge Frau kennen, deren Existenz Rachele auf Dauer nicht ignorieren konnte.

Clara Petacci

Für die einen war sie die verlogene Intrigantin, die aus der Beziehung zu Mussolini nur Vorteile für sich und ihre Familie ziehen wollte, für die anderen war sie die große Liebende, die treu an der Seite des Duce blieb und sich am Ende mit ihm zusammen erschießen ließ. Die Wahrheit liegt wohl irgendwo dazwischen.

Die Familie Petacci gehörte dem päpstlichen Adel an, hatte jedoch das Adelsprädikat im 19. Jahrhundert abgelegt, als der Großvater Claras, Eduardo Petacci, seinen Dienst bei der osmanischen Regierung in Konstantinopel antrat. Im hohen Alter kehrte er mit vier Söhnen und vier Töchtern nach Rom zurück. Eduardos ältester Sohn, Francesco Saverio Petacci, studierte Medizin und eröffnete eine Praxis in Rom. Da die Familie dem Vatikan noch immer nahe stand, heiratete er eine Verwandte von Papst Pius XI. und wurde schließlich sogar zu dessen Leibarzt ernannt. Der Ehe mit Giuseppina Persichetti entstammten drei Kinder: Das dritte Kind war ein Mädchen, 1912 geboren und auf den Namen Clara getauft. Allgemein wurde es jedoch nur Claretta genannt. Sie war eine brünette, dunkeläugige Schönheit und eine verträumte Romantikerin, die die Aquarellmalerei liebte und in dieser Kunst beachtliche Fähigkeiten entwickelte. Ihre zweite Leidenschaft war die Lyrik. Beide Leidenschaften wurden jedoch von einer dritten überragt: der Liebe zum Duce. Schon als kleines Mädchen hatte Claretta ihn verehrt und, während ihre Freundinnen sich Bilder von Filmhelden an die Wände ihrer Zimmer hängten, schmückte sie ihre mit den Fotos von Mussolini. Jedes Jahr zu Ostern und zu Weihnachten schickte sie ihm ein Glückwunschgedicht, und wann immer eine Rede des Duce angekündigt wurde, ging sie schon Stunden vorher hin, um ganz vorne in seiner Nähe stehen zu können. Im Jahre 1932 verlobte sich Claretta auf Drängen ihrer Eltern mit einem Leutnant der Luftwaffe, Riccardo Federici. Bevor es jedoch zur Hochzeit kam, trat ein Ereignis ein, das ihrem Leben eine andere Richtung gab.

Es begann im April 1932. Professor Petacci hatte vor kurzem ein neues Cabriolet gekauft und machte mit seiner Familie einen Ausflug nach Ostia. Es war ein warmer Tag und obwohl das Meer noch recht kühl war, gingen die jungen Leute schwimmen. Nach dem Mittagessen fuhren die Petaccis weiter nach Castelfusino, wo sie den Nachmittag im Wald verbringen wollten. Hin und wieder wurden sie überholt, so auch von dem offenen Alfa Romeo Mussolinis. Clara erkannte den Wagen und riss sich ihren Florentinerhut vom Kopf, um damit zu winken. »Duce! Duce!«, rief sie aufgeregt. Dann war der Alfa an ihnen vorbeigerast. Hinter der nächsten Kurve stand er jedoch am Straßenrand. Die Familie Petacci parkte dahinter und aufgeregt stiegen sie aus. Was für ein unverhofftes Glück, dem Mann gegenüberstehen zu dürfen, den ganz Italien liebte und verehrte! Es wurde ein kurzes Gespräch, in dem Mussolini sich hauptsächlich für den Namen des jungen Mädchens interessierte, dass ihm so begeistert zugewunken hatte. Dann fuhr man weiter.

Drei Tage später rief der Duce an und verlangte, Claretta zu sprechen. Er lud sie für den Nachmittag des folgenden Tages in sein Amtszimmer im Palazzo Venezia ein. Mit klopfendem Herzen folgte Clara der Einladung und wurde ohne zu zögern die Geliebte des mächtigsten Mannes Italiens. Die Tatsache, dass sie damit zur Ehebrecherin wurde und nicht die geringste Hoffnung bestand, das Verhältnis jemals zu legalisieren – in dieser Beziehung ließ der Duce von Anfang an keinen Zweifel aufkommen –, war für die gläubige Katholikin zwar ein Problem, doch eine Rechtfertigung fand sich schnell: Wenn die Liebe nur groß genug war, würde Gott schon verstehen und entschuldigen, glaubte sie und sah sich als selbstlos Liebende, jederzeit bereit, alles für den geliebten Mann zu geben, wenn nötig sogar das Leben.

Die nächsten zwei Jahre trafen sie sich nahezu täglich – die neunzehnjährige Clara und der fast fünfzigjährige Mussolini. Signorina Petacci verließ das Haus ihres Vaters regelmäßig nach dem Mittagessen und fuhr zum Palazzo. Dort wartete sie oft Stunden in einem kleinen Privatapartment neben Mussolinis Arbeitszimmer, bis der große Staatschef ein wenig Zeit für sie erübrigen konnte. Doch sie beklagte sich niemals und war zufrieden, ihn überhaupt sehen zu dürfen. Die einzige, die in der Petacci-Familie von dem Verhältnis wusste, war Mama Giuseppina. Und sie war auch die erste, die erfuhr, dass Mussolini die Affäre im Frühjahr 1934 beendete. Er hatte Clara nahegelegt, endlich ihren Verlobten zu heiraten. Die nunmehr 21jährige gehorchte. Da ihr das Leben ohne den Duce sinnlos erschien, war es ohnehin gleichgültig, was mit ihr geschah. Im Juni 1934 wurden Clara und der Fliegerleutnant Riccardo Federici getraut und sie zogen in eine Dienstwohnung nahe dem Flugplatz von Orbetello nördlich von Rom. Da Clara ihre Gefühle für Mussolini nicht vergessen konnte, lebte das Paar schon bald nur noch gleichgültig nebeneinander. In dieser Situation wurde Mama Giuseppina tätig.

Im Februar 1935 ließ sie ihre Tochter nach Rom kommen und zeigte ihr eine Villa in der Via Lazzaro Spallanzani. Sie hatte das Haus eine Woche zuvor gekauft und bot Clara nun an, auch ein Zimmer für sie einzurichten. So würde sie, wann immer sie das Leben an der Seite ihres Mannes nicht mehr ertrug, für ein paar Tage nach Rom kommen können. Zum einen war Clara gerührt über die Fürsorge der Mutter, zum anderen machte es sie stutzig, dass das neue Haus der Eltern ausgerechnet vis-a-vis der Villa Torlonia lag, dem Heim der Familie Mussolini. Überstieg der Hauskauf nicht die finanziellen Möglichkeiten der Familie? Giuseppina gelang es jedoch rasch, die Bedenken ihrer Tochter zu zerstreuen, zumal diese sich noch nie ernsthaft für Geld und praktische Dinge interessiert hatte. So machte sie sich auch diesmal keine Gedanken über die Finanzierung dieses Objektes, das aufgrund seiner Größe, Ausstattung und bevorzugten Lage eindeutig die Verhältnisse der Petaccis überstieg. Doch Mama Giuseppina hatte schon ziemlich genaue Vorstellungen, wer die neue Villa der Familie bezahlen würde.

Im April 1935, eine Woche vor Ostern, kündigte Clara ihren ersten längeren Besuch im neuen Haus ihrer Eltern an. Einen Tag später betrat eine ältere Frau den Palazzo Venezia, nannte ihren Namen und verlangte, den Duce zu sprechen. Nach einer Viertelstunde wurde sie bereits in das Arbeitszimmer Mussolinis vorgelassen. Die Unterredung fand ohne Zeugen und hinter verschlossenen Türen statt. Was in dieser halben Stunde besprochen wurde, erfuhr niemand. Fest steht jedoch, dass der Duce noch am gleichen Tag be-

Intrigantin oder große Liebende? In Rom wusste jeder außer Rachele Mussolini, dass Clara Petacci (1912-1945) die Geliebte des Duce war.

fahl, Leutnant Riccardo Federici mit sofortiger Wirkung zum Militärattaché der italienischen Vertretung in Tokio zu ernennen, und dass diese Angelegenheit ohne Rückfrage zu erledigen sei.

Wie verabredet kam Clara zu Ostern nach Rom. Drei Tage nach dem Fest rief Riccardo an, um ihr seine Versetzung mitzuteilen. Er hatte Befehl, sofort abzureisen und so blieb nicht einmal die Zeit, nach Rom zu kommen, um sich von seiner Frau zu verabschieden. Clara wunderte sich zwar über diese Eile, stellte jedoch keine Fragen. Es war ihr relativ gleichgültig, wo Riccardo sich aufhielt und sie war froh, dass er sie nicht aufforderte, ihm nach Tokio zu folgen. Statt dessen vereinbarte man, dass sie während seiner Abwesenheit bei den Eltern in Rom wohnen sollte. Von dem Fenster ihres Zimmers aus konnte Clara die Villa Torlonia und den Park der Mussolinis gut überblicken. So verfolgte sie aufmerksam, wie das perlweiße Alfa Romeo Cabriolet morgens um Punkt acht Uhr vorfuhr, um den Duce abzuholen und ihn am Abend gegen 21 Uhr wieder zurückbrachte. Tagsüber schienen Haus und Park verlassen. Und dann war für eine Weile auch der Wagen nicht zu sehen. Aus der Zeitung erfuhr Clara, dass Mussolini sich in Venedig aufhielt.

Knapp drei Wochen nach Riccardos Abreise klingelte das Telefon in Claras Zimmer. Der Duce war aus der Lagunenstadt zurückgekehrt. Von ihrem Zimmer aus konnte Clara das erleuchtete Fenster der Villa Torlonia sehen, hinter dem er telefonierte. Er war allein, Donna Rachele hielt sich mit den Kindern auf dem Hof in Carpena auf. Bereits am nächsten Morgen wollte Mussolini an den Lido di Ostia fahren und ein paar Tage Urlaub im königlichen Castel Porziano verbringen. Als er Clara bat, ihn zu begleiten, war sie sofort dazu bereit. Wie verabredet, stand sie am nächsten Tag mit ihrem Köfferchen an der Kreuzung Via Nomentana und Via Novara, wo sie der Fahrer des Duce abholte und nach Ostia brachte. So lebte die Affäre zwischen Mussolini und Clara Petacci wieder auf. Und obwohl keiner von ihnen die Initiative ergriffen hatte – die einzig Aktive war Mama Giuseppina gewesen –, gelang es doch beiden nicht, der Versuchung zu widerstehen.

Die Gründe des alternden Mussolini lagen auf der Hand: Er fühlte sich durch die Verehrung der attraktiven jungen Frau geschmeichelt und begehrte sie. Allerdings machte er ihr auch diesmal deutlich, dass sie immer die Geliebte bleiben werde und er Frau und Familie niemals verlassen würde. Claras Motive waren vermutlich komplexer. In erster Linie war es wohl die Erotik der Macht, von der sie sich angezogen fühlte. Aber auch das Verhältnis zu ihrer Mutter mag eine entscheidende Rolle gespielt haben. Schon als ganz junges Mädchen hatte sie für Mussolini geschwärmt, seine Stärke und sein Durchsetzungsvermögen bewundert – Eigenschaften, die sie bei ihrem von der Mutter so vollkommen unterdrückten Vater vermisste. Selbst unter der Dominanz der Mutter leidend, hatte sie sich zu einem unsicheren Kind und später zu einer unselbstständigen Frau entwickelt. An der Seite des Duce fühlte sie sich jedoch stark und endlich von der Mutter anerkannt. Vermutlich merkte sie in ihrem Überschwang gar nicht, dass sie von ihrer Mutter für ihre eigenen Zwecke benutzt wurde.

Nach dem gemeinsamen Urlaub am Lido di Ostia nahm Clara wie selbstverständlich die alte Gewohnheit wieder auf, jeden Nachmittag zum Palazzo Venezia zu fahren und in dem Privatapartment auf Mussolini zu warten. Dann saßen sie zusammen und sie las ihm aus der Zeitung vor. Oftmals legte sie auch Chopin-Platten auf, und das war für Privatsekretär Navarra das Zeichen, unter keinen Umständen zu stören und den Raum zu betreten. An vielen Tagen wartete Clara jedoch vergeblich und erhielt irgendwann die Nachricht, sie könne nach Hause gehen.

Manchmal sah Clara den Duce viele Tage nicht und musste sich damit begnügen, ihn von ihrem Balkon aus im Park der Villa Torlonia zu beobachten, wo er Tennis spielte oder seinen Morgenritt absolvierte. Schaute er auf und gab ihr ein Zeichen, dass er sie gesehen hatte, war sie zufrieden. Beachtete er sie jedoch nicht, war sie unglücklich und verkroch sich für Stunden in ihrem abgedunkelten Zimmer. Wenn Mussolini verreiste, packte auch Mama Giuseppina die Koffer. Oft verfolgte der Lancia der Petaccis – am Steuer

Fahrer Gasparini und im Fond Mutter und Tochter – den Duce tagelang, ohne ihn auch nur einmal zu Gesicht zu bekommen. An jedem Tag, an dem Clara ihn nicht gesehen hatte, schrieb sie ihm. Wenn der Brief fertig war, gab sie ihn ihrer Mutter zu lesen. Erst danach wurde er von Gasparini in den Palazzo Venezia gebracht.

Auf Dauer konnte die Affäre nicht geheim bleiben. Zu viele Menschen sahen Clara tagtäglich den Palazzo Venezia betreten, und auch Mussolinis engste Mitarbeiter bekamen zwangsläufig mit, dass sie viele Stunden im Privatapartment des Duce wartete. Bald machten die ersten Gerüchte die Runde. Welche Auswirkungen das für Clara hatte, schildert der Schriftsteller Franz Spunda sehr anschaulich in seinem auf Tagebuchaufzeichnungen und authentischen Berichten basierenden Buch *Clara Petacci*: Eines Tages kam Clara wie üblich am frühen Nachmittag in den Palazzo Venezia, wurde aber von Ercole Navarra gleich wieder heimgeschickt, weil der Duce heute auf keinen Fall Zeit für sie haben werde. Ziellos und unschlüssig ging Clara durch die Straßen. Sie hatte keine Lust, in die Villa ihrer Eltern zurückzukehren, wusste aber auch nicht, was sie sonst unternehmen sollte. Plötzlich stand sie vor dem Modesalon, in dem ihre Mutter für gewöhnlich für sie einzukaufen pflegte. Kurz entschlossen trat sie in das elegante Geschäft mit den venezianischen Glasspiegeln, der geschwungenen Treppe und den weichen Teppichen und nannte der Verkäuferin, die eilfertig auf sie zutrat, ihren Namen: Signora Federici. Sofort wurde Clara in einen kleinen Salon geführt und gebeten, einen Augenblick zu warten. Die Chefin würde sie höchstpersönlich bedienen. Das tat die Padrona auch, doch zuvor rief sie rasch einige ihrer besten Kundinnen an, um ihnen, wie versprochen, mitzuteilen, dass besagte Dame sich derzeit in ihrem Salon aufhielte. Bei der Beratung ließ sie sich viel Zeit. Ein Mannequin des Hauses führte verschiedene Kleider vor und schließlich probierte Clara einige der Kreationen an. Als die Wahl getroffen war, brachte die Chefin ihre Kundin selbst zur Tür und verabschiedete sich von ihr. In diesem Augenblick wurden die Fondfenster diverser Luxuskarossen, die vor dem Mo-

Mussolini und Clara Petacci unternahmen viele Ausflüge zusammen, auf denen sie sich ungestört amüsieren konnten.

desalon gewartet hatten, heruntergedreht. Ungeniert musterten die Damen die Favoritin des Duce. Als Clara bemerkte, was da vor sich ging, eilte sie, wie von Furien gehetzt, davon. Auf ihrer Flucht geriet Clara unversehens in einen Menschenstrom, der sich singend und jubelnd der Piazza Venezia entgegenwälzte. Unwillkürlich wurde sie mitgerissen und versuchte schließlich herauszubekommen, was eigentlich passiert sei. Kopfschüttelnd musterte man sie. »Haben Sie es denn noch nicht gehört? Der Krieg – wir haben Abessinien besiegt. Der Duce wird gleich sprechen.«[21] Auf der Piazza blickte Clara inmitten der jubelnden Menge zum Balkon des Palazzo Venezia empor. Endlich öffneten sich die hohen Flügeltüren. Mussolini trat heraus und bald ertönte seine Stimme durch den Lautsprecher. Doch Clara achtete kaum darauf, was er sagte. Sie sah nur die Frau, die hinter ihm auf den Balkon getreten war: Rachele Mussolini! Mit Tränen in den Augen lief sie nach Hause.

Dass Giuseppina Petacci sich von der Beziehung zwischen ihrer Tochter und Mussolini Vorteile versprach, lag auf der Hand. Doch auch der Staatssekretär des Inneren, Guido Buffarini, beschloss, aus der Vernarrtheit des Duce seinen Nutzen zu ziehen. Er war immer auf der Suche nach zusätzlichen Einnahmequellen, doch er hoffte außerdem, über die Familie Petacci größeren Einfluss auf Mussolini zu gewinnen. Dieser Wunsch sollte sich nicht erfüllen. Der Duce ließ sich von niemandem reinreden – schon gar nicht von einer Frau. Doch bei den finanziellen Interessen hatte Buffarini auf das richtige Pferd gesetzt.

Grundlage der lukrativen Idee waren einige Bettelbriefe, die Clara von Not leidenden Römern erhalten hatte. Man nahm die Briefe zum Anlass für ein karitatives Projekt unter der Schirmherrschaft Signora Federicis zum Wohle der Armen Roms. Buffarini schlug dem Duce vor, der Signora Geldbeträge aus einem Sonderfonds, den er verwalten würde, zur Verfügung zu stellen, um ihr die Möglichkeit zu geben, die Not dieser Menschen zu lindern. Mussolini, sozialen Maßnahmen gegenüber immer aufgeschlossen, stimmte zu. Er war bereit, Clara völlig freie Hand bei der Verteilung der Gelder zu lassen. Sie erhielt lediglich die Auflage, Buch über die Ausgaben zu führen. Danach begannen die Gelder zu fließen, allerdings in die Taschen Buffarinis, in die der Petaccis und – zu einem verschwindend geringen Teil – in die der Armen. Die manipulierten Bücher führte Stefano Persichetti, ein Bruder Giuseppina Petaccis. Regelmäßig wurden sie Clara zur Unterschrift vorgelegt. Eigentlich hätte ihr die Differenz der Ausgaben für karitative Zwecke und der vom Innenministerium gezahlten Summen auffallen müssen, aber sie kümmerte sich nicht darum und stellte keine Fragen. Ihre Mutter – und alle anderen auch – waren mit ihr zufrieden. Das war das einzige, was für sie zählte.

Im Frühjahr 1938 kaufte Giuseppina Petacci für eine halbe Million Lire ein 5 000 Quadratmeter großes Grundstück in der Via Camilluccia auf dem Monte Mario und erfüllte sich mit der ihr eigenen Energie einen großen Traum: den Bau einer monumentalen, luxuriösen Villa. Die Bauarbeiten verschlangen riesige Summen und mussten sogar zweimal eingestellt werden, weil es an Geld fehlte. Beide Male half der Bruder Claras großzügig aus, den die Bekanntschaft mit Buffarini zu einem reichen Mann gemacht hatte. Gemeinsam mit dem Staatssekretär beschäftigte er sich im großen Stil mit Gold- und Devisenschiebereien und verdiente Millionen an Staatsaufträgen. Ohne Frage, die Petaccis hatten ihre Schäfchen ins Trockene gebracht. Im November 1939 zog die Familie in die 32-Zimmer-Villa Camilluccia, einen flachen, langgestreckten Bau aus Glas und Stein. Zwar war das Gebäude noch nicht ganz fertiggestellt, aber das alte Haus war bereits verkauft und musste fristgerecht geräumt werden.

Clara und ihr Verhältnis zu Mussolini waren zu diesem Zeitpunkt Gesprächsthema Nummer eins in Rom. Die einzigen, die noch immer nichts von der Affäre wussten, schienen ihr Vater und Rachele Mussolini zu sein.

Staatssekretär Buffarini machte Clara den Vorschlag, sich von ihrem Ehemann Riccardo scheiden zu lassen – in Ungarn, da eine Ehescheidung in Italien nahezu unmöglich war. Sie stimmte zu und

Buffarini besorgte alle nötigen Papiere. Am 7. August 1941 sollte sie nach Budapest reisen. Am Morgen dieses Tages ging Clara in den Palazzo Venezia, um Mussolini noch einmal zu treffen. Während sie gebührend – natürlich mit Chopin – voneinander Abschied nahmen, klingelte das Telefon trotz der Anweisung, keine Telefonate durchzustellen. Der Duce erhielt die Nachricht, dass sein Sohn Bruno, der als Bomberpilot in Pisa stationiert war, bei einem Übungsflug abgestürzt und tödlich verwundet worden war. Mussolini ließ alles stehen und liegen und fuhr heim zu Rachele. Clara, die während des Telefonats im Nebenzimmer auf ihn wartete, hatte er vollkommen vergessen.

Sieben Tage musste Signora Federici in Budapest bleiben. Doch obwohl sie ein sehr luxuriöses Hotelzimmer bewohnte und nach Herzenslust einkaufen konnte, fühlte sie sich einsam und allein. Als sich zu ihrer allgemeinen Niedergeschlagenheit auch noch eine morgendliche Übelkeit einstellte, suchte sie unverzüglich einen Arzt auf. Am nächsten Tag fuhr sie zurück nach Rom. Während der Fahrt schrieb sie in ihr Tagebuch: »Die Sehnsucht nach dir wird immer größer... und ich bringe ein Geheimnis mit. Ob ich es dir verschweigen kann? Vielleicht ist es dir unangenehm. Du hast sowieso schon so viele Sorgen. Bestimmt werde ich kein Wort herausbringen... ob es allen Frauen so geht, dass sie nicht wissen, wie sie es anfangen sollen...? Vielleicht lässt es dich den Schmerz um Bruno etwas vergessen, wenn du es erfährst... möchtest du lieber, dass es ein Junge oder ein Mädchen wird...?«

Clara war gerade zurück aus Budapest, als starke Unterleibsschmerzen einsetzten. Bald kamen Schwindel- und Ohnmachtsanfälle hinzu. Zwei Wochen verließ sie ihr Zimmer nicht und nur die eingeweihte Mama Giuseppina durfte es betreten. Endlich vertraute sich Signora Petacci ihrem Mann an. Dieser diagnostizierte nach der Untersuchung eine Bauchhöhlenschwangerschaft. Die besorgten Eltern zogen einen Spezialisten hinzu, der die Diagnose bestätigte und dringend zu einer Operation riet. Aus Angst vor dem Gerede der Leute bestand Mama Giuseppina darauf, den Eingriff in der Villa Camilluccia vorzunehmen. Nach der Operation schwebte Clara sechs Tage in Lebensgefahr, dann war die Krise überstanden. Kinder, das ergab eine Untersuchung, würde sie jedoch keine mehr bekommen können.

Fünf Wochen nach der Genesung konnte Clara das erste Mal wieder das Haus verlassen und in den Palazzo Venezia fahren. Einen Tag zuvor hatte sie von ihrem ungarischen Rechtsanwalt das Scheidungsurteil bekommen.

Am 10. Juni 1940 war Italien mit Kriegserklärungen an England und Frankreich an der Seite Deutschlands in den Krieg eingetreten. 1941 folgten die Kriegserklärungen an die Sowjetunion und die USA. Der Krieg, der nach Aussage des Duce nur drei Monate hatte dauern sollen, ging jedoch bereits ins dritte Jahr und die Versorgungslage verschlechterte sich spürbar. Doch während Rachele Mussolini begann, noch sparsamer als gewöhnlich zu wirtschaften und sogar verbot – um Reifen und Benzin zu sparen – die Kinder mit dem Auto zur Schule zu bringen, sah man in der Villa Camilluccia keine Veranlassung, sich einzuschränken. Clara wurde von ausländischen Botschaftern, Diplomaten und Ministern hofiert, die Mama Giuseppina, ohne Rücksicht auf Lebensmittelrationierungen, auf das fürstlichste bewirtete. Im Kleiderschrank der Duce-Geliebten hingen nach wie vor die neuesten Modekreationen, und wann immer Clara Lust hatte, spazieren zu fahren, musste sie einfach nur nach ihrem Chauffeur läuten. Benzinzuteilungen hatten für sie keine Gültigkeit.

Das Ansehen des Duce, das ohnehin durch den für Italien beängstigenden Kriegsverlauf gelitten hatte, sank noch weiter. Seine Durchhalteparolen erschienen den Bürgern Roms angesichts des Luxus, den die Petaccis so unverhohlen zur Schau stellten, als blanker Hohn. Doch noch war die Familie der »Maîtresse en titre« auf dem Höhepunkt ihrer Macht.

Der Krieg hatte nun auch Rom erreicht. Immer häufiger erschienen feindliche Bomberverbände über der Stadt und schreckten ihre Bewohner auf. Zwar wurden bisher, bedingt durch die schützende Nähe des Vatikans, keine Bomben, sondern Flugzettel abgeworfen, aber auch sie hatten eine durchschlagende Wirkung. Die Stimmung wandte sich gegen Mussolini. Es war von Korruption, Verschwörungen und »Untergangsorgien« in den Häusern der Reichen und Mächtigen die Rede. Tatsächlich schienen die Beschuldigungen nicht aus der Luft gegriffen zu sein, denn auch der deutsche Geheimdienst hatte ähnliche Informationen gesammelt und verfasste im April 1943 einen Bericht für das Führerhauptquartier. Darin wurde die Kriegsmüdigkeit der Italiener hervorgehoben, aber auch Sabotageakte von leitenden Regierungsstellen und eine Verschwörung namentlich genannter Parteifunktionäre gegen den Duce. Der Bericht schloss mit den Worten, die in diesen Tagen in Rom von Mund zu Mund gingen: »Die Petaccis richten mehr Schaden an als fünfzehn verlorene Schlachten.«

Der sich deutlich abzeichnende Untergang des Duce wurde für die Petaccis mehr und mehr zum Alptraum. Erste Vorsichtsmaßnahmen wurden getroffen. Mama Giuseppina ließ im Keller der Villa Camilluccia Luftschutzräume anlegen und begann Vorräte zu horten, vor allem Lebensmittel und Benzin. Außerdem brachte sie eigenhändig die wertvolle Korrespondenz ihrer Tochter Clara mit Mussolini in Sicherheit.

Am 10. Juli landeten die Alliierten auf Sizilien und am 11. Juli erhielt Mussolini von seiner Staatspolizei eine dicke Akte mit der Aufschrift: »Familie Francesco Saverio Petacci«. Darin war alles aufgeführt, was an Verdacht und Beweisen gegen Claras Familie in den letzten zwei Jahren zusammen getragen worden war: die gefährlichen Ambitionen der Donna Giuseppina, die fragwürdigen Geschäfte von Claras Bruder, Dr. Marcello Petacci, die Empörung der Öffentlichkeit über den Prachtbau Camilluccia, über die prominenten Besucher, die dort ein- und ausgingen. Mussolini bekam einen Wutanfall und seine sich vor Wut überschlagende Stimme war selbst durch die gepolsterten Türen deutlich zu vernehmen. Zwei Tage später erschien Stefano Persichetti, der noch immer das Geld verwaltete, das Clara für ihre Fürsorgetätigkeit erhielt, in der Villa Camilluccia. Er berichtete von einem Scheck über 150 000 Lire, den er erhalten hatte. Clara wollte davon nichts hören. Solche Gespräche langweilten sie ganz einfach. Sie hatte sich noch niemals um diese Dinge kümmern müssen und war auch nicht bereit, nun damit anzufangen. Geld stand zur Verfügung – wo es herkam, interessierte sie nicht.

Am nächsten Morgen erhielt sie von ihrer Mutter 10 000 Lire und den Auftrag, das Geld in dem Flüchtlingslager am Monte Testaccio zu verteilen. Clara kam solchen Verpflichtungen nur höchst ungern nach, weil die Menschen sich keineswegs dankbar zeigten, sondern ihr im Gegenteil meistens mit Ablehnung und Misstrauen begegneten. Dennoch erfüllte sie diese Aufgaben einer Landesmutter, als die sie sich letztendlich sah – mehr durfte allerdings niemand von ihr verlangen.

Clara gehorchte ihrer Mutter wie üblich und ließ sofort nach dem Chauffeur Gasparini schicken. Dann kleidete sie sich an – wie gewohnt, mit ausgesuchter Eleganz. Auf die Idee, dass ihre mondäne Aufmachung die Not Leidenden vor den Kopf stoßen musste, schienen weder sie noch ihre Mutter zu kommen. Voller Verachtung sahen ihr die Frauen des Flüchtlingslagers in ihren abgetragenen, zerlumpten Kleidern und den ausgetretenen Schuhen entgegen. Clara beeilte sich, das Geld zu verteilen. Sie fühlte sich nicht wohl in der Gesellschaft der in ihren Augen ungepflegten und unfreundlichen Frauen und war erleichtert, als sie ihre Mission erfüllt hatte und wieder gehen konnte. Wie sehr sie den Stolz dieser armen Frauen verletzte, bemerkte sie nicht einmal. Vermutlich war es keine Bosheit, die sie so handeln ließ, sondern vielmehr Gedankenlosigkeit und Gleichgültigkeit. Im Grunde interessierte sie sich weder für Armut noch für Reichtum. Das einzige, was in ihrem Leben wirklich zählte, war Mussolini und ihr Verhältnis zu ihm. Alles andere war unwichtig.

Während Clara im Flüchtlingslager das Geld verteilte, fand bei ihrem Onkel Stefano eine Hausdurchsuchung statt, und die Beamten des Sicherheitsdienstes beschlagnahmten die Bücher, die ihr »karitatives Wirken« dokumentierten. Auch dass die Frauen des Monte Testaccio diesmal handelten, entzog sich ihrer Kenntnis. Sie brachten das von Clara erhaltene Geld zu Mussolini zurück – die ganzen 10 000 Lire. Zwar hätten sie die Unterstützung sehr wohl brauchen können, aber sie waren nicht länger bereit, sie von dieser Frau, dem Inbegriff von Hochmut und Ignoranz, anzunehmen. Das verbot ihnen ihr Stolz.

Als Clara am Nachmittag wie üblich zum Palazzo Venezia kam, wurde ihr der Eintritt von zwei Wachhabenden verwehrt. Schließlich erschien Navarra, der Privatsekretär Mussolinis, und teilte ihr mit, dass der Duce sie nicht mehr zu sehen wünsche. Außerdem informierte er sie darüber, dass ihr Eigentum, das sich im Laufe der Jahre im Privatapartment angesammelt hatte, eingepackt worden war und die Kartons jederzeit abgeholt werden könnten. Clara verkannte die Situation völlig. Sie glaubte, dass nun das eingetreten sei, wovor sie sich von Anfang an gefürchtet hatte: Eine andere Frau war in Mussolinis Leben getreten. Dass der Duce mit ganz anderen Schwierigkeiten zu kämpfen hatte und kurz vor der Absetzung stand, ahnte sie in ihrer Naivität nicht einmal. Verzweifelt fuhr Clara nach Hause und vergrub sich, wie üblich, in ihrem Zimmer. Von nun an überschlugen sich die Ereignisse.

Am 10. Juli hatte die Landung der Alliierten in Italien unter dem Oberbefehl General George S. Pattons begonnen. Der Faschistische Großrat trat am 24. Juli zusammen und sprach dem Duce mit neunzehn zu sieben Stimmen das Misstrauen aus. Auch Mussolinis Schwiegersohn, Galeazzo Ciano, stimmte gegen ihn und am 25. Juli befahl König Viktor Emanuel III. den Duce zu sich. Donna Rachele warnte ihren Mann zwar, doch er bestand darauf zu gehen. Der König erklärte den Duce für abgesetzt und Marschall Badoglio zu seinem Nachfolger. Er ließ Mussolini verhaften und in einem Berghotel auf dem Gran Sasso-Massiv in den Abruzzen gefangen setzen. Der Duce war ein geschlagener Mann. Erziehungsminister Giuseppe Bottai schilderte ihn später als »grau, aschfahl, mit eingesunkenen Wangen, sorgenvollen und müden Augen und einem bitteren Zug um den Mund... gedemütigt, traurig und außerstande, die Last seiner sechzig Jahre zu tragen.«[22]

Auch den Petaccis drohte die Verhaftung. Um sich dem zu entziehen, flohen sie an den Lago Maggiore, doch am 12. August wurden sie entdeckt und kamen ins Gefängnis von Novara, in der Region Piemont. Clara schrieb in ihr Tagebuch: »Freitag 13. August: Das Erwachen an diesem Morgen war entsetzlich. Wir fürchteten, uns gegenseitig anzusehen... Was ist mit dir, Ben? Ich weiß es nicht, ich weiß nur, dass sie mein Leben für das deine nehmen mögen, wenn es dir hilft...

Montag 16. August: Ich werde dich nicht mehr sehen. Aber niemals wird dich jemand aus meinem Herzen verbannen, niemals, solange ich lebe, auch dann nicht, wenn ich nicht mehr in deinem Herzen sein werde. Wer kann mich verurteilen? Dich zu lieben, ist bisher mein Recht gewesen. Jetzt wird es meine Pflicht sein!

Mittwoch 18. August: Mama immer zu Bett. Entsetzlicher Tag, die Knochen zerbrochen vom Eisen des Feldbetts. An diesem Morgen habe ich dich heftig gefühlt, Ben, nahe. Ich hatte eine Stunde zarter Erinnerung. Eine Stunde süßer Wehmut. Ich sehe dich, fühle dich: Du kannst nicht so enden. Wir werden uns wiederfinden. Du wirst noch siegen und ich werde immer deine kleine, treue, ergebene Gefährtin sein. Oder werden sie dich erschießen, bevor dich die Deutschen befreien? Ich weiß nichts. Gott allein weiß alles, ich weiß nur: wenn dich retten für mich hieße sterben, so mögen sie mir das Leben an deiner statt nehmen! Wenn du nur gerettet wirst, wenn du nur zurückkehren kannst auf deinen hohen Posten, mein Duce, meine einzige Liebe.«[23]

Am 3. September schloss der neue Ministerpräsident Pietro Badoglio einen Waffenstillstand. Die Alliierten verlangten von Italien die bedingungslose Kapitulation. Der König flüchtete mit seiner Familie aus Rom. Das Durcheinander im Land wurde immer größer. Am Abend des 9. September besetzten deutsche Soldaten das Militärgefängnis Fort Boccea bei Rom und entließen hohe faschistische Parteifunktionäre, unter ihnen Guido Buffarini, aus der Haft. Am 12. September 1943 befreiten deutsche Fallschirmjäger Mussolini. Zur gleichen Zeit erschien ein Sonderkommando der Deutschen auf Mussolinis Landsitz Carpena, wo Donna Rachele und ihre Kinder gefangen gehalten wurden. Noch am gleichen Tag brachte man sie in einem Flugzeug nach München, wo der Duce einen Tag später eintraf. Am 17. September wurden die Petaccis aus ihrem Gefängnis in Novara befreit.

Während Mussolini und Buffarini mit den Deutschen über das weitere Vorgehen verhandelten, half Rachele dem Münchner Koch, der für das leibliche Wohl ihrer Familie zuständig war, bei der Zubereitung der Makkaroni. Zur gleichen Zeit wurden die Petaccis in zwei großen schwarzen Limousinen nach Meran gebracht. Dort angekommen hörte Clara seit langem wieder die Stimme des Duce, der aus München über das Radio seinem Volk mitteilte, dass er die Regierung wieder übernommen hatte.

Am 23. September rief Mussolini einen neuen Staat aus: die »Soziale Republik Italien«. Der Regierungssitz sollte in Salò am Gardasee sein. Mit Unterstützung der Deutschen versuchte er nun, die Herrschaft über Nord- und Mittelitalien wiederzuerlangen.

Auf dem Monte Baldo lag bereits der erste Schnee, als sich die faschistischen Politiker in den Villen am Gardasee etablierten. Tagelang dauerte der Transport ihrer Möbel, ihrer Reichtümer, ihrer Akten und Archive, die, kurz bevor die Alliierten Rom besetzten, mit Güterzügen abtransportiert worden waren. Die faschistische Partei war als »Partito Fascista Repubblicano« neu entstanden. Mussolini hätte die Führung lieber einem anderen übertragen und sich ins Privatleben zurückgezogen. Sein psychischer und physischer Verfall war nicht zu übersehen. Doch Hitler bestand auf der Parteiführung durch den Duce.

Am 10. Oktober traf Mussolini am Gardasee ein, bezog seine neue Residenz, die Villa Feltrinelli, und nahm die Arbeit auf. Als erstes – das verlangte die Ehre, aber auch die Deutschen – musste die neue Regierung mit den »Verrätern des 24. Juli« abrechnen. Der Duce war nun in der schwierigen Situation, seinen eigenen Schwiegersohn auf die Anklagebank bringen zu müssen. Obwohl Tochter Edda bat und flehte, nahm Mussolini keinen Einfluss auf das Verfahren und wies den Gerichtspräsidenten lediglich an, den Prozess ohne »Rücksicht auf irgendjemand, wer es auch sein mag« zu führen. Neunzehn Männer hatten knapp drei Monate zuvor im Faschistischen Großrat gegen Mussolini gestimmt. Dreizehn von ihnen waren nach Spanien geflohen. Sechs wurden im Januar 1944 vor Gericht gestellt und fünf zum Tode verurteilt. Unter ihnen Graf Ciano. Edda erlitt einen Nervenzusammenbruch.

Das Verhältnis zwischen Clara und Mussolini riss auch in dieser Zeit nicht ab. Sie lebte in Meran, er am Gardasee. Hin und wieder trafen sie sich irgendwo in der Mitte, um ein wenig Zeit miteinander zu verbringen. Doch diese gestohlenen Stunden waren Clara eindeutig zu wenig und eifrig suchte sie nach einem Ausweg. Dass sich die Petaccis schließlich gleichfalls am Gardasee niederließen, war wieder einmal der Initiative Mama Giuseppinas und der Unterstützung Guido Buffarinis, nunmehr Innenminister der »Republik von Salò«, zu verdanken. Und die Villa Fiordaliso, die von den beiden als neues Petacci-Domizil ausgesucht wurde, lag – natürlich – in unmittelbarer Nähe der Mussolini-Residenz Feltrinelli. Mit dieser Frechheit war Signora Petacci schon einmal vorgegangen, als sie das Haus vis-a-vis der Villa Torlonia in Rom kaufte. Damals hatte Donna Rachele allerdings noch nichts von dem Verhältnis zwischen ihrem Mann und Clara gewusst. Inzwischen war sie informiert und hatte, während der Zeit in München, den Duce zur Rede gestellt. In ihr Tagebuch schrieb sie: »Es war zu einer ruhigen Aussprache zwischen uns gekommen, die damit endete, dass die Geschichte als nie geschehen betrachtet wurde.«[24]

Im Augenblick hatte Rachele jedoch andere Sorgen. »Wir müssen als erste Opfer bringen«, hatte ihr Mann gesagt und festgelegt, dass seine Familie Lebensmittel nur noch auf Marken kauften durfte. Vermutlich waren die Mussolinis die einzigen am Gardasee, die diese Einschränkung auf sich nahmen und daher auch die einzigen, die ständig hungerten. Doch die absolute Sparsamkeit betraf nicht nur Lebensmittel, sondern auch Kleidung, Seife – einfach alles. Der erste aus der Familie Mussolini, der erfuhr, dass die Petaccis in der Hauptstadt der neuen Republik aufgetaucht waren, war Sohn Vittorio. Er stellte seinen Vater zur Rede, erntete aber nur ein verständnisloses Kopfschütteln. »Bei all dem, was wir in diesem Augenblick durchmachen, gibt es wirklich noch Leute, die sich für diese Klatschereien interessieren«, stellte er missbilligend fest.[25]

Wenige Tage später erhielt Vittorio einen Brief von Clara. Der Duce musste seiner Geliebten von dem Gespräch mit seinem Sohn erzählt haben. Auf sieben eng beschriebenen Seiten warf sie Vittorio vor, dass er nicht imstande gewesen sei, mit seinem Urteil über »das Banale hinauszugehen« und daher glaube, ihre »Liebe zum Duce« könne nur eine »Quelle von Kummer« sein. »Ich verlange nichts von Ihrem Vater«, schrieb sie weiter, »und ich weiß, dass ich für ihn alles, auch mein Leben hingeben würde. Aber er braucht mich, und in den wenigen Stunden, die uns bleiben, um von der harten Realität, von Menschen und Dingen loszukommen, tröste ich ihn über so manche Bitterkeit hinweg. Ohne mich würde Ihr Vater noch mehr vereinsamen und ohne irgendeinen ihm nahe stehenden Menschen sein.«[26]

Clara schien mittlerweile vollständig zu vergessen, dass Mussolini sie zwar immer noch als Geliebte behielt, aber doch trotzdem eine Familie hatte, die ihm alles andere als unwichtig war.

Als Rachele schließlich selbst von der Anwesenheit der Petaccis erfuhr, war sie nicht bereit, Claras Anwesenheit klaglos hinzunehmen. Energisch forderte sie Buffarini auf, sie in die Villa Fiordaliso zu begleiten, wo sie von einem SS-Offizier eingelassen wurden. Er bat sie, einen Augenblick zu warten. Wenig später kam Clara die Treppe herunter, elegant gekleidet, wie immer. Sie schien ganz ruhig. Rachele starrte sie an. So sah sie also aus, die verhasste Rivalin, und wie kostbar sie gekleidet war – im Gegensatz zu ihr, der Ehefrau, die sich schon lange kein neues Kleid mehr leisten konnte. Doch durch derartige Äußerlichkeiten ließ sich eine Frau aus der Romagna nicht einschüchtern, im Gegenteil. Mit ruhiger, kalter Stimme sagte sie, was sie von ihr, der Ehebrecherin hielt. Sie sprach von der Heiligkeit der Ehe, von der Verschwendung und den Intrigen der Petaccis, und endlich von der Würde des Mannes, der einmal Italien beherrscht hatte. Clara schwieg zu allen Anschuldigungen. Doch schließlich griff sie zum Telefon, um den Duce um Hilfe zu bitten. Kurzentschlossen nahm Donna Rachele ihr den Hörer aus der Hand. »Wir sehen uns zu Hause«, sagte sie nur und legte auf.

Tatsächlich schien es zunächst, als hätte Rachele einen Sieg errungen. Die Petaccis packten ihre Sachen und reisten ab. Allerdings setzte sich Buffarini noch einmal für Clara ein und beschaffte ihr ein anderes, abgelegenes Haus. Dort trafen Mussolini und seine Geliebte sich von nun an, heimlich und unter aufwändigen Vorsichtsmaßnahmen.

Schon bald zeichnete sich ab, dass die neue Republik nicht von Bestand sein sollte. Die Alliierten rückten immer weiter vor und standen bald vor Mailand. Am 17. April verließ Mussolini den Gardasee und fuhr in die Stadt, die gerade in aller Eile von den Deutschen geräumt wurde. Er wollte mit den derzeitigen Machthabern Italiens, dem Nationalen Befreiungskomitee, über Kapitulationsbedingungen verhandeln. Am 23. April rief der Duce seine Frau an, um ihr mitzuteilen, dass er nicht zurückkehren werde und sie mit den Kindern nach Monza fahren sollte. Dort würde er zu ihnen stoßen.

Auch die Petaccis reisten am 23. April ab, in ihren Taschen falsche spanische Pässe und Flugtickets, die Buffarini ihnen besorgt hatte. Clara brachte ihre Eltern und ihre Schwester zum Flughafen nach Mailand. Doch obwohl sie selbst ein Ticket besaß, weigerte sie sich, in die Maschine zu steigen. Sie hatte andere Pläne. Donna Rachele würde sich um ihre Kinder kümmern und sie notfalls sogar in Sicherheit bringen müssen. Sie, Clara, konnte hingegen beim Duce bleiben und ihn vielleicht sogar dazu bringen, mit ihr gemeinsam zu fliehen. Dann würde sie ihn endlich für sich alleine haben.

Diese Entscheidung, sich nicht in Sicherheit zu bringen, sondern an der Seite Mussolinis bis zum bitteren Ende auszuharren, brachte Clara posthum den Ruf der großen, selbstlos Liebenden ein und galt als Beweis dafür, dass die Gefühle zwischen ihr und dem Duce von »elementarer Kraft« gewesen sein müssten. Abgesehen davon, dass Clara das tragische Ende der Geschichte zu dem Zeitpunkt nicht einmal ahnen und damit auch nicht in ihre Entscheidung einbeziehen konnte, basierte ihr Entschluss auf viel komplizierteren Überlegungen. Zum einen brauchte sie den Duce, um sich von der dominanten Mutter zu lösen. Mit den Eltern zu fliehen bedeutete weitere Abhängigkeit – verstärkt sogar, denn ohne Mussolini hatte sie Signora Petacci nichts mehr entgegen zu setzen. Zum anderen bedeutete das Zurückbleiben endlich über Rachele Mussolini triumphieren zu können, die ihr viele Jahre lang das Leben zur Qual gemacht hatte. Wegen ihr galt sie als Ehebrecherin, als zweifelhafte, unmoralische Frau, ihre Existenz verhinderte die Legalisierung der Beziehung zum Duce. So zumindest sah es Signorina Petacci, und dass auch die Tatsache, um vieles jünger und attraktiver als Mussolinis Ehefrau zu sein, bisher nicht weitergeholfen hatte, kratzte noch zusätzlich an ihrem ohnehin verkümmerten Selbstbewusstsein.

Mit ihrer Entscheidung zu bleiben, versuchte sie also lediglich die vielleicht letzte Chance zu nutzen, den Duce ganz für sich zu gewinnen. Anders als Clara wusste Mussolini wie gefährlich die Flucht sein würde. Weil er sie nicht in Gefahr bringen wollte, schickte er Rachele und die Kinder fort. Ihrem Wunsch bei ihm zu sein, gab er nicht nach – Claras hingegen schon. Ihre Bewunderung tat ihm gut – vor allem zu diesem Zeitpunkt, da ihn alle Welt hasste und verachtete. Liebe, im Sinne von inniger Zuneigung, kann bei beiden keine Rolle gespielt haben.

Als Clara Mussolini in Mailand aufsuchte, war er zwar erstaunt, sie zu sehen und machte ihr auch Vorhaltungen, dass sie nicht nach Spanien geflohen war, bestand jedoch nicht weiter darauf, dass sie Italien verließ. Im Grunde war er froh, nicht allein zu sein. Am 25. April war es amtlich: Auch die Republik Salò hatte bedingungslos kapitulieren müssen. Gegen 20 Uhr verließ eine Lastwagenkolonne den Hof der Mailänder Präfektur: Mehrere Fahrzeuge mit Schwarzhemden und republikanischen Ministern, dahinter zwei Lkw mit SS-Männern unter Befehl von SS-Untersturmführer Birzer, der sich standhaft weigerte, Mussolini allein fahren zu lassen. Seit Stunden flogen Jagdbomber Angriffe auf Mailand und die Straßen wurden von Mussolinigegnern – kommunistischen und zu allem entschlossenen Partisanen – beherrscht. Gleich hinter Mailand schlossen sich der Kolonne zwei weitere Fahrzeuge an: Clara Petacci und ihr Bruder Marcello samt Familie. Das vorläufige Ziel hieß Como.

Dort angekommen erfuhr der Duce, dass ein Lkw mit einem Teil des Geldes, des Goldes und der Wertsachen der Regierung von Partisanen erbeutet worden war. Mussolini nahm diese Meldung gleichmütig hin. Viel mehr beschäftigte ihn, nun die Getreuen um sich zu sammeln. Sein ehemaliger Kulturminister, Alessandro Pavolini, hatte geschworen, die letzten loyalen Faschisten nach Como zu führen. Von dort wollte man in die Alpen ziehen, um von Valtellina die alles entscheidende Schlacht zu führen. Während Mussolini also auf Pavolini wartete, schrieb er einen Abschiedsbrief an Rachele und gab ihr genaue Anweisungen für ihre Flucht in die Schweiz.

Am frühen Morgen des 27. April beschloss der Duce, dass es zu gefährlich sei, noch länger in Como zu bleiben, weil auch hier der Einfluss des Nationalen Befreiungskomitees immer mehr zunahm. Die Kolonne setzte sich also wieder in Bewegung, fuhr nach Menaggio und von dort aus in die Berge hinein nach Grandola, etwa 15 Kilometer von der Schweizer Grenze entfernt, um hier auf Pavolini zu warten. Mussolini und Clara zogen sich ins Hotel Miravalle zurück und hörten im Radio Meldungen über den zusammenbrechenden Widerstand entlang der gesamten Front, den Volksaufstand in Norditalien und eine Verordnung in der es hieß: »Mitglieder der faschistischen Regierung und die Führer des Faschismus, die schuldig sind, verfassungsmäßige Rechte unterdrückt, bürgerliche Freiheiten zerstört, das faschistische Regime aufgebaut, das Geschick des Landes gefährdet und verraten und es in die gegenwärtige Katastrophe geführt haben, sollen mit dem Tode bestraft werden...«[27] Die noch verbliebenen Gefolgsleute Mussolinis setzten sich nacheinander ab. Auch Guido Buffarini versuchte über die Grenze in die Schweiz zu kommen, wurde aber von der Grenzpolizei festgenommen.

Clara beschwor den Duce, ebenfalls zu fliehen. Sie hatte mit Hilfe des SS-Offiziers Franz Spoegler, den die Deutschen am Gardasee zu ihrem persönlichen Schutz abgestellt hatten, auch bereits ein Versteck ausfindig gemacht und vorbereitet: das Jöcherhöfl, einen entlegenen, alten Bauernhof in Südtirol. Doch der Duce weigerte sich. Er wollte auf Pavolini warten, der auch tatsächlich im Laufe der Nacht auf den 28. April eintraf. Allerdings führte er nicht die erwarteten 3 000 Soldaten mit sich, sondern lediglich zwölf Männer – die letzten, die bereit waren, Mussolini die Treue zu halten.

Die Partisanen hängten die Leichen des erschossenen Duce und seiner Geliebten an einer Tankstelle in Mailand auf: Das Volk sollte sehen, dass der Faschismus besiegt war.

Verzweifelt stimmte Mussolini nun zu, als Birzer vorschlug, sich einer etwa 200 Mann starken deutschen Flakabteilung anzuschließen, die Innsbruck erreichen wollte. Erneut setzte sich die Kolonne in Bewegung. Birzer fuhr an der Spitze, ihm folgte Mussolini am Steuer eines Alfa-Romeos, später in einem gepanzerten Fahrzeug und die Nachhut bildete Claretta Petacci mit ihrem Bruder Marcello in einem Wagen, der eine spanische Flagge trug. Doch dann wurde die Kolonne von Partisanen gestoppt – die 52. Brigade »Luigi Clerici Garibaldi« hatte die Straße blockiert. Die Partisanen willigten ein, die Deutschen weiterfahren zu lassen, die Italiener – auch die mit der spanischen Flagge – sollten jedoch zurückbleiben. Daher schlug Birzer vor, dass Mussolini einen deutschen Soldatenmantel anziehen, einen Stahlhelm aufsetzen und den Lkw besteigen sollte, was dieser auch tat. Als der Lkw anfuhr, lief Clara hinter ihm her und versuchte, sich auf die Ladefläche zu ziehen. Birzer riss sie jedoch zurück. Die Kolonne fuhr weiter bis Dongo, wo die Partisanen alle Fahrzeuge durchsuchten und auch Mussolini entdeckten. Später schilderte der Partisan Urbano Lazzaro, wie sich die weitere Gefangennahme abspielte: »Der Mann, der die Welt erzittern ließ, den ich als junger Mensch verehrt und später verflucht habe, hockte dort zusammengesunken zu meinen Füßen, blass, fast leblos. Er hielt eine Maschinenpistole zwischen den Knien und hatte den Kolben unter dem Kinn. Er erhob sich und wartete mit erhobenem Kopf und geistesabwesenden, blicklosen Augen. Sein Gesicht war wächsern, und ich erkannte in diesem unbeteiligten Starren keine Angst, nur große Müdigkeit. Mussolini schien mir aller Willenskraft beraubt, schien geistig tot zu sein.«[28]

Als Clara von der Gefangennahme des Duce erfuhr, bestürmte sie den Partisanenführer, sie zu ihm zu bringen, was schließlich auch geschah. In der Zwischenzeit hatten die Mitglieder des Nationalen Befreiungskomitees für Norditalien über das Schicksal Mussolinis entschieden. Walter Audisio, ein ehemaliger antifaschistischer Spanienkämpfer, der als »Oberst Valerio« bekannt war, hatte den Auftrag erhalten, nach Dongo zu fahren und »das Problem ein für allemal zu lösen«. Der Duce und Clara waren in ein kleines Bauernhaus bei Bonzanigo gebracht worden. Hier stürmte am 28. April 1944 gegen 16 Uhr Oberst Valerio ins Schlafzimmer und behauptete, Mussolini zur Flucht verhelfen zu wollen. Ihn und Clara zur Eile auffordernd, führte er sie zu einem bereitstehenden Wagen, der sofort anfuhr. Valerio schwang sich auf einen der Kotflügel, während zwei seiner Begleiter auf dem Trittbrett standen. Der Wagen hielt am Tor der Villa Belmonte, wo Mussolini und Clara aufgefordert wurden, auszusteigen. Als sie auf der Straße standen, legte Valerio seine Maschinenpistole an. Mussolini blieb völlig ruhig und teilnahmslos, aber Clara klammerte sich an ihn und schrie: »Nein! Nein! Das dürft ihr nicht! Das dürft ihr nicht!« Dann fiel ein Schuss und sie sackte lautlos zusammen. Mussolini starrte den Schützen an und riss sich mit beiden Händen die Jacke auf. »Schieß mich in die Brust!«, verlangte er. Das waren seine letzten Worte.

Die Erschossenen wurden nach Azzona gebracht und in einen Möbelwagen umgeladen, in dem bereits fünfzehn tote Faschisten lagen. In den frühen Morgenstunden des 29. April hingen ihre schlammbespritzten Leichen mit den Füßen nach oben an dem Eisenträger einer halbzerbombten Tankstelle auf dem Piazzale Loreto in Mailand, der Stadt, in der Benito Mussolini 23 Jahre zuvor die Macht ergriffen hatte. Das Volk sollte sehen, dass die Ära des Faschismus beendet war.

Noch heute sieht die Nachwelt in Clara Petacci gern die große Liebende, die treu an der Seite des Duce blieb und sich am Ende mit ihm zusammen erschießen ließ. Diesen Mythos bemüht auch der Regisseur Pasquale Squitieris, der ihr Leben mit Claudia Cardinale in der Hauptrolle verfilmte. Sein Film *Claretta* hätte gewiss die volle Zustimmung der naiven Clara gefunden. Indem sie ihre Beziehung zu Mussolini glorifizierte, gelang es ihr immerhin, die Augen davor zu verschließen, dass sie für ihn eine bedeutungslose Gespielin war und von ihrer Familie für den gesellschaftlichen Aufstieg geopfert wurde. Zu ihrer Vorstellung einer dramatischen Liebe gehörte es auch, dass sie immer wieder beteuerte, für Mussolini in den Tod gehen zu wollen. Ihre wörtlich überlieferte Aussage vor dem Partisanenführer legte den Grundstein für den Mythos der großen Liebenden: »Ich möchte mit ihm sterben. Mein Leben bedeutet mir nichts mehr, wenn er tot ist. Ich würde ohnehin sterben, aber langsamer und nach größerem Leiden. Ich verlange nur, mit ihm sterben zu dürfen. Das können Sie mir nicht verweigern...«[29]

***

Und wie erlebte Rachele Mussolini die letzten Tage des faschistischen Regimes in Italien?

»Liebe Rachele, ich bin nun an der letzten Phase meines Lebens, auf der letzten Seite meines Buches. Vielleicht sehen wir beide uns nicht mehr, deshalb schreibe ich dir und schicke dir diesen Brief. Ich bitte dich um Verzeihung für all das Schlechte, das ich dir unbeabsichtigt zugefügt habe. Aber du weißt, dass du für mich die einzige Frau warst, die ich wirklich geliebt habe. Ich schwöre es dir bei Gott und unserem Bruno in dieser letzten Stunde. Du weißt, dass wir ins Valtellina müssen. Du musst mit den Kindern die Schweizer Grenze erreichen. Dort drüben werdet Ihr euch ein anderes Leben schaffen. Bruno wird uns allen vom Himmel aus helfen.

Ich küsse dich und umarme die Kinder.

Dein Benito«[30]

Nachdem Rachele den Brief ihres Mannes vom 27. April gelesen hatte, überfiel sie eine unsagbare Angst. Am Telefon wiederholte er, was er ihr geschrieben hatte und beschwor sie, sich und die Kinder in Sicherheit zu bringen. »Macht schnell! Leb wohl, Rachele, lebe wohl!« Dann war das Gespräch beendet. Rachele war dem Zusammenbruch nahe, doch der Anblick ihrer Kinder zwang sie zum Handeln. Wenige Minuten später stiegen sie in den wartenden Wagen und fuhren zur nahen Schweizer Grenze, doch dort verweigerte man ihr die Einreise. Sie beschloss, nach Como zu fahren. Unterwegs kamen ihnen flüchtende Italiener und deutsche Soldaten entgegen. Die ersten Partisanengruppen stiegen aus den Bergen herab. Vereinzelt fielen Schüsse.

Als Rachele und die Kinder endlich Como erreicht hatten, war Benito bereits abgefahren. Eilig brachten die beiden Begleiter Rachele und die Kinder in einem Quartier am Stadtrand unter. Im Radio wurde die Aufforderung gesendet, die Feinde ohne Gnade zu jagen und unmittelbar vor dem Haus wurde ein junger Mann als Faschist erkannt und hingerichtet. Dann brachte der Rundfunk die Meldung über die Exekution von Dongo. Später schrieb Rachele in ihr Tagebuch: »›Die Gerechtigkeit hat ihren Lauf genommen‹, sagte jene Stimme im Radio und ich kann nur denken, dass keine menschliche Undankbarkeit und keine Bosheit mehr Benito treffen kann. Er hat so Italien alles, auch sein Leben gegeben. Die Frau, die man im letzten Augenblick an seine Seite gebracht hat, um den Skandal zu vergrößern, hat durch ihr eigenes Opfer gebüßt.«[31] Das entsprach zwar nicht der Wahrheit, war aber Racheles Erklärung für die Tatsache, dass Clara in Benitos Todesstunde an seiner Seite gewesen war.

Als einzige Überlebenschance für sich und die Kinder sah Donna Mussolini nur noch die Flucht nach vorn und so meldete sie sich beim »Befreiungskomitee von Como«. Dass sie stets vollkommen unpolitisch gewesen war, rettete ihr nun möglicherweise das Leben. Sie wurde für eine Weile von ihren Kindern getrennt, dann internierten die Engländer die Familie Mussolini für drei Monate in Terni. Danach erhielten Rachele und ihre Kinder die Insel Ischia als Aufenthaltsort zugewiesen.

In Forio betrieb Rachele ein Café und kämpfte von dort aus um eine Pension und den Privatbesitz Mussolinis: Carpena. Als ihr der geliebte Landsitz endlich zugesprochen wurde, kehrte sie in die Romagna zurück. Im Gegensatz zu ihrer Tochter Anna Maria weigerte sie sich in den folgenden Jahren hartnäckig, mit den Neofaschisten zusammenzuarbeiten. Anna Maria starb 1968, Vittorio, der, ebenso wie sein verunglückter Bruder Bruno bei der italienischen Luftwaffe gedient hatte, wanderte nach Argentinien aus. Edda lebte in

Rom und das jüngste der Geschwister, Romano, machte sich einen Namen als Jazzpianist. 1949 veröffentlichte Rachele ihre Autobiographie unter dem Titel *Mein Leben mit Benito*. Die Einnahmen aus diesem Buch, in dem es in erster Linie um private Erinnerungen und so gut wie gar nicht um Politik ging, trugen zum Unterhalt der Familie bei.

Hartnäckig kämpfte Rachele um die sterblichen Überreste ihres Mannes, der zusammen mit Clara Petacci in einem Armengrab auf dem Mailänder Musocco-Friedhof beigesetzt worden war. Mehr als zehn Jahre bemühten sich Rachele und Tochter Edda um seine Überführung nach Predappio, die dann 1957 schließlich auch genehmigt wurde.

Rachele Mussolini, hier im Alter von 83 Jahren, blieb dem faschistischen Idealbild der Gattin und Mutter bis an ihr Lebensende treu.

Donna Mussolini, die mit ihrem traditionellen Verständnis von der Rolle der Frau das faschistische Idealbild der Gattin und Mutter repräsentierte, blieb ihren Vorstellungen bis an ihr Lebensende treu: Sie kümmerte sich ausschließlich um ihre Familie, wurde eine eifrige Kirchgängerin und hielt sich von den Wahlurnen fern – obwohl die Frauen Italiens nach dem Zweiten Weltkrieg endlich das Wahlrecht erhielten. Sie starb am 30. Oktober 1979 in Carpena-di-Forli im Alter von 89 Jahren. In ihren Erinnerungen schrieb sie: »Dir Benito, dem unvergesslichen Gefährten widme ich diese Zeilen. Sechsunddreißig Jahre lebte ich an deiner Seite, und erkannte deinen so schweren Kampf, deine grausam harte Arbeit und deine glühende Willenskraft, die als lebende Fackel über dem Vaterlande wachte.«

Die anspruchsvolle Doña des Caudillo

Carmen Polo de Franco

In der alten Kirche von San Juan Real, in der spanischen Stadt Oviedo, erinnert eine unscheinbare Gedenktafel an ein Ereignis vom 22. Oktober 1923: Die Eheschließung zwischen der Tochter eines wohlhabenden Geschäftsmannes, Carmen Polo y Martínez Valdés, und einem einfachen Armeeoffizier aus Galizien. Damals war diese Hochzeit höchstens für Oviedo interessant. Das restliche Spanien nahm keinen Anteil. Doch 25 Jahre später wurde an der Altarwand eine weitere Gedenktafel montiert. Zu diesem Zeitpunkt hatte die Hochzeit bereits historische Bedeutung erlangt, und daher lautete die Inschrift nun: »In dieser Kirche hat die Erste Dame, Carmen Polo de Franco seine Exzellenz, Oberhaupt des Staates, Caudillo (Führer) von Spanien und Generalissimo (Oberbefehlshaber) der bewaffneten Streitkräfte, Don Francisco Franco Bahamonde geehelicht.« Ohne Zweifel – ein beachtlicher Aufstieg.

Tatsächlich hatte die Braut aber bereits am Tag ihrer Hochzeit allen Grund anzunehmen, dass sie keinen gewöhnlichen Oberstleutnant heiratete. Zum einen, weil das Gemeinderegister der Sakristei als Trauzeugen keine geringeren als König Alfonso XIII. und Königin Eugénie von Spanien ausweist, und zum anderen, weil sie den ausgeprägten Ehrgeiz ihres jungen Ehemannes kannte. Doña Carmen wollte den gesellschaftlichen Aufstieg, wollte Prestige, Privilegien und Macht – ebenso wie Franco. Dass aus ihm einmal der mächtigste Mann Spaniens werden sollte, ahnte sie zwar damals noch nicht, war aber stets bereit, ihn auf diesem Weg zu begleiten und ihn als seine Vertraute zu unterstützen – ganz gleich, zu welchen Mitteln er greifen würde.

Carmen Polo y Martínez Valdés wurde 1898 als Älteste von vier Kindern in Oviedo, der Hauptstadt der spanischen Provinz Asturien, geboren. Die Familie Polo war vermögend, einflussreich, konservativ und streng katholisch – eine religiöse Erziehung ihrer Kinder war daher eine Selbstverständlichkeit. Carmen und ihre Geschwister besuchten eine Klosterschule und wurden von schlesischen Nonnen unterrichtet, die ihre Schüler nicht nur das Lesen und das Schreiben, sondern vor allem auch eine tiefe Hingabe an die katholische Kirche lehrten.

Die braunäugige Carmen mit dem Madonnengesicht und den langen, bis über die Schultern fallenden, dunklen Haaren wuchs sehr behütet auf. Zwar konnte sie als kleines Mädchen noch relativ frei herumtollen, durfte jedoch als Heranwachsende das Elternhaus nur noch in Begleitung verlassen. So verlangte es die Tradition. Lästig wurde ihr diese Überwachung erst, als sie im Alter von 17 Jahren auf einem Wohltätigkeitsball einen Offizier kennen lernte: den dreiundzwanzigjährigen Francisco Franco, Mitglied des ruhmvollen Prinzenregimentes in Oviedo und jüngster Major der spanischen Streitkräfte.

Franco wurde am 4. Dezember 1892 in der Hafenstadt El Ferrol, im spanischen Galizien, geboren. Sein Vater war Zahlmeister bei der Marine und seine Mutter die Tochter eines Kommandanten. Wie sein älterer Bruder Nicholas wollte auch Franco die Marineakademie besuchen, doch dieser Wunsch erfüllte sich nicht, da die Akademie mit einem Aufnahmestopp belegt wurde. Schuld daran waren die Sparmaßnahmen, die aufgrund des verlorenen spanisch-amerikanischen Krieges eingeführt wurden: der verlustreichen Niederlage von 1898, in deren Verlauf Spanien nicht nur Kuba, Puerto Rico, Guam und die philippinischen Inseln an die Vereinigten Staaten abtreten musste, sondern zugleich zwei starke Seeflotten einbüßte, die eine in der Bucht Manilas, die andere vor Kuba.

Franco suchte und fand eine Alternative, indem er sich 1907 an der Militärakademie des Heeres in Toledo einschrieb. Drei Jahre später schloss er die Akademie erfolgreich ab und leistete den soldatischen Eid, der ihn von nun an verpflichtete, »das vereinigte spanische Reich, erobert durch die katholischen Monarchen Ferdinand und Isabella, mit seinem Leben zu verteidigen«.[32] Er meldete sich als Freiwilliger zu Einsätzen in Spanisch-Marokko und verdiente sich die ersten Sporen im Kampf gegen den aufständischen Berberstamm der Rifkabylen. Im Jahre 1916, Franco stand bereits im Range eines Hauptmanns, wurde er schwer verwundet. Er erhielt eine Tapferkeitsmedaille und wurde zurück ins spanische Mutterland kommandiert. Trotz der Medaille fühlte er sich jedoch von seinen Vorgesetzten ungerecht behandelt und nutzte das Vorrecht eines jeden spanischen Offiziers, beim König Beschwerde einzulegen. Alfonso XIII. ordnete nach einer Überprüfung der Sachlage an, dass Hauptmann Franco zum Major zu befördern und dem Prinzenregiment in Oviedo zuzuteilen sei.

Für die schöne Carmen und den schneidigen Major Francisco Franco muss es die berühmte Liebe auf den ersten Blick gewesen sein. Und dabei spielte für beide weder seine Herkunft noch seine Größe – er maß lediglich 1,64 Meter und war damit kleiner als sie – eine Rolle. Señor Polo sah die Angelegenheit jedoch vollkommen anders und machte seiner Tochter unmissverständlich klar, dass ihr Verehrer als künftiger Schwiegersohn nicht standesgemäß sei. Dem Sohn eines kleinen Offiziers aus Galizien, der zudem selber Soldat war, würde er seine Tochter auf keinen Fall zur Frau geben. Jahre später erklärte Carmen Polo: »In meinem Elternhaus waren wir alle Pazifisten. Mein Vater warnte mich davor einen Soldaten zu heiraten, alleine schon aus dem Grund, weil er beim Knall des ersten Schusses losrennen und mich alleine lassen würde.«

Doch der Widerstand der Eltern konnte das Paar nicht auseinanderbringen. Von nun an trafen sie sich heimlich – in allen Ehren natürlich. Zumindest kann man davon ausgehen, da sie häufig eine Kirche als Treffpunkt für ihre Rendezvous nutzten.

Drei Jahre vergingen, in denen es Franco nicht gelang, Carmens Vater von sich zu überzeugen. Dann wurde er wieder nach Marokko abkommandiert. Bevor er Spanien verließ, versprach er Carmen zurückzukehren, und zwar in einer Position, die auch ihr Vater nicht länger ignorieren könne. Bis dahin würde er es, so sagte er, mit einem alten spanischen Sprichwort halten: »Ein Mann aus Galizien weiß zu warten.« Auch Carmen gedachte sich an das Sprichwort zu halten – obwohl es ihr nicht gerade leicht gemacht wurde. Da ihr Vater den Kontakt nicht wünschte, musste Carmen eine Tante überreden, als »Briefkasten« zu fungieren. Franco schrieb nun an die Adresse dieser Tante und Carmen antwortete ihm heimlich. So konnten sie wenigstens in Verbindung bleiben.

Das Problem der Heiratsanträge, die sie von anderen jungen Männern erhielt und die von ihrem Vater unterstützt wurden, ließ sich allerdings nicht so einfach lösen. Nach dem ersten abgewiesenen Heiratsantrag war Señor Polo lediglich verärgert, nach dem zweiten jedoch nachhaltig erzürnt. Er drohte damit, seiner Tochter das Mitspracherecht in dieser Angelegenheit zu entziehen und sie mit dem nächsten akzeptablen Kandidaten auch gegen ihren Willen zu verheiraten. Von da an zog sich Carmen vollkommen zurück, verließ ihr Elternhaus nur, um in die Kirche oder zu ihrer Tante zu gehen und lebte in ständiger Angst, dass ihr Vater die Drohung wahr machen könnte.

Im September 1923 kehrte Oberstleutnant Francisco Franco nach Oviedo zurück und hielt abermals um die Hand Carmens an. Er hatte tatsächlich Karriere gemacht und war nun Kommandeur der spanischen Fremdenlegion in Nordafrika. Mit diesem raschen Aufstieg hatte Franco sogar die Aufmerksamkeit seines Souveräns, König Alfonso, erregt und für besondere militärische Leistungen den Ehrentitel eines »Gentilhombre de cámara de Su Majestad«, eines Kammerherrn des Königs also, verliehen bekommen. Die Gunst der Stunde nutzend, bat Franco den König und die Königin, bei seiner bevorstehenden Hochzeit als Trauzeugen zu fungieren. Wohlwollend erklärten sich die Majestäten dazu bereit.

Bei diesen überzeugenden Argumenten blieb Señor Polo kaum eine andere Wahl, als der Verbindung endlich zuzustimmen. Carmen Polo und Francisco Franco heirateten. König und Königin ließen sich bei der Trauung jedoch durch den Militärgouverneur von Asturien vertreten.

Nach den Flitterwochen erinnerte Carmen sich an die Warnungen ihres Vaters, als Ehefrau eines Soldaten alleine zurückbleiben zu müssen, und entschloss sich, ihren Ehemann nach Marokko zu begleiten. Das Leben auf einem nordafrikanischen Militärstützpunkt, umgeben von feindlichen Berberstämmen, war für Carmen Polo fremd und beängstigend. Die ständige Bedrohung, die autoritäre Führung und die strenge Disziplin der Legion – das alles schien ihr wie eine andere Welt, mit der sie eigentlich nichts zu tun haben wollte. Da die Alternative jedoch die Rückkehr nach Spanien und damit die Trennung von ihrem Mann bedeutet hätte, küm-

Gegen den Widerstand ihres adeligen Vaters heiratete Carmen Polo y Martínez Valdés (1898-1975) den jungen Offizier Francisco Franco.

merte sie sich weder um Land und Leute noch um militärische Belange, sondern hielt sich ausschließlich in dem Kreis der anderen spanischen Damen auf, die wie sie ihre Männer nach Marokko begleitet hatten.

Nach wie vor widersetzten sich die Stämme des Rifgebiets der spanischen Besatzung und es gelang ihnen, mehr und mehr an Boden zu gewinnen. Bis 1924 hatten die Berber den Feind größtenteils aus den marokkanischen Gebieten vertrieben und die Spanier waren gezwungen, die meisten ihrer Stützpunkte entlang der Küste Marokkos aufzugeben. Sie zogen sich nach Ceuta zurück, der spanischen Exklave an der Straße von Gibraltar, eine von Glockentürmen geprägte und von dicken Mauern umschlossene Festung. Jahrhunderte lang war die Stadt uneinnehmbar gewesen, also würde sie ihren Feinden gewiss auch noch länger standhalten, hoffte sie. Immerhin brachte der hohe Dienstgrad ihres Mannes den Vorteil, dass die Francos auch in Ceuta nicht in den Truppenunterkünften leben mussten, sondern ein eigenes kleines Haus zugewiesen bekamen. Es lag in einer engen Gasse, besaß eine schmuck- und fensterlose Fassade und öffnete sich zu einem mit kümmerlichen Zypressen bepflanzten Patio. Dieses Häuschen richtete Carmen, mit den einfachen Mitteln, die ihr zu Verfügung standen, wohnlich ein, gab kleine Gesellschaften und empfing an den Nachmittagen die Frauen der anderen Offiziere. Am liebsten hielt sie sich jedoch auf der kleinen, von einer brusthohen Mauer umgebenen Dachterrasse auf, die einen weiten Blick über das befestigte Hafenbecken, das tiefblaue Meer und, ganz in der Ferne, die rötliche Küstenlinie Spaniens bot.

Inzwischen erhob Frankreich Anspruch auf das Territorium im südlichen Er Rif und daher unternahmen die Franzosen und die Spanier einen gemeinsamen Feldzug gegen die Rifkabylen. Die erbitterten Kämpfe dauerten über ein Jahr, aber schließlich gingen die beiden europäischen Armeen als Sieger aus dem Krieg hervor. In Anerkennung seiner Verdienste wurde Franco 1926 zum General befördert – dem jüngsten der spanischen Armee. Ein Jahr später brachte Carmen ihr erstes und einziges Kind, ein Mädchen, das ebenfalls auf den Namen Carmen getauft, aber Carmencita genannt wurde, zur Welt. Das schönste Geschenk, das sie anlässlich der Geburt ihrer Tochter bekam, war die Nachricht über die Versetzung ihres Mannes. Er wurde zum Leiter der Obersten Militärakademie in Zaragoza ernannt. Endlich durften die Francos in die Heimat zurückkehren.

Dort hatte sich in der Zwischenzeit einiges verändert. Der spanische Bourbonen-Thron wackelte bereits seit dem spanisch-amerikanischen Krieg und der damit verbundenen Niederlage. Auch Alfonso XIII., der die Regierungsgeschäfte im Jahre 1902 übernahm, hatte das Ansehen der Monarchie nicht stärken können und sich stets auf seine Armee stützen müssen, um sich als König überhaupt halten zu können. Der kostenintensive Marokko-Feldzug nahm ihm schließlich den Rest von Ansehen und Autorität. Seine Regierungstage schienen gezählt zu sein – das Kabinett war handlungsunfähig. In dieser Situation hatte General Miguel Primo de Rivera y Orbaneja 1923 einen Militärputsch eingeleitet und eine Diktatur etabliert. Anstatt sich zu widersetzen, arrangierte sich König Alfonso XIII. mit den Putschisten und ernannte Primo de Rivera zum Regierungsoberhaupt. 1925 war die Militärdiktatur durch eine Zivilregierung, mit Primo de Rivera als Premierminister, ersetzt worden.

Als die Francos nach Spanien zurückkehrten, zog Carmen mit ihrer kleinen Tochter zunächst zu ihren Eltern nach Oviedo. Dort wartete sie auf ihren Mann, der in seiner Eigenschaft als neuer Leiter der Militärakademie nach Paris, Berlin und Dresden gesandt worden war, um sich mit verbesserten Militärsystemen vertraut zu machen. Nach seiner Rückkehr bezogen sie ein Haus in Zaragoza. Schon hier wurde deutlich, wie sehr Franco sich unter dem Einfluss seiner Ehefrau verändert hatte. Früher, in der Legion, hatte man ihn noch den Offizier mit den »drei M« genannt: Sehr viel Mut, keine Mädchen und keine Messe.[33] Sehr viel Mut besaß er zweifelsohne noch immer. Mädchen spielten für ihn, einen Mann mit einer strengen Sexualmoral, von dem lediglich einige wenige und sehr unschuldige voreheliche Beziehungen bekannt geworden waren, nach seiner Heirat absolut keine Rolle mehr. Doch was das dritte »M«, die Messe anging, zeigte er nun, an der Seite Carmens, eine zunehmende Religiosität. Franco wurde zum praktizierenden Katholiken, der die Überzeugung vertrat, dass der politische Einfluss der Kirche unbedingt erhalten werden musste. Eine Trennung von Kirche und Staat erschien ihm undenkbar.

Ende des Jahres 1929 erreichte die Weltwirtschaftkrise auch Spanien und führte dort, wie in weiten Teilen der Welt, zu ernsthaften ökonomischen Problemen. Alfonso entschloss sich, Primo de Rivera zu entlassen und experimentierte mit Stellvertretern. Am 12. April 1931 fanden Kommunalwahlen statt, die deutlich die anti-monarchistische Einstellung der Spanier aufzeigten. Der König erkundigte sich in aller Diskretion bei der Armee, ob er auch dieses Mal auf die Unterstützung durch die Truppen zählen könne. Da als Antwort ein klares Nein kam, schlich sich König Alfonso in der Nacht des 13. April 1931 heimlich aus dem Land. Am nächsten Tag wurde die zweite spanische Republik ausgerufen. Die neue Regierung begann sofort mit der Reduzierung der mit Offizieren überreichlich ausgestatteten Armee. Auch Francos Militärakademie fiel den Kürzungen zum Opfer.

In seiner Abschlussrede machte er keinen Hehl aus seiner Sympathie für die Monarchie, rief jedoch seine Kadetten dazu auf, der neuen Regierung Folge zu leisten, »auch wenn diese den falschen Weg ging«. Ein irritierter Kriegsminister reagierte darauf mit der Degradierung Francos zum Infanterie-Brigade-Kommandeur, stationierte ihn in La Coruña, im nordwestlichen Spanien, um ihn letztlich auf die Balearen zu entsenden. Carmen begleitete ihn natürlich und kehrte erst im Oktober 1934 mit ihm aufs Festland zurück. In Asturien hatten unzufriedene Arbeiter zur offenen Revolte aufgerufen und man benötigte einen entschlossenen Mann, der bereit war, den Aufstand niederzuwerfen. Franco beorderte Truppen der Fremdenlegion, unter denen sich auch maurische Einheiten befanden, in die Region. Der Einsatz von Mauren – dem Erbfeind – war in Spanien bis dahin ohne Beispiel. Tausende von Arbeitern wurden getötet, Zehntausende inhaftiert. Und die Brutalität, mit der das Gemetzel betrieben wurde, brachte Befehlshaber Franco den Titel »Schlächter« ein.

Carmen – wenig zimperlich, was den Tod fremder Leute anging – war stolz auf ihren Mann, der nun wieder einen gewaltigen Sprung auf der Karriereleiter machte und im Februar 1935 zum Oberbefehlshaber der spanischen Truppen in Marokko ernannt wurde. Drei Monate später erfolgte die Beförderung zum Generalstabschef. Er säuberte die Armee von liberal-republikanischen Offizieren und förderte die monarchistisch-nationalistischen Kräfte.

1936 übernahm die Volksfront die Regierung und leitete umfangreiche Reformen in den Bereichen Schul-, Sozial- und Arbeitspolitik ein. Die Großgrundbesitzer und der Klerus wehrten sich erbittert gegen diese Reformen. Es kam zu Spannungen, Straßenschlachten und Streiks. In dieser schwierigen Situation erinnerten sich die neuen Machthaber an das Gemetzel in Asturien und verbannten Franco als Kommandant auf die Kanarischen Inseln.

Carmen Polo sagte später über die Ereignisse: »Wir waren in Madrid, wo mein Mann einen hohen militärischen Rang inne hatte, zu dem er 1935 durch den damaligen Kriegsminister, Señor Gil Robles, befördert wurde. Sein Rang war der höchste, den ein Soldat überhaupt erlangen konnte und er erhielt ihn in einem vergleichsweise jungen Alter. Er war erst 43 Jahre alt. Wir waren glücklich und kampfeslustig. Dann jedoch siegte die Volksfront bei den Wahlen im Februar 1936 und meinem Mann wurde, von einigen Mitgliedern des radikalen Kabinetts, Misstrauen entgegen gebracht. Das Ergebnis dieses Misstrauens war die Versetzung als Militärkommandeur auf die Kanarischen Inseln. Er war ein Soldat und somit verpflichtet dorthin zu gehen, wo immer man ihn hin entsandte. Also gingen wir auf die Kanarischen Inseln.«[34]

Die Francos zogen nach Teneriffa, wo sie in der offiziellen Kommandanten-Villa, in der Nähe von Santa Cruz, Unterkunft nahmen. Das große Haus stand inmitten einer Bananenplantage. Im Hintergrund erhob sich der Vulkan Pico de Teide, der höchste Berg Spaniens, vor der Haustür lag der Atlantik. Die Francos hatten sehr viel Freizeit, und der General begann damit, Golf und Englisch zu lernen. An drei Tagen der Woche erhielt er morgens Sprachunterricht und schrieb sechs Übungsaufsätze pro Woche. Die meisten davon über Golf. Dennoch war das Leben auf Teneriffa nicht sorgenfrei. Doña Carmen erinnerte sich in den 60er Jahren gegenüber einer NBC-Korrespondentin: »Dort quälte uns die Angst. Eigentlich mehr mich, denn mein Mann ist unglaublich couragiert und fürchtet nichts. Eines Tages kamen die Adjutanten meines Mannes zu mir und berichteten von einem Mordkomplott gegen ihn. Er wüsste davon, aber er kümmerte sich nicht darum. Sie wollten meine Einwilligung ihn permanent durch Wachen beschützen zu lassen, die ihm überall hin folgen sollten – natürlich ohne sein Wissen, denn er hätte das niemals zugelassen. Ich stimmte zu. In der folgenden Zeit mussten wir immer damit rechnen, dass der Tod zuschlagen würde.«[35]

Möglicherweise gab es dieses Komplott tatsächlich und möglicherweise waren Carmen Polos Ängste um ihre und die Sicherheit ihrer Familie berechtigt. Zu erwähnen vergaß sie jedoch, dass ihr Mann nicht nur Ziel einer möglichen Verschwörung, sondern selbst Mitglied einer konspirativen Gruppe war, die den Plan verfolgte, die republikanische Regierung in Madrid zu stürzen.

Am 13. Juli 1936 fiel der Führer der oppositionellen Monarchisten im Parlament, José Calvo Sotelo, einem Anschlag zum Opfer. Seine Ermordung wurde zum unmittelbaren Auslöser des spanischen Bürgerkriegs, in dem sich die krassen politischen, wirtschaftlichen und sozialen Gegensätze innerhalb Spaniens entluden, die sich im Verlauf der vorangegangenen Jahre zunehmend verschärft hatten – zwischen Unternehmern und Arbeitern, zwischen Großgrundbesitzern und mittellosen Bauern, zwischen traditionalistisch-katholisch-nationalistischen und liberalen bzw. sozialistischen und anarchistischen Strömungen.

Franco und die Männer, die er um sich geschart hatte, nutzten den Mord an Calvo Sotelo und die Gunst der Stunde, um ihre Umsturzpläne deutlich zu beschleunigen. Der plötzliche, aber vermutlich natürliche Tod des Militärgouverneurs von Las Palmas, General Amado Balmes, passte dabei wunderbar in ihr Konzept. Franco, der Teneriffa nicht ohne entsprechenden Befehl verlassen durfte, bat den Kriegsminister, der Beisetzung beiwohnen zu dürfen, was ihm auch gestattet wurde. Gemeinsam mit seiner Familie bestieg er die Fähre nach Las Palmas – nichts weiter mit sich führend, als einen kleinen Handkoffer, in dem sich ein schwarzer Anzug befand. Im Anschluss an die Beerdigung begab sich General Franco, in seinem schwarzen Anzug – seine Uniform trug er unauffällig in einer braunen Papiertüte bei sich – zum nahegelegenen Flugfeld. Dort wartete – natürlich im Voraus arrangiert – bereits eine in England gecharterte Maschine auf ihn. Carmen Polo erklärte, dass ihr Mann einen Inspektionsflug über die Kanarischen Inseln unternehmen würde, und bevor die Verantwortlichen überhaupt begriffen, was vor sich ging, war das Flugzeug bereits gestartet. Franco zog sich an Bord um, flog nach Casablanca und von dort weiter nach Tetuán. Von dort aus begann er, gestützt auf die spanische Fremdenlegion und die maurischen Regulares, sowie in Absprache mit spanischen Militärs, in Marokko den Aufstand gegen die Volksfrontregierung der Zweiten Republik.

Carmen Polo und ihre Tochter, auf Las Palmas von Franco zurückgelassen, bestiegen nun – gleichfalls von langer Hand vorbereitet – ein Schiff nach Frankreich. Dort, bei Freunden und in Sicherheit, sollten sie die Ereignisse abwarten. An den logistischen Vorbereitungen für das, was nun folgte, hatte Carmen, zumindest als Zuschauerin, teilgenommen. Sie hatte sich bemüht, ihren Mann zu unterstützen, so gut sie es vermochte, war seine Vertraute gewesen, aufmerksame Zuhörerin seiner endlosen Monologe und dadurch über jeden seiner Schritte informiert. Nun, da die Planung in die Tat umgesetzt wurde, musste sie jedoch aus der Ferne zusehen. Es gab keine Möglichkeit, direkt mit Franco in Kontakt zu treten und so war sie darauf angewiesen, ihre Informationen über die Ereignisse aus dem Rundfunk und der Tagespresse zu beziehen. Hier erfuhr sie, dass die Hilfe, die Franco über Mittelsmänner von Hitler und Mussolini erbeten hatte, gewährt worden war. Das nationalsozialistische Deutschland und das faschistische Italien unterstützten ihren Mann bei der Überwindung des durch die Republikaner gesperrten Seeweges zwischen Marokko und dem spanischen Mutterland.

Mit Transportflugzeugen, vorwiegend vom Typ Junkers 52, und sechs Jagdbombern organisierten sie die bis dahin in der Geschichte der Luftfahrt größte Luftbrücke. Bis Ende Oktober 1936 wurden etwa 13 500 Fremdenlegionäre – einige von ihnen an die Tragflächen gebunden – sowie 269 Tonnen Kriegsmaterial von Nordafrika nach Spanien verlegt. Als einer der letzten landete Franco selbst auf der iberischen Halbinsel – im Gepäck seine eigene Vorstellung von Recht und Ordnung. Nachdem der Großteil der Armee zu den Aufständischen übergelaufen war, blieben der Republik lediglich die Milizen, die sich den Putschisten entgegenstellten. Die Aufständischen erhielten jedoch auch weiterhin Unterstützung aus Italien und Deutschland (z. B. durch die berüchtigte Legion Condor) und konnten daher, auf Grund ihrer militärischen Überlegenheit, in den folgenden zwei Monaten weite Teile Spaniens unter ihre Kontrolle bringen.

Bereits im September 1936 konnten Carmen Polo und ihre Tochter das französische Gastland wieder verlassen und per Schiff nach Portugal reisen. Von dort ging es weiter in das westspanische Caceres, wo sie mit Franco zusammentrafen. Sie begleiteten ihn nach Toledo und dann nach Burgos, der alten Hauptstadt Kastilien-Leóns, die nun zur Hauptstadt der Revolution ausgerufen wurde. Hier hatten die Putschisten bereits im Juli eine neue Regierung eingerichtet, die nun, am 30. September 1936, Franco zu ihrem Staatsoberhaupt und zum Generalissimus der aufständischen Truppen ernannte. Die Amtseinführung fand am nächsten Tag im Thronsaal des Palastes zu Burgos statt. Hinter dem frischgebackenen Staatschef Spaniens standen seine stolz lächelnde Frau und die neunjährige Tochter Carmencita.

Während Franco alle sympathisierenden politischen und militärischen Gruppierungen in der faschistischen Falange zusammenschloss, während das Gemetzel sich fortsetzte und der Bürgerkrieg tobte, empfand Doña Carmen das Leben offensichtlich als relativ normal. Die Familie Francos bewohnte inzwischen den Bischofspalast in Salamanca. Dort schrieb Carmen Polo einen Artikel, der weltweit Verbreitung finden sollte: »Unser Leben ist nun sehr verschieden zu dem, das wir bisher gelebt haben. Meine Gatte steht in aller Herrgottsfrühe auf – sieben, oder sieben Uhr dreißig, und arbeitet ohne Unterlass – manchmal bis zwei oder drei Uhr in der Nacht. Die frühere Leidenschaft meines Mannes – das Lesen – ist nicht wirklich vergessen. Immer wenn er einen freien Moment hat verbringt er seine Zeit mit Büchern – die meisten über militärische Themen.«

Doña Carmen befürwortete die Pläne ihres Mannes und stellte niemals die Methoden in Frage, mit denen er sie umzusetzen suchte. Sie billigte, was Franco tat, und als sie entdeckte, wie hilfreich das Büro für Presse und Propaganda sein konnte, wenn es darum ging, seine Ziele zu unterstützen, begann sie, dieses Medium unermüdlich einzusetzen. »Ich habe nicht die geringsten Zweifel an der Fähigkeit meines Mannes die von ihm ausgelöste Bewegung zu einem triumphalen Ende zu bringen, getrieben von seinem leidenschaftlichen Patriotismus. Er liebt seine militärische Karriere – er hat ihr sein gesamtes Leben gewidmet. Und ich liebe sie genau so wie er. Ein absolut Disziplinierter, streng an die Pflicht Glaubender. Er diente der Republik genauso treu wie er der Monarchie gedient hat, unabhängig von eigenen Vorlieben und Idealen. Aber über allem stand seine Liebe zu Spanien. Ich habe nur wenige Menschen gesehen die ihr Vaterland derart tief lieben. Es ist ein wahrer ›Kult‹ mit ihm.« Doña Carmen ließ wirklich keine Möglichkeit aus, den Spaniern zu zeigen, welch edler Gesinnung sie und ihr Mann waren, wie vaterlandsliebend in ihrem Denken und Handeln. Damit nicht genug, begann sie nun auch ihre Tochter vor den ehrgeizigen Karren zu spannen: Sie verfasste einen Aufruf, unterschrieben von Carmencita, an alle Kinder Spaniens, »für den Frieden und Papas Sieg zu beten«. Und tatsächlich hatte Doña Carmen Erfolg mit ihrer Propaganda. Dass sich das nationalistische Lager des Landes ständig vergrößerte und die Zahl der Franco-Anhänger wuchs, war auch ihr Verdienst.

Auch die katholische Kirche war gern bereit, Franco zu unterstützen. Die abgesetzte Regierung hatte die große Macht des Klerus empfindlich eingeschränkt, indem sie Kirche und Staat trennte. Franco, unterstützt von seiner strenggläubigen Ehefrau, machte diesen Schritt rückgängig und erklärte den Katholizismus zur einzig möglichen Staatsreligion. Dafür war die katholische Kirche gern bereit, ihn offiziell in seinem Amt zu bestätigen. Die Zeremonie fand im Jahre 1938, in dem alten, aus dem 12. Jahrhundert stammenden Kloster Las Huelgas bei Burgos statt. In der hohen steinernen, mit Wandteppichen behangenen Halle ernannte der spanische Kardinal Gomar, nach einleitenden Worten von König Alfonso XIII. und Königin Eugénie, Francisco Franco zum »Caudillo de España por la Gracia de Dios« (Führer von Spanien mit der Gnade Gottes).

Am 28. März 1939 fiel Madrid an die Putschisten und am 2. April erklärte Franco den Bürgerkrieg für beendet. Er hatte über eine halbe Million Todesopfer gefordert, Hunderttausende Republikaner flohen ins Exil, um der Vergeltung durch die Sieger zu entgehen. Übrig blieb ein verwüstetes, zerrissenes und ausgeblutetes Land.

Die Spanier begannen, das zerstörte Land wieder aufzubauen, und Franco errichtete, gestützt auf Armee, Klerus und Falange, die einzige zugelassene politische Partei, ein diktatorisches Regierungssystem. Er unterdrückte jede liberale, demokratische oder sozialistische Opposition, verbot freie Gewerkschaften und fasste Arbeiter und Unternehmer in einer Zwangsgewerkschaft zusammen. Außerdem bekämpfte er die Autonomiebestrebungen der Basken und der Katalanen zugunsten eines strengen Zentralismus und ließ seine politischen Gegner zu Zehntausenden zum Tode bzw. zu langjährigen Gefängnisstrafen verurteilen.

Gleich nach dem Ende des Bürgerkriegs suchten der Caudillo und seine Frau für sich und ihre Tochter ein neues Domizil und entschieden schließlich, dass nur eine königliche Residenz als angemessener Wohnsitz in Frage käme: der El Pardo-Palast, gut 20 Kilometer nordwestlich von Madrid. Ursprünglich ein Jagdschlösschen, hatte der Habsburger Philipp II. den weißen Granitbau mit seinen spitzen Türmen und steilen Dächern im 16. Jahrhundert vergrößern und nach Art französischer Châteaus umbauen lassen. Doña Carmen war begeistert von dem Schloss und seiner Umgebung: den symmetrisch angelegten Gärten, den wildreichen Wäldern für das Jagdvergnügen und dem gemächlich dahinfließenden Manzanares, einem Paradies für Angler. In der Ferne konnte man die Guadarrama-Berge erkennen – verewigt in Gemälden königlicher Jagdszenen von Velázquez und del Mazo.

Nachdem die Wahl getroffen war, ließ Franco das Schloss umfassend restaurieren und modernisieren. Außerdem wurden auf Wunsch Doña Carmens ein Swimmingpool, ein Tennis- und ein Golfplatz angelegt. Schloss und Umgebung sollten perfekt sein, damit sich ihr Mann hier von seiner anstrengenden Tätigkeit erholen konnte. Abschließend wurde um das Anwesen eine hohe, graue Mauer errichtet um den Palast vor unberechtigtem Zutritt sowie neugierigen Blicken zu schützen.

Im so genannten Nachfolgegesetz von 1947 führte Franco in Spanien offiziell die Monarchie wieder ein und verfügte, dass ein Mitglied des Hauses Bourbon als König sein Nachfolger werden sollte. Bis dahin wollte er, als Präsident auf Lebenszeit, die Regierung Spaniens übernehmen. Ein Regent in einer Monarchie ohne König also – das entsprach quasi einem König, fand zumindest Doña Carmen. Daher sah sie sich selbst als Königin und verhielt sich von nun an auch so. In ihrem Palast ließ sie die Schätze Spaniens zusammentragen: die Werke Goyas, Teppiche aus Abusson, kostbare Skulpturen und Kleinodien. Bei ihrem Erscheinen zu gesellschaftlichen Anlässen musste der »Königinnen-Marsch« gespielt werden – bis dahin ein Privileg des spanischen Königshauses. Bei besonderen Anlässen, wie Benefizveranstaltungen, Stierkämpfen, Pontifikal-Messen usw., saß sie in einem edlen schwarzen

Doña Carmen liebte es, Spanien nach innen und außen zu repräsentieren.

Kleid, um den Hals eine Auswahl ihrer geliebten Perlenketten, auf einem Podium – nicht unähnlich einem Thron – und trug den Kopf stolz erhoben. Die erste Dame Spaniens legte Wert darauf, mit jedem Zentimeter einer Königin zu gleichen.

In diesem Sinne erzog Doña Carmen auch ihre Tochter. Carmencita musste sich die englische Prinzessin, die später als Elisabeth II. den Thron besteigen sollte, zum Vorbild nehmen und wie diese bereits in jungen Jahren gesellschaftliche Verpflichtungen und Ehrenämter übernehmen. Als die Francotochter am 1. August 1950 den jungen Mediziner Cristóbal Martínez Bordiú, Marquès de Villaverde, heiratete, trug sie während der glanzvollen Zeremonie ein kostbares Diamantdiadem. Doña Carmen ließ es sich nicht nehmen, das jungverheiratete Paar auf die Hochzeitsreise nach Rom zu begleiten. Dort saß sie während der Feierlichkeiten zur Heiligsprechung des Spaniers San Antonio María Claret, dem Beichtvater der spanischen Königin Isabella II., zur linken Seite des päpstlichen Throns. Und als die Verlobung der Spanierin Doña Fabiola de Mora y Aragón mit König Baudouin von Belgien bekannt wurde, besuchte Carmen die angehende Königin in Madrid und überreichte ihr als Hochzeitsgeschenk eine Krone aus Gold und Platin.

Doña Carmen liebte es zu repräsentieren – nicht nur im In- sondern vor allem auch im Ausland. Doch in dieser Beziehung unterlag sie erheblichen Einschränkungen. Nach dem Bürgerkrieg hatte die Welt Spanien politisch und wirtschaftlich isoliert. Die Sanktionen wurden im Laufe der Jahre zwar weitgehend aufgehoben und der Staat rehabilitiert, nicht aber sein reaktionäres Regime. Bei den meisten ihrer europäischen Nachbarn waren die Francos noch immer keine gern gesehenen Gäste und so musste sich Carmens Geltungsbedürfnis weitgehend auf ihr eigenes Land beschränken. Auf die Idee, die Gründe für diese Ablehnung abzustellen – Repressalien gegen das Volk und Einschränkung demokratischer Grundrechte – kamen vermutlich weder Franco noch seine Frau. Zumindest Carmen hatte sich noch nie für das einfache Volk interessiert.

Für sie, von Geburt an eine Angehörige der Oberschicht, war die Aufteilung der Welt in Herrschende und Dienende eine gottgegebene Selbstverständlichkeit. Den »Pöbel« zu hofieren, sich mit ihm gemein zu machen, wie es die Peróns in Argentinien getan hatten, entsprach ganz und gar nicht ihren Vorstellungen. Der Druck von oben funktionierte in ihren Augen allemal zuverlässiger und sicherer als der von unten. Von daher war es nur folgerichtig, dass Carmen Polo von ihren Untergebenen zu jeder Zeit angemessenen Respekt und formelle Ehrerbietung forderte – ebenso wie Franco. Bei religiösen Feiern nahm er das königliche Vorrecht in Anspruch, unter einem Baldachin zu gehen. Die Zivilisten, die im Schloss El Pardo empfangen wurden, mussten Abendkleidung tragen und die Militärs Galauniform. Neue Botschafter oder Gesandte hatten in vollen Amtsinsignien zu erscheinen, wurden in vergoldeten Kutschen vorgefahren und mussten durch ein Spalier livrierter Wachen gehen.

Als der Enkel Alfonsos XIII., Prinz Juan Carlos, Schloss El Pardo während seiner Schulzeit in Madrid besuchte, wurde er von Doña Carmen an den Toren des Palastes herzlich empfangen. 1960 erklärte Franco den jungen Mann zu seinem Nachfolger und am 21. Juli 1969 bestätigten die Cortes, das spanische Parlament, die Ernennung von Juan Carlos.

In der Zwischenzeit spielte sich das Leben der ersten Familie Spaniens im prunkvollen Glanz der Paläste ab. Im privaten Kreis war der Caudillo ein zärtlicher Ehemann und Vater, und den sieben Kindern Carmencitas ein großzügiger Großvater. Auch Doña Carmen wurde nicht müde in der Öffentlichkeit zu betonen, dass sie sich in der Rolle der Gattin, Mutter und Großmutter am wohlsten fühlte. Die Spanier bewunderten sie dafür, ebenso wie für ihre fromme Hingabe und die große Unterstützung, die sie ihrem Mann zuteil werden ließ. Vereinzelte Stimmen, die ihren immensen Einfluss auf den Caudillo kritisierten und vermuteten, dass oftmals sie die treibende Kraft hinter religiösen und unsozialen Entscheidungen gewesen sei, berührten sie ebenso wenig wie die Vorwürfe, die ihr wegen der von ihr veranlassten strengen Pressezensur und ihrer Verschwendungssucht mit ungeheuren Ausgaben für Juwelen und Haute Couture-Kleidern gemacht wurden.

Oftmals begleitete Doña Carmen ihren Mann auf Reisen. Waren sie dann an ihrem jeweiligen Zielort angekommen, suchten sie sich als erstes eine Kirche, um gemeinsam beten zu können. Einer ihrer Diener sagte dazu: »Sie haben so viel, wofür sie Gott herzlichen Dank schulden, und sie vergessen dies niemals.« Francos Gebet war seine eigene Schöpfung: »Herr, der du mir Spanien in treue Hände gelegt hast, verbiete mir nicht dir Spanien zurückzugeben, der du ein wahrer Katholik bist.«[36]

Im übrigen erwies sich Doña Carmen als ausgezeichnete Geschäftsfrau, was lukrative Immobiliengeschäfte in Madrid wie auch im Ausland, hauptsächlich in der Schweiz, bewiesen. Außerdem traf sie eine gründliche Vorsorge für das Alter, indem sie eine luxuriöse Residenz auf der portugiesischen Insel Madeira erwarb und ausstattete.

Zugleich plante aber auch Francisco Franco für die Zukunft. Kurz nach dem Ende des Bürgerkrieges hatte er seinen Triumph in Stein verewigen und die umgekommenen Mitstreiter ehren wollen. Ein Monument musste also her, das, so Franco in einem Dekret vom 1. April 1940, »das Gedenken derer verewigen« sollte, »die in unserem glorreichen Kreuzzug gefallen sind«. Für die Toten, also für die Verteidiger des katholischen Spaniens gegen Demokraten, Kommunisten, Atheisten, Andersdenkende hat Franco einen grandiosen Tempel bauen lassen – eine Basilika – im »Valle de los Cados« (Tal der Gefallenen), etwa 50 Kilometer nordwestlich von Madrid. Auf beiden Seiten einer großen Kapelle, die dem Petersdom alle Ehre machte, gekrönt von einem riesigen Kreuz, das kilometerweit zu sehen war, befanden sich Katakomben als Ruhestätte für die Helden des Bürgerkrieges. Im hinteren Teil des Tals hatte Franco ein Kloster bauen lassen, in dessen Kapelle die Mönche die Messe lasen; hier – so verfügte er – direkt neben dem Altar, wollte er nach seinem Tode bestattet werden.

Am 20. November 1975, um 5.25 Uhr, starb, nach langer und schwerer Krankheit, der letzte Diktator Westeuropas: Generalissimo Francisco Franco y Bahamonde. Seinem Wunsch gemäß wurde er im Tal der Gefallenen bestattet. Am 27. November bestieg König Juan Carlos den Thron und leitete – entgegen Francos Plänen – stufenweise den Übergang von der Diktatur zur Demokratie ein. Noch im gleichen Monat verlieh er der Tochter des verstorbenen Caudillo den Titel einer Duchesse, also einer Herzogin, von Franco. Doña Carmen hingegen erhielt den Ehrentitel »Señora de Meiras«. Sie zog sich nun völlig aus der Öffentlichkeit zurück.

Das mag ihr, der Frau, die so gern glänzte und repräsentierte, nicht leicht gefallen sein, doch im Großen und Ganzen konnte sie – aus ihrer Sicht – zufrieden auf ein erfolgreiches Leben zurückblicken. Die Heirat mit Franco hatte ihr zwar nicht unbedingt einen großen sozialen Aufstieg eingebracht, aber doch auf jeden Fall einen Zugewinn an Prestige und Privilegien. Ja, mehr noch. Da sie aktiv an seiner Karriere und seiner späteren Machtsicherung beteiligt war, konnte sie sogar einen gewissen Anteil dieser Macht selbst ausüben. Ihr Einfluss auf ihn war groß, und es gab für sie keinen Grund, ihn nicht zu nutzen.

Doña Carmen Polo de Franco starb am 6. Februar 1988. Bis zuletzt blieb sie verehrtes Idol und Aushängeschild unverbesserlicher Franco-Anhänger.

Von der Schauspielerin zur Kulturrevolutionärin

Jiang Qing

China im Frühjahr 1976: Der Große Parteivorsitzende Mao Tsetung war 82 Jahre alt, todkrank und hatte sich schon vor Jahren aus der Öffentlichkeit zurückgezogen. Dennoch galt er noch immer als geistiger Chef und oberste Autorität des Landes. Regiert wurde das Reich der Mitte jedoch von einem mächtigen Quartett: Wang Hongwen, Zhang Chunqiao, Jao Wen-Jüan und der Mao-Gattin Jiang Qing, der zu dieser Zeit vermutlich politisch einflussreichsten Frau der Welt. Diese vier – später sollte man sie die »Viererbande« nennen – hatten gerade wieder einen erfolgreichen Coup gelandet und ihren mächtigsten Rivalen im Kampf um Chinas Führung gestürzt: Deng Xiaoping, den stellvertretenden Vorsitzenden des Zentralkomitees. Daraufhin kam es im April 1976 auf dem gerade nicht so friedlichen Tien'anmen, dem Platz des Himmlischen Friedens in Peking, zu Zusammenstößen zwischen Pro-Deng-Demonstranten und Einheiten der Miliz. »Nieder mit der Kaiserwitwe!«, riefen die aufgebrachten Menschen, die sehr wohl wussten, wem sie die Absetzung des Reformers Deng Xiaoping vor allem zu verdanken hatten: Genossin Jiang Qing. Und der Titel »Kaiserwitwe« war natürlich als Beleidigung gemeint, eine Anspielung auf die letzte chinesische Kaiserin Tz'u Hsi, die nach dem Tod ihres Mannes 1861 staatsstreichartig als Regentin für ihren fünfjährigen Sohn Muzong die Herrschaft in China an sich riss und ein blutiges Regiment führte.

Genauso gnadenlos und ehrgeizig sahen die Demonstranten Jiang Qing. Im Kampf um die Mao-Nachfolge ging sie nicht gerade zimperlich mit Menschen um, die ihr auf dem Weg nach ganz oben im Wege standen. Zudem widersetzte sie sich vehement allen liberalen Reformen und vertrat die Ansicht, dass China aus eigener Kraft wachsen müsse – ohne Hilfe des Westens, den sie als degeneriert und materialistisch beschimpfte. Jiang Qing ignorierte die Demonstranten und überhörte auch Mao, der ihr ein ›machtgieriges Herz‹ vorwarf und sie warnte: »Spiele nicht die Macht hinter dem Thron.«[37] Skrupellos und zielstrebig setzte sie ihren Weg fort – bis zum bitteren Ende.

Jiang Qing kam 1913 unter dem Namen Luan Schu-meng in Zhucheng, in der Provinz Schantung, zur Welt. Ihr Vater war ein armer Kaufmann und Stellmacher, ihre Mutter eine Prostituierte. Als die Ehe ihrer Eltern zerbrach, zog Luan Schu-meng mit der Mutter und ihrer älteren Schwester zu ihrem Großvater, einem Schulbeamten, nach Ji'nan. Dort nahm sie den Familiennamen des Großvaters an, erhielt bei der Gelegenheit auch gleich einen neuen Vornamen und hieß von nun an Li Qing-jün – Azurwolke Li. Sechs Jahre lang besuchte sie die Volksschule und gehörte danach einer Wanderbühne an. Wie es heißt, hatten die Schausteller sie entführt. Irgendwann soll es Opa Li gelungen sein, die Enkelin freizukaufen und nach Hause zu holen. Nach einer anderen Version lief die junge Azurwolke von Zuhause fort, um sich der Wanderbühne freiwillig anzuschließen. Später, als sie wieder heim wollte, erfand sie die Entführungsgeschichte, um der Strafe des Großvaters zu entgehen.

Mit sechzehn Jahren war die Azurwolke zu einem schönen, zierlichen Mädchen herangewachsen, das Ehrgeiz und Entschlossenheit hinter einem bezaubernden Puppengesicht verbarg. Zielstrebig verfolgte sie ihren Plan, eine große und berühmte Schauspielerin zu werden. Um sich dafür eine Basis zu schaffen, entschloss sie sich zu dem Besuch der Theaterschule in Taian, 50 Kilometer von Ji'nan entfernt. Da allerdings weder ihre Mutter noch ihr Großvater in der Lage waren, die Ausbildung zu finanzieren, entschied die schöne

Azurwolke, ein Verhältnis mit dem Direktor dieser Schule zu beginnen. Der Plan funktionierte. Ab 1929 besuchte Li Qing-jün kostenlos die Theaterschule in Taian. Und als ihr Gönner ein Jahr später eine Professur in der Hafenstadt Tsingtau am Gelben Meer erhielt, ging sie kurzentschlossen mit ihm. Wie erfolgreich sie ihr Studium betrieben hat, ist nicht bekannt – als Schauspielerin war sie niemals wirklich überzeugend. Ohne Zweifel hatte sie jedoch etwas anderes gelernt: Sex war ein effektives Mittel der Karriereplanung. Auf diese Erfahrung sollte sie in Zukunft noch häufiger zurückgreifen.

Für kurze Zeit studierte Azurwolke Li nun an der Schauspiel-Akademie in Tsingtau – natürlich gleichfalls auf der Grundlage eines »Sonderstipendiums«. Nebenbei arbeitete sie in der Universitäts-Bibliothek, eine begehrte Anstellung, die sie durch Vermittlung ihres Geliebten bekommen hatte. Als sie den Bruder einer Mitstudentin kennenlernte, der die Stadt verlassen und nach Shanghai gehen wollte, entschied Li Qing-jün, genug gelernt zu haben. Sie beendete daher das Verhältnis mit ihrem Direktor-Professor und ging mit ihrem neuen Lebensgefährten in die große, ostchinesische Hafenstadt, in der sie sich wesentlich größere Karrierechancen ausrechnete.

China wurde zu jener Zeit von den Kuomintang unter Chiang Kai-shek regiert, der Partei, die maßgeblichen Anteil an der chinesischen Revolution von 1911 gehabt hatte, in deren Verlauf die Mandschu-Dynastie gestürzt und die Republik China ausgerufen worden war. In Opposition zu den Kuomintang stand die 1921 in Shanghai gegründete Kommunistische Partei Chinas (KPC). Vier Jahre, von 1923 bis 1927, hatten die beiden Parteien gemeinsam die Regierung gestellt, aber als der Einfluss der Kommunisten, die eine Anpassung des Marxismus-Leninismus an chinesische Verhältnisse anstrebten, zu groß wurde, und Chiang Kai-shek zudem beschloss, die Zusammenarbeit mit der UdSSR zu beenden, schaltete er die Kommunisten und andere »Linke« in den Reihen der Kuomintang aus. Grausam und mit blutigen Massakern gingen seine

Streitkräfte gegen die KPC vor und trieben ihre Mitglieder in den Untergrund.

Das war die Situation, als Li Qing-jün nach Shanghai kam. Da ihr derzeitiger Liebhaber zu den »radikalen Roten« gehörte, verkehrte sie zwangsläufig viel in KPC-Kreisen, ohne allerdings selbst von der kommunistischen Ideologie überzeugt zu sein. Weltanschauungen – gleichgültig welcher Couleur – ließen sie ebenso kalt, wie ihr persönliche Vorteile und die eigene Karriere wichtig waren. Und gerade dafür schien sich Shanghai besonders zu eignen. Zumindest sah es so aus, als die schöne Azurwolke 1934 den bekannten Filmkritiker Tang Na kennen lernte – eine Gelegenheit, die sie sich auf keinen Fall entgehen lassen wollte. Der junge Kommunist war vergessen und sie konzentrierte sich ganz auf diesen neuen Mann, dessen Einfluss großen Nutzen versprach. Tatsächlich verschaffte er ihr schon bald die Hauptrolle in dem Ibsen-Stück *Nora*. Li Qing-jün legte sich den Künstlernamen »Lang Ping« zu – Blauer Apfel – und heiratete ein Jahr später, in einer Aufsehen erregenden Hochzeit von vier Künstlerpaaren, ihren neuen Gönner.

Lang Ping strebte nun eine Filmkarriere an, kam aber über Nebenrollen nicht hinaus. Die Trennung von Tang war damit vorprogrammiert und erfolgte, als ihr ein chinesischer Film-Mogul über den Weg lief. Sofort begann sie eine heftige Affäre mit ihm. Ihr Mann ließ sich scheiden. Doch diesmal hatte der Blaue Apfel auf die falsche Karte gesetzt. Ihr neuer Liebhaber genoss zwar für eine Weile ihre Liebesdienste, dachte aber gar nicht daran, ihr als Schauspielerin zum Durchbruch zu verhelfen. Als er von ihr genug hatte, schickte er sie einfach fort.

1937 begann der Krieg zwischen China und Japan. Nach den ersten Bombenangriffen auf Shanghai floh Lang Ping mit einer Amateur- und Experimentier-Bühne nach Nanking, der damaligen Hauptstadt der Kuomintang. Am 13. Dezember 1937 wurde auch Nanking von den japanischen Truppen erobert. Bei den anschließenden Plünderungen und Vergewaltigungen kamen in drei Wochen etwa 20 000 bis 40 000 Menschen ums Leben (die Angaben schwanken beträchtlich). Lang Ping konnte entkommen und folgte der chinesischen Regierung, die ihren Sitz nach Hankou (heute Wuhan) verlegte und sich nach dem Fall auch dieser Stadt nach Chongqing zurückzog. Natürlich schlug der Blaue Apfel sich nicht aus politischer Überzeugung auf die Seite der Kuomintang – ihre Einstellung zu Ideologien hatte sich nicht geändert. Sie ging auch nicht mit ihnen, weil sie sich in der Nähe der Regierung sicherer fühlte. Nein, ihr einziger Grund, den Kuomintang über Tausende von Kilometern zu folgen, war der, dass diese angekündigt hatten, Filme zu drehen. Tatsächlich wirkte die Schauspielerin Blauer Apfel in dieser Zeit in mehreren Streifen mit, in denen Durchhalteparolen der chinesischen Regierung gegen die Japaner und die Kommunisten propagiert wurden.

Zu Beginn der 70er Jahre sahen Moskauer Fernsehzuschauer Ausschnitte aus dem Film *Ein Wolf geht durchs Gebirge*. Sie amüsierten sie königlich über die Genossin Jiang Qing, die in diesem Anti-Mao-Streifen eine entscheidende Rolle spielte. In China selbst stand dieser Film natürlich auf dem Index.

Aber zurück in das Jahr 1936. Angesichts der drohenden japanischen Gefahr sahen sich Chiang Kai-shek und seine Leute gezwungen, über alles Trennende hinweg, zumindest kurzfristig Frieden mit der KPC zu schließen. Zunächst galt es, den gemeinsamen Feind aus dem Land zu vertreiben, dann konnte man weiter um die Vorherrschaft in China streiten.

Der japanisch-chinesische Krieg dauerte an und 1938 kontrollierte Japan alle großen Städte Nord- und Ostchinas. Warum Lang Ping ein Jahr später das sichere Chongqing verließ und sich – durch die feindlichen Stellungen – in das östlich gelegene Yenan zu den kommunistischen Partisanen durchschlug, wird ihr ewiges Geheimnis bleiben. Böse Zungen behaupten, sie habe sich bei den Kuomintang unbeliebt gemacht, andere glauben zu wissen, dass sie von den Nationalisten einen Spionageauftrag erhielt und, bei erfolgreicher Durchführung, einen lukrativen Filmvertrag bekommen sollte. Wieder andere meinen, sie habe bereits zu diesem Zeitpunkt die Kommunisten als führende Macht Chinas gesehen. Dies alles sind Spekulationen und Vermutungen. Dennoch klingt jede von ihnen wahrscheinlicher als Lang Pings eigene Begründung: Sie, die glühende Patriotin und Kommunistin, habe aus Überzeugung gehandelt. Was auch immer ihre Gründe gewesen sein mögen, Lang Ping tauchte Ende 1938 in der Stadt Yenan auf, in der die Kommunisten in Höhlen wohnten, ihre Hirse selbst anbauten, auf Medikamentenlieferungen amerikanischer Hilfsverbände angewiesen waren und den Strom für ihren lokalen Sender per Fahrrad erzeugten.

Kurz nach ihrer Ankunft trat die Schauspielerin der Kommunistischen Partei bei und begann in der Dramatischen Abteilung der Kunstakademie von Yenan zu arbeiten. Eines Tages hielt der Vorsitzende der KPC, Mao Tse-tung, in dem Saal, den die Mitglieder des Zentralkomitees eigenhändig gebaut hatten, einen Vortrag. Auch Genossin Blauer Apfel erschien. Sie trug – höchst ungewöhnlich für Yenan, wo man nur noch über abgetragene und geflickte Kleidung verfügte – ein auffallend elegantes Kleid und hatte zudem Make-up aufgelegt. Zielstrebig suchte sie sich einen Platz in unmittelbarer Nähe des Rednerpultes und fasste den 45-jährigen Mao fest ins Auge. Ein Zeitzeuge berichtete: »Sie applaudierte überschwänglich, nickte artig und schrieb mit den ungewöhnlich langen Fingern ihrer Lilienhände Notizen in ein Heft.«[38] Lang Ping beteiligte sich an der anschließenden Diskussion und stellte viele Fragen. Schließlich kam sie auch mit Mao selbst ins Gespräch und erhielt eine Einladung in Yenans Dattelpalmengarten, in dem sich seine Wohnhöhle befand.

Mao Tse-tung wurde am 26. Dezember 1893 in dem Dorf Shaoshan, in der Provinz Hunan, als Sohn eines Bauern geboren. In der Revolution gegen die Mandschu-Regierung 1911/12 diente er in der nationalistischen Armee. 1918 absolvierte Mao die Lehrerbildungsanstalt in Changsha und arbeitete anschließend als Hilfsbibliothekar an der Peking-Universität. Drei Jahre später wurde er zum Mitbegründer der Kommunistischen Partei Chinas (KPC) in

Shanghai und bereits im folgenden Jahr ernannte man ihn zum Mitglied des Zentralkomitees und des Politbüros. Schon als Kind von seinem Vater zwangsverheiratet, ließ er sich nun von dieser Frau scheiden und heiratete eine junge Kommunistin.

Nachdem Mao Anfang 1927 in seiner Heimatprovinz einen Aufstand verarmter Bauern miterlebt hatte, vertrat er die Auffassung, dass in China das verelendete ländliche Proletariat die wichtigste revolutionäre Kraft sei und die Unterstützung der Kommunisten verdiene. Sein Rat, sich auf die Landbevölkerung zu konzentrieren, widersprach jedoch der offiziellen Parteilinie und wurde nicht akzeptiert.

Als Chiang Kai-shek sich von der KPC löste und die Kuomintang-Streitkräfte brutal gegen die Kommunisten vorgingen, brachte Mao die Überlebenden des »Herbsternte-Aufstandes« in den Bergen zwischen Hunan und Jiangxi in Sicherheit. Seiner jungen Frau, die von den Kuomintang gefangen genommen, gefoltert und schließlich erdrosselt wurde, konnte er nicht helfen. Von Jiangxi aus gewann die KPC rasch an Einfluss. Mao gründete eine Räterepublik, führte eine Agrarreform zugunsten der armen Landbevölkerung durch und stellte die »Rote Armee« auf. Währenddessen forcierte die Kuomintang ihre Angriffe gegen den kommunistischen Herrschaftsbereich, besiegte ihre Truppen und zwang die KPC zum Rückzug.

Im Oktober 1934 brachen etwa 100 000 Menschen – Männer, Frauen und Kinder – zum »Langen Marsch« nach Norden auf. Unter unvorstellbaren Entbehrungen und der ständigen Angst vor den Angriffen der Kuomintang legten die Flüchtlinge mehr als 10 000 Kilometer zurück. Der einzige, dem auf diesem Marsch ein Pferd zur Verfügung stand, war Mao. Um das Tier zu schonen, ließ er sich aber auch oft tragen. Seine dritte Ehefrau, die Bauerntochter und Genossin Ho Tsu-tschen, wurde während des Langen Marsches verwundet und gleichfalls getragen. Ihre drei Kinder, die sie Mao geboren hatte, musste man zurücklassen. Die gewaltige Anstrengung des Langen Marsches forderte viele Opfer. Nur 10 000 Menschen erreichten schließlich im Oktober 1935 die Stadt Yenan, die zum neuen Stützpunkt der Kommunisten wurde.

Drei Jahre später trafen hier Mao Tse-tung und die erfolglose, aber ehrgeizige Schauspielerin Lang Ping zum erstenmal aufeinander. Sie konzentrierte sich auf den Mann, von dem sie sich den größten Nutzen versprach: den mehr als zwanzig Jahre älteren Mao – seines Zeichens Vorsitzender der KPC, Führer der Kommunisten Chinas und damit einflussreichster Mann am Platze. Dass sich seine Frau Ho gerade von einer Krankheit in der Sowjetunion erholte, passte dabei natürlich wunderbar in ihren Plan. Tatsächlich zeigte sich Mao sehr beeindruckt von der schönen Genossin und widmete ihr selbstgedichtete Verse: »Unendliche Schönheit beherrscht den gefährlichen Gipfel.«

Dass Lang Ping es schaffte, schon bald Maos Geliebte zu werden, war eine nicht zu unterschätzende Leistung. Die Polit-Kommissare hatten nämlich Enthaltsamkeit verordnet und Lust zum Laster erklärt. Doch in den Armen der liebeserfahrenen Lang Ping vergaß Mao die vor kurzem noch selbst propagierten Moralbegriffe sehr schnell und gab seinem sexuellen Heißhunger nach, der ihm bis zu seinem Tode erhalten bleiben sollte. Sein Leibarzt Li Zhisui berichtete später von Inspektionsreisen durch die Provinz, auf denen Mao sich mit Bauernmädchen und jungen Tänzerinnen vergnügte, und gelegentlich sogar mehrere Gespielinnen gleichzeitig forderte. Doch bis dahin sollten noch einige Jahre vergehen – erst einmal zeigten die sinnlichen Liebesspiele des Blauen Apfels ihre Wirkung. Mao war so hingerissen und fasziniert, dass er sämtliche Konventionen über Bord warf und die junge Genossin in sein Höhlenquartier aufnahm. Er gab ihr einen neuen Namen: Jiang Qing, zu deutsch »Grüner Fluss«; wenig später wurde sie schwanger.

Das Zentralkomitee, das der Scheidung eines hohen Genossen zustimmen musste, war jedoch nicht so ohne weiteres bereit, den Tausch einer verdienten und zudem kranken Partisanin gegen die hübsche Filmschauspielerin anzuerkennen. Ein ehemaliges Politbüro-Mitglied erinnerte sich später daran, dass Mao nachts mit einer Laterne in der Hand durch die Funktionärshöhlen lief, um Überzeugungsarbeit zu leisten. Vor allem mit der Frauenführerin Teng Jing-tschao, der Frau Chou En-lais, führte er lange Gespräche. Als das alles nichts half, trat er in einen Sitzstreik, drohte abzudanken und sein künftiges Leben als Bauer fortzuführen – Jiang Qing muss schon eine besondere Magie auf ihn ausgeübt haben. Allerdings war diese Entwicklung ganz und gar nicht in ihrem Interesse. Auf gar keinen Fall wollte sie ein Dasein als einfache und unbedeutende Bäuerin fristen und ihre Talente, ihre Schönheit und ihre Intelligenz auf irgendeinem Reis- oder Gemüsefeld verkümmern lassen. Während einer Sitzung trat sie also vor den geschlossenen politischen Führungskader, demonstrierte ihren schwangeren Leib und sagte: »Ich habe Ihnen eine erfreuliche Nachricht zu überbringen. Der Vorsitzende und ich haben begonnen gemeinsam durchs Leben zu gehen.«[39] Das ZK gab nach, allerdings unter der Bedingung, dass Jiang Qing sich niemals »Frau Mao« nennen dürfe, strengste Anonymität zu wahren und sich gänzlich aus der Politik herauszuhalten hatte. Das Paar heiratete 1939. Jiang Qing beschränkte sich nun zunächst auf ihre Rolle als Ehe- und Hausfrau und produzierte außerdem Laienspiele für Soldaten und Bauern – die künstlerische Betätigung war ihr schließlich nicht untersagt. Wenige Monate später wurde sie von einer Tochter entbunden, der sie den Namen Li Na gab. Ein Jahr später kam die zweite Tochter Li Min zur Welt.

In dieser Zeit gab Jiang Qing den Traum endgültig auf, eine große und berühmte Schauspielerin zu werden und verfolgte von nun an ein neues Ziel: eine Karriere in der Politik. Dort konnte man zwar keinen Starruhm ernten, aber dafür Einfluss und Macht gewinnen. Dass die Parteiführung ihr genau das untersagte, interessierte sie dabei wenig. Schließlich war sie mit einem Mann verheiratet, der die Möglichkeit hatte, zu einem der mächtigsten Männer Chinas aufzusteigen.

Als erster Schritt auf diesem neuen Weg begann Jiang Qing nun, als persönliche Sekretärin ihres Mannes tätig zu werden, und war somit, trotz des Verbotes des ZK, bei allen politischen Beratungen in Maos Höhle anwesend. Auf diese Weise immer auf dem neuesten Stand der Ereignisse wurde sie nun zu seiner bevorzugten Gesprächspartnerin. Er begriff, dass er eine Frau geheiratet hatte, die nicht nur einen herrlichen Körper, sondern auch einen klugen Kopf besaß, und traf von nun an keine Entscheidung mehr, ohne nicht vorher zumindest ihre Meinung eingeholt zu haben. So konnte Jiang Qing, auch wenn sie offiziell in der Politik nicht tätig werden durfte, schon bald begrenzten Einfluss nehmen. Damit gab sie sich, zumindest vorerst, zufrieden.

Die Atombombenabwürfe auf Hiroshima und Nagasaki am 6. und 9. August 1945 führten zur bedingungslosen Kapitulation Japans und damit auch zum Ende Krieges gegen China. Damit zerbrach allerdings auch das Bündnis zwischen der KPC und den Kuomintang und im Dezember 1946 kam es erneut zum Bürgerkrieg. Fast drei Jahre dauerten die Kämpfe, die die Kommunisten schließlich für sich entscheiden konnten. Die Kuomintang und etwa zwei Millionen ihrer Anhänger flüchteten auf die Insel Taiwan. Und während Chiang Kai-shek darauf bestand, auch weiterhin als Staatschef ganz Chinas zu gelten, rief Mao am 1. Oktober 1949 in Peking die Volksrepublik China aus. Er zog, gemeinsam mit Jiang Qing, in seine neue Residenz in Zhongnanhai, nur wenige Hundert Meter vom Tien'anmen entfernt, und übernahm das Amt eines Vorsitzenden der »Zentralen Volksregierung«. Sein alter Freund Chou En-lai wurde Ministerpräsident. Beim Aufbau einer sozialistischen Gesellschaft orientierte sich Mao zunächst noch am sowjetischen Modell: Die Großgrundbesitzer wurden enteignet, der Boden umverteilt, die Schwerindustrie aufgebaut und die Verwaltung zentralisiert. Außerdem wollte man die neu gewonnene Macht festigen, die vor allem mit militärischen Mitteln und der Verfolgung politischer Gegner gesichert wurde. Reste der Kuomintang wurden zerschlagen und nicht konforme Partei- und Regierungsmitglieder verfolgt und hingerichtet.

Jiang Qing bekam nach Maos Machtübernahme zunächst den

Posten einer »Leiterin des Zentralen Filmbüros in der Propagandaabteilung der Kommunistischen Partei«. Ein Jahr später wurde sie Mitglied des Filmbüros im Kulturministerium, wo sie in der Abteilung »Steuerung der Filmkunst« bis 1954 tätig war.

Zu dieser Zeit war Mao bereits praktisch Alleinherrscher. Seine außenpolitische Macht demonstrierte er mit der Besetzung Tibets und der Vertreibung des Dalai Lama. Innenpolitisch zeigte sich, dass durch den bevorzugten Aufbau der Industrie andere Wirtschaftszweige, insbesondere die Landwirtschaft, vernachlässigt worden waren. Es kam zu Versorgungsengpässen, zu Arbeitslosigkeit und Streiks. Maos Autorität war zum erstenmal ernsthaft in Frage gestellt. Er ergriff die Initiative und rief im Zuge der »Hundert-Blumen-Kampagne« zur offenen Kritik an der Partei auf. Da die jedoch weitaus schärfer ausfiel als erwartet, wurde der liberale Kurs sofort wieder gestoppt. Die Kritiker, als Rechtsabweichler bezeichnet, verschwanden in Arbeits- und Umerziehungslagern.

Der Versuch, an die Stelle der zentralistischen Verwaltung ein System von lokalen, eigenverantwortlich wirtschaftenden Volkskommunen zu setzen und dadurch die landwirtschaftliche und industrielle Produktion zu steigern, schlug 1958 gleichfalls fehl. Der »Sprung nach vorn«, wie die Kampagne genannt wurde, führte in die Katastrophe, hatte den nahezu vollständigen Ruin der Wirtschaft zur Folge und war Auslöser für die größte Hungersnot Chinas im 20. Jahrhundert.

Im April 1959 musste Mao als Staatspräsident zurücktreten. Er behielt jedoch den Parteivorsitz und war fest entschlossen, sich das verlorengegangene Machtmonopol zurückzuerobern. Dabei sollten ihm Verteidigungsminister Lin Piao und Jiang Qing helfen. Das Urteil des ZK, dass Frau Mao strengste Anonymität zu wahren und sich gänzlich aus der Politik herauszuhalten hatte, zwanzig Jahre zuvor ausgesprochen, verlor nun seine Gültigkeit.

Im September 1962 erklärte Mao dem ZK: »Um eine politische Macht zu stürzen, ist es immer notwendig, vor allem die öffentliche Meinung zu schaffen und in der ideologischen Sphäre zu arbeiten.«[40] Und an dieser Stelle kam endlich Jiang Qing ins Spiel. Als Mitglied des Kulturministeriums sichtete sie Hunderte von Textbüchern eines Kulturguts, das vor allem anderen das Bewusstsein der Chinesen zu beeinflussen vermochte: die Pekingoper. Mao erteilte seiner Frau daher den Auftrag, die klassischen Formen der Pekingoper zu reformieren und mit revolutionären Inhalten zu verknüp-

Jiang Qing (1913-1991), die Frau mit den Lilienhänden, war die treibende Kraft in der chinesischen Kulturrevolution, der unzählige Menschen zum Opfer fielen.

fen. Jiang Qing reduzierte daraufhin das Repertoire auf vier Standardopern und ließ von nun an – zum Beispiel in *Die rote Frauenkompanie* – das Ballett in grünen Uniformen und mit riesigen roten Fahnen über die Bühne stolzieren. Selbst US-Präsident Richard Nixon kam anlässlich seines Besuches 1972 in den Genuss des Jubel-Spektakels. Sein Kommentar: »Eine machtvolle Aussage. Wirklich superb.«

Am 17. Mai 1966 richtete Mao mit einem Partei-Rundschreiben die Gruppe »Kulturrevolution« beim ZK ein. Chef dieser Abteilung wurde sein Sekretär Tschen Po-ta, Stellvertreterin die Genossin Jiang Qing. Weitere Mitglieder waren der Journalist und Mao-Schwiegersohn Jao Wen-jüan, dessen Freund, Stadt-Parteisekretär Zhang Chunqiao, und eine Freundin Jiang Qings, die Philosophie-Dozentin Nieh. Diese Gruppe begann nun, die »Grosse Proletarische Kulturrevolution« vorzubereiten. Der Grundgedanke war, die Überreste der so genannten bourgeoisen Ideen und Sitten auszulöschen und den revolutionären Eifer der frühen kommunistischen Jahre wieder zu entflammen.

Die größte Resonanz fanden die Ideen der Kulturrevolution bei jungen Leuten, zumeist Studenten, die von Jiang Qing und ihrer Gruppe nun gezielt gegen die Führung in Peking mobilisiert wurden. Ihnen schlossen sich Arbeiter, Bauern und Soldaten an. Die offiziellen Angriffsziele waren die »Vier Alten«: alte Bräuche, alte Gewohnheiten, alte Kultur und alte Denkmuster. Doch im Grunde ging es Mao nur um seine eigene Macht.

Jiang Qing war gern bereit, ihren Mann dabei zu unterstützen, allerdings auch fest entschlossen, ihm die Früchte ihrer Arbeit nicht allein zu überlassen. Sie wollte selbst ein Stück des Kuchens. Häuser, Schmuck, Luxus aller Art waren zwar gern gesehene Annehmlichkeiten, aber nicht ihr eigentliches Ziel. Jiang Qing wollte herrschen, über Menschen verfügen, sich ihrer bedienen und vor allem wollte sie eins: Bewunderung. Der Schauspielerin Jiang Qing war die Verehrung der Massen nicht vergönnt gewesen. Nun sollte China der Politikerin Jiang Qing huldigen, und um dieses Ziel zu erreichen, war sie an Skrupellosigkeit kaum zu überbieten. Als williges Werkzeug diente ihr die Jugend des Landes. Um die jungen Menschen für sich zu gewinnen, hielt sie zündende Reden, die als Tonbandaufnahmen in allen Provinzen gehört wurden: »Die ältere Generation besteht durchweg aus erwachsenen Leuten, die von den Überresten der Vergangenheit und ihren Mängeln angesteckt sind. Selbst jene, die an der Revolution teilgenommen haben, sind im Luxus versunken und zerfallen, energielos geworden, fürchten den Klassenkampf, kennen die Gedanken Mao Tse-tungs nicht. Hier aber seid ihr, die Jugend. Ihr seid in der Epoche Mao Tse-tungs groß geworden, frei von den Überresten des Alten, habt saubere Gehirne, seid nicht von bourgeoisen Gewohnheiten infiziert. Ihr seid um einen Kopf größer als alle, die älter sind als ihr. Seid kühn, stürmt, greift an, zerstört, vernichtet, organisiert, rebelliert! Die Gruppe beim ZK wird jede Initiative von euch unterstützen. Euch wird der Staat gehören. Ergreift die Macht!«[41] Die Kampagne fand in Shanghai ihren Anfang und breitete sich weiter nach Peking aus. Die chinesische Jugend wurde durch Reden, Flugblätter und Wandzeitungen in den Universitäten systematisch aufgehetzt und in Stoßtrupps geschult. Die »Rote Garde« begann sich zu formieren.

Am 18. August 1966 nahm Mao auf dem Tien'anmen die Parade von einer Million jubelnder junger Menschen ab. Neben ihm stand die strahlende Genossin Jiang Qing, von der erst jetzt bekannt wurde, dass sie mit Mao verheiratet war. Später berichtete sie: »Danach schwärmten die jungen Kämpfer der Roten Garden in die Gesellschaft aus und fingen an, wie ein Sturm, die alten Ideen, die alte Kultur, die alten Sitten und Gebräuche zu zerstören. Wir, die Genossen der Gruppe Kulturrevolution, hatten unsere Freude daran.«[42] Der Protest der jungen, fanatisierten Menschen richtete sich gegen die Intellektuellen und die Bildungsschicht des Landes. Schulen und Universitäten wurden geschlossen, Schüler und Lehrer zur Zwangsarbeit in der Landwirtschaft und in Arbeitslager geschickt oder gleich ermordet. Alles, was nicht im Geiste Maos zu sein schien, wurde gnadenlos vernichtet. Der Zerstörungswut der Roten Garden fielen auch uralte Bauwerke und Kunstdenkmäler von unschätzbarem Wert zum Opfer. Als einziger Wandschmuck waren nur noch Porträts von Mao, Jiang Qing und Zitate aus der Mao-Bibel zugelassen, und im ganzen Land stellte man Menschen, die »bourgeoiser Tendenzen« beschuldigt wurden, angetan mit »Schandmützen« öffentlich an den Pranger, bevor man sie tötete. Harmlose Dinge wie Klavierspielen oder der Besitz von Goldfischen galten schon als »dekadent« und wurden mit grausamen Strafen belegt.

Auch die Kleidung sollte einheitlich werden und nicht von der großen Ideologie ablenken. Jungen Mädchen wurden die engen, geschlitzten Röcke und die Stöckelschuhe ausgezogen, lange Haare abgeschnitten, geschminkte Gesichter abgewischt. Jiang Qing – und bald ganz China – trug einen blauen Einheitsanzug und Ballonmütze. In dieser Aufmachung reiste sie durch das Land und peitschte die Massen auf Großkundgebungen weiter auf. Nebenbei fand sie noch die Zeit für persönliche Rachefeldzüge: Ehemalige Schauspielerkollegen, die erfolgreicher als sie gewesen waren, wurden verfolgt; Funktionäre, die es irgendwann gewagt hatten, ihr in die Quere zu kommen, von ihren Roten Garden durch die Straßen geprügelt oder mit diffamierenden Schildern um den Hals zur Schau gestellt. Sogar den früheren Generalsekretär Deng Xiaoping ließ sie, seiner reformpolitischen Ansätze wegen, verbannen.

Jiang Qings besonderer Hass galt jedoch der ehemals sehr beliebten und erfolgreichen Bühnenschauspielerin Wang Kuang-mei. Sie beschimpfte sie als »große Kapitalistin, Nutte, Spionin« und ließ ihr gewaltsam ein elegantes Schlitzkleid aus Seide anziehen, um sie anschließend vor 300 000 tobenden Jugendlichen an den Pranger zu stellen. Für Jiang Qing bedeutete Klassenkampf Rache, Kommunismus Macht. Dass ihr eigener Lebensstil nicht gerade den Vorstellungen der Kulturrevolution entsprach – sie verfügte immerhin über mehrere Villen, Reitpferde und ein Sonderflugzeug –, schien dabei keine Rolle zu spielen. Es gab ohnehin nur eine Handvoll Eingeweihter, die davon wussten, und sie schwiegen.

Häuserwände, Straßenbäume, Laternenmasten und der Asphalt in ganz China waren mit knallbunten Mao- und Jiang Qing-Plakaten gepflastert. Der Personenkult um den »Großen Vorsitzenden« und seine Ehefrau begann, groteske Züge anzunehmen. Die Toten hingegen zählte niemand mehr. Schätzungen zufolge starben während der Kulturrevolution 400 000 bis eine Million Menschen.

Im Januar 1967 wurde Jiang Qing von der Militärkommission des ZK zur »Ratgeberin für kulturelle Arbeit in der Volksbefreiungsarmee« ernannt. Der 9. Parteikongress 1969 erklärte den 76-jährigen Mao Tse-tung zum unumschränkten Führer Chinas. Jiang Qing wurde zum Mitglied des Politbüros der KPC gewählt. Damit war sie zur mächtigsten Frau im Reich der Mitte und der ganzen kommunistischen Welt überhaupt aufgestiegen.

Die Kulturrevolution, die ihren Zweck erfüllt hatte, wurde nun offiziell für beendet erklärt. Die Massen ließen sich jedoch nicht so einfach aufhalten und gerieten außer Kontrolle. Gegner Maos bildeten eigene Rote Garden und es kam zu Zusammenstößen zwischen den verschiedenen Gruppierungen. Mit Maos Billigung wurde die Armee eingesetzt, um einen drohenden Bürgerkrieg zu verhindern. Doch die Militärs waren oftmals nicht in der Lage, zwischen den verschiedenen Parteien zu unterscheiden, da sich alle als wahre »Maoisten« ausgaben. Der große Vorsitzende zog die Notbremse und befahl der Volksbefreiungsarmee, die Roten Garden aufzulösen und die Jugendlichen zurück in die Schulen oder, in Fällen von Uneinsichtigkeit, zur Zwangsarbeit aufs Land zu schicken. Jiang Qing verkündete: »...Unter jenen jungen Streitern haben Einzelne Fehler begehen können. Wir haben die Pflicht, ihnen dabei zu helfen, ihre Irrtümer einzusehen, die herrliche rote Standarte der Gedanken von Mao Tse-tung hochzuhalten und siegreich vorwärts zu schreiten! Das ist alles, was ich zu sagen habe.«[43]

Die Kulturrevolution hatte ihre Schuldigkeit getan, sie musste beendet werden. Das bekam auch Tschen Po-ta zu spüren. 1971 wurde der ehemalige Chef der aufgelösten Kulturrevolutions-Gruppe gestürzt. Kurz darauf lastete man Verteidigungsminister Lin Piao und seiner Frau einen Putschversuch an. Die beiden verschwanden und sollen, so zumindest die offizielle Erklärung, bei einem Fluchtversuch in die UdSSR ums Leben gekommen sein. Von den einstigen Initiatoren der Kulturrevolution waren nur Jiang Qing, Mao Schwiegersohn Jao Wen-jüan und der ehemalige Parteisekretär Zhang Chunqiao übrig geblieben – allesamt als Mitglieder des Politbüros im höchsten Parteirang. Zu ihnen gesellte sich nun ein junger Arbeiter aus Shanghai, Wang Hongwen, der schnell zum Stellvertreter Maos aufstieg – die »Viererbande«, die in die Geschichte Chinas eingehen sollte, war damit komplett. Vorerst etablierten sich in der politischen Führungsriege jedoch zwei andere Männer: Der um die Ordnung des Landes besorgte und reformorientierte Chou En-lai und in seinem Fahrwasser Deng Xiaoping.

Der 10. Parteikongress im August 1973 änderte nichts an den bestehenden Machtverhältnissen. Die Positionen von Mao und Chou blieben unangefochten. Auch Jiang Qing wurde erneut als Mitglied des Politbüros bestätigt und blieb damit die einzige Frau, die Chinas oberstem Führungszirkel angehörte, dennoch verlor sie in dieser Zeit an Einfluss. Der Grund lag bei Mao, der seine Residenz nur noch selten verließ und sich aus der Politik zurückzog. Er war stark gealtert und krank und umgab sich nur noch »mit jungen Gespielinnen und zahlreichen Ärzten«.[44] Die Regierungsgeschäfte überließ er mehr und mehr Chou En-lai, der versuchte, mit einem Modernisierungsprogramm die Wirtschaft wieder anzukurbeln und China dem Westen gegenüber zu öffnen. Chou konnte zwar erste Erfolge verzeichnen, war aber selbst alt und krank. Der unmittelbare Feind der Viererbande war demnach sein Stellvertreter, Deng Xiaoping. Vorerst verhielt sich die Gruppe um Jiang Qing jedoch ruhig und begnügte sich mit den ihnen zur Verfügung stehenden Machtpositionen in der Presse, an den Universitäten und Peking-Opern.

Chou En-lai starb am 8. Januar 1976 in Peking. Anlässlich seines

Todes kam es ihm zu Ehren zu spontanen Demonstrationen auf dem Platz des Himmlischen Friedens, die von Polizei und Militär aufgelöst wurden. Noch einmal setzte die Viererbande ihren ganzen Einfluss bei Mao ein, um zu verhindern, dass Deng Xiaoping die Nachfolge antrat. Mit Erfolg. Am 7. Februar wurde Hua Guofeng zum amtierenden Ministerpräsidenten der Volksrepublik China ernannt. Anfang April kam es zu Zusammenstößen von Demonstranten mit Einheiten der Miliz auf dem Tian'anmen-Platz in Peking. Die Ausschreitungen begannen, nachdem Demonstranten Kränze zum Gedenken an den verstorbenen Chou En-lai niedergelegt hatten und diese entfernt worden waren. Diesen Vorfall nutzte Jiang Qing, um erneut gegen den verhassten Deng vorzugehen. Er verlor alle seine Ämter und Funktionen. In der nachfolgend vom Protokoll veröffentlichten Rangliste der Pekinger Führung rangierte Jiang Qing auf Platz vier hinter Hua Guofeng, Wang Hongwen und Zhang Chunqiao.

Am 9. September 1976 starb Mao Tse-tung im Alter von 82 Jahren. Unmittelbar danach kam es zur Auseinandersetzung zwischen den Vertretern des pragmatischen Kurses und der radikalen Gruppe um Jiang Qing. Die Gruppe verlor diesen letzten Machtkampf. Am 7. Oktober 1976 wurde die Viererbande aus der Partei ausgestoßen und verhaftet. In den folgenden Monaten gab es Anzeichen von Unruhe in den Provinzen und anscheinend sogar Kämpfe zwischen den Anhängern Huas und Jiang Qings. Dennoch war ihr Sturz nicht mehr aufzuhalten. Mit ihrem Niedergang begann der Wiederaufstieg Dengs, der auf dem 11. Parteitag im August 1977 in seine alten Ämter zurückkehrte.

Maos Witwe wurde im November 1980 als Anführerin der Viererbande vor Gericht gestellt. Man bezichtigte sie der Unruhestiftung, der Sabotage und der absichtlichen Fehlinterpretation von Maos Lehren. Selbstbewusst und wütend trat sie auf, gab zwar die ihr zur Last gelegten Taten zu, stellte sie jedoch als Folge ihrer engen Bindung zu Mao dar, den die Ankläger unbefleckt lassen wollten: »Ich war der Hund des Vorsitzenden Mao. Wen er zu beißen befahl, den biss ich.«[45] Das Gericht ließ sich jedoch nicht beeindrucken und verurteilte Zhang Chunqiao und Jiang Qing wegen Völkermordes zum Tode. Die Todesstrafe sollte, um ihnen Zeit zur Reue zu geben, auf zwei Jahre ausgesetzt werden. Maos Schwiegersohn Jao Wen-jüan erhielt eine 20-jährige, Hongwen eine lebenslängliche Haftstrafe.

Jiang bereute nichts und schrieb im Qincheng-Gefängnis, einer Strafanstalt für politische Häftlinge in einem Pekinger Vorort, unermüdlich Pamphlete gegen den neuen Machthaber Deng Xiaoping, den sie bereits seit Jahrzehnten für einen »internationalen kapitalistischen Agenten« hielt. Im Januar 1983 wurden ihr und Zhang Chunqiao zum zweiten Male der Prozess gemacht und die Todesstrafen in lebenslange Haft umgewandelt. Hätte man sie tatsächlich den »heldenhaften Tod« sterben lassen, zu dem beide bereit waren, wären sie unweigerlich zu Märtyrern aufgestiegen, was nicht im Interesse Deng Xiaopings war.

Jahrelang als Unperson totgeschwiegen, tauchten im Laufe der Zeit immer wieder Gerüchte über die Freilassung Jiang Qings auf. Bereits im Mai 1984 habe sie – so damals das Magazin *Zheng ming* in Hongkong – ihrer Tochter Li Na gegenüber den Wunsch geäußert, lieber unter Hausarrest gestellt zu werden und in ihrer Residenz in Zhongnanhai leben zu dürfen, wo die Luft »reiner« sei. Sie litt angeblich an Kehlkopfkrebs und wurde im Gefängnis medizinisch betreut. Ende Dezember 1987 veröffentlichte die *Far Eastern Economic Review* in Hongkong einen Bericht über ihre Freilassung und schrieb, dass sie im Haus ihrer Tochter in einem Pekinger Vorort lebe. Das chinesische Innenministerium wiedersprach jedoch und behauptete, dass Jiang Qing, ebenso wie die anderen Rädelsführer der Kulturrevolution, noch immer hinter Gittern säßen. Im Dezember 1988 offenbarte die Monatszeitschrift *Chinesische Jugend*, man habe Jiang Qing wegen Kehlkopfkrebses »vorläufig freigelassen«. Im Mai 1991 meldete das US-amerikanische Magazin *Time*, dass Jiang Qing in ihrer Residenz in Peking Selbstmord verübt habe. Erst Wochen später, am 4. Juni 1991, bestätigte die chinesische

Nachrichtenagentur *Xinhua*, dass die Witwe Maos am 14. Mai 1991 gestorben war, nachdem man sie schon vor mehr als sieben Jahren entlassen habe. Jiang Qing beging Selbstmord – sie hatte sich erhängt.

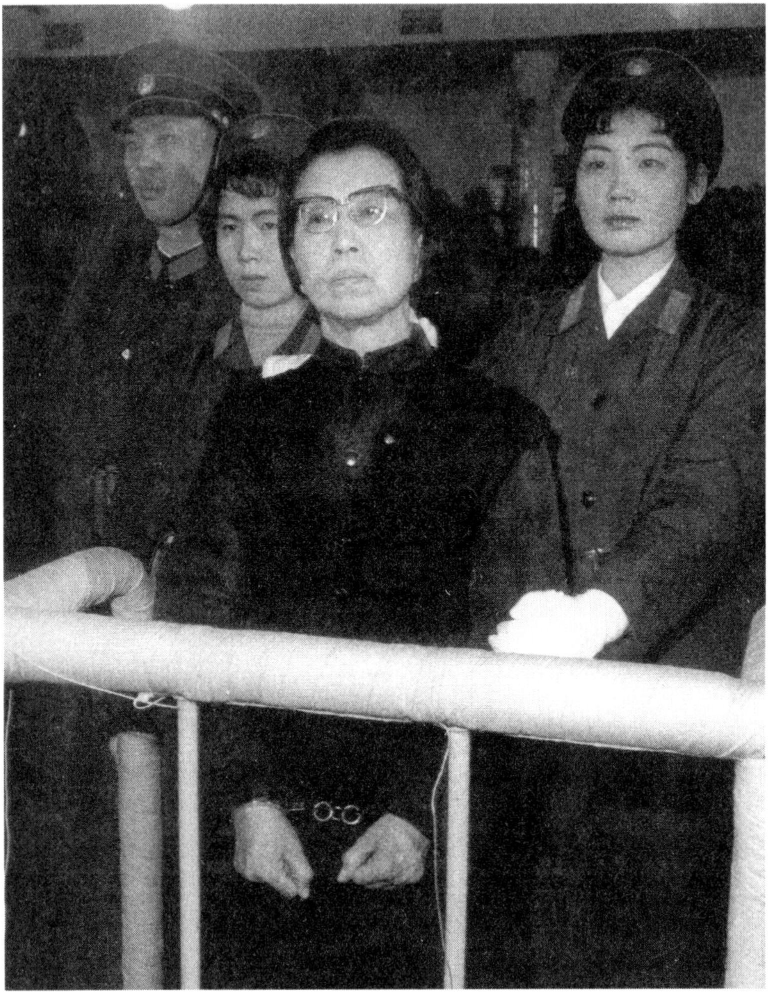

Als Mitglied der Viererbande wurde Jiang Qing 1981 wegen ihrer Rolle in der Kulturrevolution zum Tode verurteilt und 1983 zu lebenslanger Haft begnadigt.

Das war das ruhmlose Ende einer Frau, die hoch gespielt und alles verloren hatte. Ob das Motiv für ihren Selbstmord in einer Krebskrankheit begründet lag oder in der Tatsache, dass Jiang Qing trotz ihrer 77 Jahre ein Leben in Bedeutungslosigkeit und Abgeschiedenheit nicht ertrug, lässt sich nicht endgültig entscheiden. Kontakt zur Öffentlichkeit hat sie auf jeden Fall nach ihrer Haftzeit nicht mehr gesucht. Doch ohne Frage muss die Erkenntnis, bei allem Einsatz und aller Entschlossenheit keines ihrer Lebensziele wirklich erreicht zu haben, bitter gewesen sein für eine Frau, die so machtbesessen und ehrgeizig war wie Jiang Qing.

Die Gräfin Dracula der Karpaten

Elena Ceauşescu

Es war im Dezember 1989. Aus Verzweiflung über Kälte, Hunger und ein menschenunwürdiges Dasein revoltierte das Volk Rumäniens gegen die Diktatur Nicolae und Elena Ceauşescus. Es kam zu Demonstrationen, Prügeleien, Schusswechseln. Im ganzen Land herrschten bürgerkriegsähnliche Zustände. Auf den Straßen verbrüderten sich Einheiten der Armee mit den Demonstranten. Unbekannte feuerten von Dächern in die Menge. Die Armee und Ceauşescus berüchtigter Geheimdienst Securitate beschossen sich vielerorts mit schweren Waffen. Der Staats- und Parteichef verlangte hartes Durchgreifen, doch – abgesehen von der Securitate – hörte niemand mehr auf ihn. Als es vor dem ZK-Gebäude in Bukarest zu Massendemonstrationen kam, flohen der Diktator und seine Frau in einem Hubschrauber.

Die Rebellen eroberten die Fernsehstation und strahlten am Abend des 22. Dezember eine Sendung aus, in der die Bildung eines Rats der »Front der nationalen Rettung« gemeldet wurde. Der Rat stand unter der Leitung von Ion Iliescu, einem Alt-Funktionär, den die Ceauşescus fünf Jahre zuvor aus dem Zentralkomitee ausgeschlossen hatte. Einen Tag später wurden der Conducător (Lenker) und seine Frau auf der Flucht verhaftet. Die Kämpfe gingen jedoch weiter. Am ersten Weihnachtstag kam es schließlich in der Stadt Târgovişte, am Rande der Karpaten zum letzten Akt des Dramas: Während in den Straßen eine Schlacht zwischen der Armee und der Securitate tobte, brachte ein Schützenpanzer der Aufständischen Nicolae und Elena Ceauşescu über Schleichwege in eine Kaserne. Hier sollte ihnen in aller Eile der Prozess gemacht werden, dessen Urteil schon vorher fest stand: Tod durch Erschießen – nach Ansicht der nationalen Rettungsfront das einzige Mittel, um die Kampfhandlungen zu beenden und damit weiteres Blutvergießen zu verhindern.

Ceauşescu und seine Frau wurden vor das Sondergericht geführt, doch der 71jährige Diktator zeigte sich störrisch: »Wir werden nicht Leuten antworten, die diesen Staatsstreich organisiert haben.« »Sag nichts«, bestärkte ihn Elena. »Seit ich 14 war, habe ich für die Menschen gekämpft – für unsere Menschen. Das ist eine Provokation.«[46] Doch das Gericht verkündete das Todesurteil und eine halbe Stunde später standen Nicolae und Elena Ceauşescu vor den Gewehren des Hinrichtungskommandos. Nur langsam begriffen sie. »Nicule, man ermordet uns? In unserem Rumänien?«[47], waren die letzten – ungläubigen – Worte der Frau, die jahrelang als graue Eminenz geholfen hatte, das Volk ihres Landes zu unterdrücken, auszubeuten und zu terrorisieren.

Elena Ceauşescu wurde am 7. Januar 1916 als Lenuţa Petresku in dem kleinen Ort Petreşti, im Kreis Dâmboviţa, geboren. Sie war die Tochter armer Bauern und besuchte, ohne jemals ein Schulbuch zu besitzen, drei Jahre die Grundschule ihres Heimatdorfes. Das – eigentlich obligatorische – vierte Schuljahr erreichte sie wegen ihrer mangelhaften Leistungen nicht mehr.

Lenuţa war vierzehn, als ihre Eltern sie nach Bukarest schickten. Hier begann sie ihre berufliche Laufbahn als Arbeiterin in einer Textilfabrik. Da das Geld allerdings nie reichte, verdiente sie sich bald darauf ein »Zubrot« als Prostituierte. Diesbezügliches Gerede, das bereits wenig später in ihrem Heimatdorf kursierte, war den Petreskus zwar unangenehm, verhindern konnten sie es jedoch nicht. Später, als Elena an die Macht kam, schwirrten die Gerüchte über das ehemalige Gewerbe der Landesmutter durch ganz Rumänien, und auch diese Stimmen waren nicht zum Schweigen zu bringen.

Immerhin war es leicht, sie zu überhören, denn sie flüsterten nur noch leise und hinter vorgehaltener Hand.

Eine Arbeitskollegin aus der Fabrik führte Lenuţa in die Kreise der damals noch verbotenen kommunistischen Partei ein. Sie erkannte schnell, dass die Kommunisten auch ihr, einer kleinen Arbeiterin, eine Zukunft boten und schloss sich der RKP an. Wenig später wurde sie Mitglied des Komitees zur »Organisierung der kommunistischen Jugend«, und im Jahre 1937, sofort nach dem Erreichen ihrer Volljährigkeit, trat sie der Partei bei. Sie erhielt den Decknamen »Florina«.[48]

Im Frühling des Jahres 1939 lernte Lenuţa auf einer Veranstaltung der RKP einen jungen Mann kennen – Nicolae Ceauşescu. Er zeigte sich von ihr, der attraktiven jungen Frau, fasziniert und auch Lenuţa signalisierte Interesse. Zwar war er ebenso arm wie sie, dazu relativ klein, extrem nervös, aufbrausend, unberechenbar und mit einem Sprachfehler behaftet, aber er strahlte eine Entschlossenheit aus, die der ihren sehr ähnlich war. Mit ihm gemeinsam hatte sie jedoch eine Chance, der verhassten Armut und Bedeutungslosigkeit zu entgehen – davon war Lenuţa überzeugt. Ceauşescu empfand ähnlich. Allerdings fühlte er sich nicht ausschließlich von Lenuţas inneren Werte angesprochen, sondern durchaus auch von ihren äußeren Vorzügen. Zweifellos war die junge Genossin Petresku eine attraktive Frau, die im Sommer 1939 auf einem Fest im Bukarester Veselie-Park sogar zur Ballkönigin gewählt wurde. Da ihr dieser Titel jedoch zu profan und unkommunistisch erschien, machten ihre Biographen später in Elenas offiziellem Lebenslauf aus der Ballkönigin eine »Königin der Arbeit«.

Das Paar schmiedete nun Zukunftspläne, mit deren Umsetzung es sich allerdings zunächst gedulden musste: Der Zweite Weltkrieg bestimmte ab 1939 das Leben der europäischen Völker und Ceauşescu wurde aufgrund seiner politischen Aktivitäten 1940 verhaftet. Lenuţa besuchte ihn mehrmals im Gefängnis und hielt während der vier Jahre seiner Haft unbeirrt zu ihrem Nicule.[49] Die Tatsache, dass sie ihren Nebenerwerb wieder aufgenommen hatte und in dem Ruf stand, eine »große Hure« zu sein, tat ihren Gefühlen und vor allem ihren ehrgeizigen Zukunftsplänen keinen Abbruch.

1944 wurde das an der Seite des nationalsozialistischen Deutschland kämpfende Rumänien von der sowjetischen Großoffensive überrollt und König Michael I. gezwungen, die Kapitulation zu erklären. In dieser Situation gelang es den rumänischen Kommunisten, mit der Roten Armee im Rücken einflussreichste Kraft im Lande zu werden. Ceauşescu wurde aus dem Gefängnis entlassen. Mit seiner Karriere ging es nun steil bergauf. Er brachte es zum Funktionär des kommunistischen Jugendverbandes, trug teure Anzüge und verfügte über einen Dienstwagen.

Unmittelbar nach dem Ende des Zweiten Weltkrieges, im Frühjahr 1945, heiratete Ceauşescu seine langjährige Freundin. Diese hatte hartnäckig zur Ehe gedrängt – immerhin war sie fast 30 Jahre alt. Außerdem war sie entschlossen die Gelegenheit zu nutzen, ihren Vornamen Lenuţa (kleine Lena) – der ihrer Meinung nach kaum zu der Gattin eines führenden Parteimitglieds passte – in Elena zu ändern und sich gleichzeitig um drei Jahre jünger zu machen. Von nun an stand in ihren Papieren nicht mehr 1916 als Geburtsjahr, sondern 1919, und damit war sie ein Jahr jünger – statt zwei Jahre älter – als ihr frischangetrauter Ehemann.

Nach der Hochzeit begann Elena als Gehilfin in einem Chemielabor zu arbeiten. Als Ceauşescu die Karriereleiter jedoch immer weiter hinaufstieg, empfand sie ihre Tätigkeit schon bald als nicht mehr angemessen. Bildungsminister Stefan Voitec, ein Parteifreund Nicolaes, löste das Problem, indem er am Polytechnischen Institut Bukarest die Möglichkeit eines Fernstudiums für industrielle Chemie schuf. Elena schrieb sich ein und legte nach erstaunlich kurzer Zeit ihre Prüfung als Chemieingenieurin ab – für eine Frau, die als Kind bereits in der Grundschule überfordert gewesen war, immerhin eine beachtliche Leistung. Nach der Prüfung nahm Elena ihre neue Tätigkeit als wissenschaftliche Mitarbeiterin am Bukarester Institut für chemische Forschung auf.

Im November 1946 sollten in Rumänien freie Wahlen abgehalten werden. Die Abstimmung wurde jedoch zur Farce, die Wähler von den Kommunisten brutal eingeschüchtert. Als das Wahlergebnis dennoch nicht zu ihrer Zufriedenheit ausfiel – die Nationale Bauernpartei hatte einen überragenden Sieg davongetragen –, diktierte Moskau kurzerhand ein neues Ergebnis: 78,86 Prozent für die Kommunisten Rumäniens. Ceaușescu, der durch die Wahl zum Abgeordneten der großen Nationalversammlung geworden war, erklärte: »Ein strahlender Sieg der Partei!«[50]

König Michael I. musste unter dem Druck der Kommunisten abdanken, die die Volksrepublik Rumänien ausriefen. Am 13. April 1948 wurde eine neue Staatsordnung angenommen, die sich an der Verfassung der UdSSR orientierte. Gheorghe Gheorghiu-Dej, seit 1945 Generalsekretär der RKP, wurde 1952 Erster Sekretär des Zentralkomitees. Er und Ceaușescu hatten einander im Gefängnis kennen gelernt und sich angefreundet. Gheorghiu-Dej entwickelte sich nun zum politischen Ziehvater Nicolaes und damit auch zum Gönner Elenas. Böse Zungen, wie die des rumänischen Politikers Alexandru Bârladeanu, behaupteten sogar, dass es zwischen Ceaușescu und Gheorghiu-Dej im Gefängnis zu einer homosexuellen Beziehung gekommen sei. Bârladeanu stützte seine Behauptung auf die Aussage von ehemaligen Mithäftlingen. Letztlich bewiesen ist eine solche Beziehung zwar nicht, aber sie wäre immerhin eine Erklärung für das Motiv Gheorghiu-Dejs, einen Mann zu protegieren, über dessen intellektuelle Fähigkeiten er sich mehr als einmal geringschätzig äußerte.

Genossin Ceaușescu kümmerte sich in dieser Zeit fast ausschließlich um die Familie. 1948 war Sohn Valentin zur Welt gekommen, 1950 Tochter Zoia und 1951 Sohn Nicu. Es gab zwar Gerüchte, dass die beiden ältesten Kinder andere Väter hätten, und nur der Jüngste Nicolaes leiblicher Sohn sei; aber da die Ceaușescus auf derartige Vermutungen nicht reagierten, verstummte das Gerede wieder – vergessen wurde es jedoch nie. Seltsam erscheint in diesem Zusammenhang allerdings die Tatsache, dass die Ceaușescus erst ihren dritten Sohn Nicu nach dem Vater benannten und nicht, wie zu jener Zeit in Rumänien üblich, den Erstgeborenen.

In den 60er Jahren glaubte Elena, ihren Pflichten als Mutter ausreichend nachgekommen zu sein und sich nun wieder ihrer Karriere widmen zu können. Da sie ihren Abschluss als Chemieingenieurin auf so »wunderbare« Weise bekommen hatte, war ihr nächstes Ziel der Doktortitel. Der Dekan der chemischen Fakultät am Polytechnischen Institut Bukarest, Constantin Nenitescu, widersetzte sich jedoch energisch ihrem Wunsch, sich für eine Promotion einzuschreiben. Die Parteiführung befahl daraufhin den gehorsameren Genossen am Institut für Makromolekularchemie »Petre Poni« in Iaşi, einer kleinen Stadt nahe der moldawischen Grenze, der Einschreibung zuzustimmen. Ihre Doktorarbeit über »Die spezifische Polymerisation von Isoprem« wurde allerdings nicht von Elena selbst, sondern von Universitätsprofessor Dr. Osiasi geschrieben. Das bereitete ihr jedoch nur wenig Kopfzerbrechen. Zufrieden nahm sie ihren neuen Titel entgegen und achtete von nun an streng darauf, dass man sie mit Dr. Ing. Ceauşescu ansprach. Es versteht sich von selbst, dass mit dieser neuen Würde auch eine erstklassige Position verbunden war: Direktorin des Zentralinstituts für Chemie.

Nach dem Tode von Gheorghiu-Dej, im März 1965, wurde Ceauşescu einstimmig zum Ersten Sekretär des Zentralkomitees gewählt. Die Familie Ceauşescu zog um. Von nun an standen ihnen im ganzen Land luxuriöse Villen zur Verfügung, die sie je nach Bedarf nutzen konnten. Als ersten Wohnsitz bevorzugten sie jedoch den hochherrschaftlichen Palast Primavara im Norden Bukarests. Neben den Wohn- und Schlafzimmern verfügte er über pompöse Bäder, Konferenzräume und einen Bunker. Im weitläufigen Park fanden sich Gästehäuser, Sportanlagen und ein Swimmingpool. Außerdem standen der »ersten Familie« Rumäniens nun Dienstboten zur Verfügung. Der Koch Adam Vasile schilderte später, dass die Genossin Ceauşescu bei ihrem Einzug in den Primavara-Palast das gesamte Personal zusammengerufen habe, um eine »Predigt« zu halten. Mit anmaßender Stimme erklärte Elena, sie wisse, dass alle nur Faulenzer und Diebe seien. Das müsse sich jetzt ändern. »Wir hatten eine beinahe tierische Angst, etwas falsch zu machen«, berichtete Vasile weiter. »Das gesamte Dienstpersonal stand unter permanenten Verdächtigungen und Terror, und wurde nicht nur von den beiden Diktatoren, sondern auch von den anderen Familienangehörigen mit herabwürdigender Überheblichkeit behandelt.«[51] Besonders Elena war den Dienstboten des Primavara verhasst – und nicht nur ihnen. Im allgemeinen hielten die Menschen ihrer Umgebung sie für ordinär, böse und unerzogen. Man zweifelte an ihrer Intelligenz und behauptete, dass ihre kulturellen Interessen sich einzig auf amerikanische Schnulzenfilme und westliche Versandhauskataloge beschränkten.

Ohne Zweifel hatte sie jedoch einen sicheren Instinkt, wenn es um die Karriere ihres Mannes ging. Sie war es, die ihrem Nicule riet, Rivalen auszuschalten oder Förderer zu hofieren. Wen sie für unloyal hielt, der musste gehen. Der rumänische Politiker Alexandru Bârladeanu sagte dazu: »Wie ein wildes Tier im Wald schien sie Feinde bereits aus der Entfernung zu wittern«[52].

Ceaușescu hatte Glück. Die Maßnahmen des Industrialisierungskurses, den sein Vorgänger Gheorghiu-Dej eingeschlagen hatte, begannen nun zu greifen und er konnte dem rumänischen Volk deutliche Verbesserungen präsentieren – z. B. in der Lebensmittelversorgung, ohne selbst etwas dafür getan zu haben. Rumänien gab sich kulturoffen, die Menschen erhielten freiere Arbeitsmöglichkeiten, die Reiseerlaubnis wurde erweitert und der Tourismus an der rumänischen Schwarzmeerküste blühte auf. 1967 übernahm Ceaușescu den Staatsratsvorsitz und damit endgültig die Regierung. Das Volk begann ihn, den großen Conducător (Lenker) zu verehren. Er stieg zum Hoffnungsträger der Nation auf, der aus dem Bauernland Rumänien einen Industriestaat machen, ein großes Wohnungsbauprogramm auflegen und den Lebensstandard anheben wollte. In der Außenpolitik legte Ceaușescu großen Wert darauf, sich ein gewisses Maß an Unabhängigkeit von der Sowjetunion zu bewahren. So lehnte er die Beteiligung an Manövern des Warschauer Paktes ab, boykottierte Mitte 1967 eine von der UdSSR einberufene Konferenz der kommunistischen Staaten, die vor allem der Kritik an der amerikanischen Vietnampolitik dienen sollte, und beteiligte sich 1968 nicht am Einmarsch der Truppen des Warschauer Paktes in die Tschechoslowakei, sondern unterstützte im Gegenteil die Reformbewegung des Prager Frühlings. Mit diesen diplomatischen Entscheidungen machte er Rumänien zu einem Land, das international beachtet und – vor allem natürlich vom Westen – hofiert wurde. Auszeichnungen und Kredite waren kein Problem mehr.

1971 reisten Elena und Nicolae Ceauşescu in die Volksrepublik China. Es wurde ein Besuch, der für Rumänien Konsequenzen haben sollte. Der rumänische Staatschef zeigte sich sehr beeindruckt von seinem Gastgeber, der nach der großen Kulturrevolution sein Milliardenvolk fest im Griff hatte und um sich selbst als den »großen Vorsitzenden« einen beispiellosen Personenkult schuf. Auch Elena war fasziniert von Maos Führungsstil und führte lange Gespräche mit seiner Gattin Jiang Qing. Ohne Frage hatten die beiden Damen viel gemeinsam: Sie kamen aus einfachen Verhältnissen, galten als machtbesessen und brachten der Intelligenz in ihren Ländern großes Misstrauen entgegen. Dennoch – oder vielleicht gerade deswegen? – waren sie sich nicht sonderlich sympathisch. Fest steht allerdings, dass Elena nach dem Staatsbesuch im Reich der Mitte begann, angeregt durch Jiang Qing, intensiver in die politische Führung Rumäniens einzugreifen.

Nach der Rückkehr nach Rumänien begannen Elena und Nicolae Ceauşescu, ihre gerade gewonnenen Erkenntnisse umzusetzen und läuteten eine Kulturrevolution ein. Sie nannten die neue Linie »Das Anheben des ideologischen Bewusstseins in der vielseitig entwickelten sozialistischen Gesellschaft«. Die Situation des Landes änderte sich nun radikal. Die Zeit liberaler Reformideen gehörte der Vergangenheit an. Ceauşescu wollte die Rumänen nicht mehr von sich überzeugen, sondern sie beherrschen. Nach außen hin zunächst kaum spürbar, begannen er und seine Frau im Inneren mit der Errichtung eines diktatorischen Regimes. Oppositionelle Kräfte in Partei, Regierung und Kultur wurden mit Hilfe der Geheimpolizei Securitate ausgeschaltet. Auch mit Elenas politischer Karriere ging es nun steil bergauf. Im Juli 1972 wurde sie Mitglied des Zentralkomitees und im Juni 1973 Mitglied des Exekutivkomitees der RKP. »Cäsar, Napoleon, Alexander der Große, Perikles, Peter der Große – alle Großen dieser Welt zusammengenommen sind genauso viel wert wie unser Ceaușescu, der seit zehn Jahren unser Hirte ist«, jubelte Dumitru Popescu, ein Mitglied des Politischen Exekutivkomitees der RKP«[53], und sprach dem Herrscherpaar damit vermutlich aus der Seele. Der Hunger der Ceaușescus nach Macht und Anerkennung war kaum noch zu stillen. Hätte es eine Chance gegeben, die abgeschaffte Monarchie wieder aufleben und sich krönen zu lassen – sie hätten sie genutzt. Da sich diese Variante jedoch mit Rücksicht auf die marxistische Ideologie von selbst verbot, schufen sie eine andere Institution: den Staatspräsidenten. 1974 wählte die zum Marionettentheater verkommene Große Nationalversammlung, das oberste Gesetzgebungsorgan Rumäniens, den Genossen Nicolae Ceaușescu zum Präsidenten der Sozialistischen Republik Rumäniens.

In dieser Zeit trieb der bis ins Absurde gesteigerte Personenkult neue Blüten. Nicolae wurde »Titan der Titanen, liebster Sohn des Volkes, arbeitsamster aller Arbeiter« oder ganz schlicht »Genie der Karpaten« genannt. Und auch seine Gattin ging nicht leer aus. Der Hofdichter Vadim Tudors verfasste eine Ode an die »tugendreiche« Elena, die »Stolz, Ehre und Schönheit« verkörpere, die ein »Monument des Fleißes« und »ein Strom der Menschlichkeit« sei, unter deren »Schritten Quellen entspringen und Blumen erblühen«, wofür ihr das Volk die »Hände zu küssen habe«.[54]

Die Kehrseite der glänzenden Medaille war jedoch die Angst. Nicolae und Elena Ceaușescu lebten in ständiger Furcht vor Verrat und ihr Sicherheitsbedürfnis wuchs. Die Geheimpolizei Securitate wurde daher zu ihrer Privatarmee ausgebaut, Freund und Feind ausspioniert und Politiker oder Bürger, die auch nur den Ansatz einer Systemkritik wagten, in psychiatrische Anstalten gesteckt oder liquidiert. Intellektuelle betrachtete man als Staatsfeinde und die Gehälter von Ärzten, Ingenieuren und Lehrern lagen weit unter denen der Arbeiter. Die Begründung: Damit der Kopf nicht auf gefährliche Gedanken kommt, muss der Mensch mit der Sicherung des alltäglichen Unterhalts ausgelastet sein.

Eigentlich trauten die Ceauşescus nur noch sich selbst und den Angehörigen ihrer Familie, die im Laufe der Zeit in höchste Staats- und Parteiämter aufrückten. Ceauşescus Koch Adam Vasile schilderte die Atmosphäre so: »Sie waren beherrscht von Misstrauen und Egoismus. Mit Ausnahme einiger Leute aus dem engsten Führungskreis der Partei bekamen sie nie Besuch. Sie hatten keine Freunde.«[55]

Tatsächlich legte Elena Ceauşescu keinen großen Wert auf andere Menschen. Woran ihr hingegen sehr viel lag, war ihr Ruf als Wissenschaftlerin. Als Dr.-Ing. und vielfache Dr. h.c. veröffentlichte sie unter ihrem Namen mehr als hundert – natürlich nicht von ihr geschriebene – wissenschaftliche Beiträge, die in alle Weltsprachen übersetzt wurden. Im Ausland entstand so die Legende von der kompetenten Wissenschaftlerin. Elena war nun Präsidentin des Nationalrates für Wissenschaft und Schulwesen, Mitglied der Akademie der Wissenschaft und Ehrenmitglied zahlreicher Gremien. Außerdem sammelte sie Ehrendoktortitel wie andere Leute Briefmarken. Begleitete sie ihren Mann auf eine Auslandsreise, schickte sie vorher ihre Leute aus um festzustellen, ob nicht die eine oder andere Universität des jeweiligen Gastlandes bereit war, ihr, der bedeutendsten Wissenschaftlerin Rumäniens, einen weiteren Dr. h.c. zu verleihen. Doch nicht nur die wissenschaftliche, auch die politische Karriere lag Elena Ceauşescu am Herzen und sie zeigte sich erst zufrieden, als sie 1980 ihr Ziel erreicht hatte: die Ernennung zur stellvertretenden Ministerpräsidentin.

Im gleichen Jahr riet sie ihrem Mann, den Einfall der UdSSR in Afghanistan öffentlich zu kritisieren, und vier Jahre später, als die

Ostblockstaaten die Olympischen Spiele in Los Angeles boykottierten, daran teilzunehmen. Der Erfolg gab ihr recht. Als die rumänische Mannschaft im Olympiastadion von Los Angeles einlief, wurde sie euphorisch gefeiert. Kleine diplomatische Schachzüge, gewiss, aber durch sie sicherten sich die Ceauşescus noch für eine Weile die besondere Aufmerksamkeit des Westens. Innenpolitisch waren sie ohnehin unantastbar.

Doch die Pläne des bis zum Größenwahn machtgierigen Paares reichten weiter. Aus Rumänien sollte eine Großmacht werden. Dafür brauchten sie allerdings zunächst einmal ein zahlenmäßig großes Volk. Aus diesem Grund verbot die Regierung nun die Pille und andere Verhütungsmittel, Abtreibungen waren nur Frauen ab 45 Jahren gestattet. Viele Kinder, deren ledige Mütter nicht mehr für sie sorgen konnten, wurden in Erziehungsheimen untergebracht, in denen sie häufig unter schrecklichsten Umständen dahinvegetierten. Und die Ceauşescus bekamen einen neuen Beinamen: »Vater und Mutter aller Kinder«.

Trotz der großen Überschwemmungen von 1970 und 1975 sowie eines Erdbebens 1977, die große Schäden anrichteten, wurde die Entwicklung der Wirtschaft, insbesondere der Schwerindustrie, vorangetrieben. Das einstige Agrarland Rumänien entwickelte sich zu einem Industriestaat. Dass die staatlichen Betriebe dennoch nicht effektiv wirtschafteten, lag zum großen Teil daran, dass sie nicht für die rumänischen Bedürfnisse konzipiert waren, sondern dem Größenwahn der Ceauşescu-Clique entsprangen. Sie waren einfach zu groß, um rentabel arbeiten zu können. Zudem mussten die meisten Rohstoffe und Energie für harte Devisen importiert werden. Die Durchführung der zahlreichen ehrgeizigen Projekte hatte außerdem viel Geld verschlungen, Geld, mit dem Rumänien nun bei westlichen Kreditgebern – vor allem den USA und der Bundesrepublik Deutschland – in der Kreide stand. 1982 war dieser Schuldenberg auf stattliche 13 Milliarden US-Dollar angewachsen. In dieser prekären Situation wurden dennoch zwei gigantische Bauprojekte vorangetrieben: die Fertigstellung des Donau-Schwarzmeer-Kanals, dessen wirtschaftlicher Sinn für immer unklar bleiben sollte, und der Traum vom neuen Bukarest. Nicolae und Elena Ceauşescu hatten viele Hauptstädte gesehen und nun beabsichtigten sie, die rumänische Metropole ihren Ansprüchen gemäß umzugestalten. Als Mittelpunkt des neuen Bukarest stellten sie sich das »Haus des Volkes« vor, einen gewaltigen Regierungspalast mit 7 000 Räumen, von denen einige die Ausmaße eines Fußballfeldes besitzen sollten. Es war vor allem Elena, die sich um dieses Prestigeobjekt bemühte. Ihr schien es Freude zu machen, Abrisskommandos in Bewegung zu setzen, um ganze Häuserblocks, aber auch historische Gebäude, dem Erdboden gleichzumachen.

Im Jahre 1984, nach der Fertigstellung des Kanals, wurde das Projekt in Angriff genommen. Während bis zu 20 000 Arbeiter rund um die Uhr, in drei Schichten, auf der gigantischen Baustelle arbeiteten, erlitt die Volkswirtschaft ihren zwangsläufigen Kollaps. Ru-

Die ambitionierten Großprojekte von Elena Ceauşescu (1916-1989) und ihrem Gatten Nicolae wurden auch von der Bundesrepublik Deutschland finanziell unterstützt.

mänien hungerte. Nahrungsmittel aller Art wurden zur Mangelware und Fleisch gab es – wenn man von Schweine-, Hühner- und Gänseköpfen einmal absah – gar nicht mehr zu kaufen. Eine Energiekrise kam hinzu. Viele Betriebe mussten schließen, Strom- und Gassperren gehörten zur Tagesordnung, die Straßenbeleuchtung blieb nachts abgeschaltet und die Temperaturen in den rumänischen Plattenbauten durften 12 Grad Celsius nicht mehr überschreiten. Ein ganzes Volk litt. Dennoch glaubten die Ceaușescus, die Schraube noch enger ziehen zu können. Während in Bukarest ein monströses Regierungsviertel errichtet wurde, verkündete der Diktator mit seinem »Systematisierungsprogramm« das Ende des bäuerlichen Lebens in Rumänien: Etwa 8 000 rumänische Dörfer sollten planiert und an ihrer Stelle »agro-industrielle Komplexe« errichtet werden. Und wieder war es Elena, die sich persönlich auf den Weg machte und entschied, was abzureißen war und was stehenzubleiben hatte. Als sie im Zuge dieser »destruktiven Besichtigungen« eines Tages auch in ihren Heimatort Petrești im Kreis Dâmbovița kam, machte sie sich nicht einmal die Mühe, aus ihrer Luxuslimousine zu steigen. Vom Wagen aus wies sie auf die betreffenden Gebäude und das bedeutete: »Abreißen, modernisieren, zivilisieren«.[56]

Die Ceaușescus verloren immer mehr den Bezug zur Realität. Die Probleme Rumäniens wollten sie nicht mehr sehen – mussten sie auch nicht, denn eifrige Funktionäre organisierten ihnen die Wirklichkeit so, wie sie es sich wünschten. Das bedeutete allerdings nicht, dass Elena und Nicolae die Realität nicht kannten. In ihrer Villa am Schwarzen Meer fanden sich nach der Revolution zum Beispiel Dokumente, die über die letzte Ernte Aufschluss gaben. Alle Listen lagen in doppelter Ausfertigung vor – einmal mit richtigen Zahlen und einmal mit denen, die für die Propaganda bestimmt waren. Die Ceaușescus mussten also wissen, wie es in Rumänien wirklich aussah, aber es sagte ihnen nichts mehr. Sie genossen ihre Macht und die Möglichkeit, uneingeschränkt zu herrschen. Ihre unmittelbare Umgebung bestand nur noch aus Verwandten und

Handlangern, die ihnen nach dem Mund redeten und alle keine Not leiden mussten. Nach dem Machtwechsel wurden bei den Ceauşescus und ihren Angehörigen große Warenlager mit absurden Mengen der verschiedensten Luxusgüter – vorwiegend aus dem westlichen Ausland – gefunden. Außerdem Kühltruhen mit Lebensmitteln, die das rumänische Volk seit Jahren nicht mehr zu sehen bekommen hatte.

Der offene Widerstand begann in Temesvar, am 14. Dezember 1989. Weil der protestantische Pastor Laszlo Tökes in seinen Reden die rumänische Regierung kritisiert hatte, sollte er zwangsversetzt werden und seine Anhänger – Angehörige der ungarischen Minderheit – demonstrierten zu Hunderten vor seinem Haus gegen diese Maßnahme. Das war an einem Donnerstag. Am Freitag zählte man die Zahl der Demonstranten bereits zu Tausenden und am Sonnabend zu Zehntausenden – nun in der Mehrzahl Rumänen. Immer öfter waren die Parolen aus Leipzig zu hören – man hatte die deutsche Wende über das jugoslawische Fernsehen verfolgt: »Wir sind das Volk!« Die Sicherheitskräfte griffen ein. Schüsse fielen. Tagelang blieb die Situation verworren.

Am 20. Dezember griff der Protest nach Siebenbürgen und Bukarest über. Ceauşescu verlangte hartes Durchgreifen und ließ am 21. Dezember Jubel-Trupps auf dem Platz der Republik aufmarschieren. Doch unter die Menge hatten sich Dissidenten gemischt. Pfiffe wurden hörbar und die Fernsehübertragung daraufhin abgebrochen. Am 22. Dezember folgten auf dem Universitätsplatz, vor dem ZK-Gebäude und dem Rundfunk-Hauptquartier Massendemonstrationen. Der Verteidigungsminister und mehrere Generäle verweigerten den von Ceauşescu gegebenen Schießbefehl. Der Diktator und seine Frau Elena flohen mit einem Hubschrauber.

Am Nachmittag des 25. Dezember 1989 wurde das Paar zum Tode verurteilt. »Warum tut ihr das uns an«, fragte Elena einen Soldaten des Hinrichtungskommandos. »Ich war wie eine Mutter zu euch.« Der Befehlshaber der Fallschirmjäger, die das Urteil vollstrecken sollten, sagte später: »Ehrlich gesagt, der schlimmste Augenblick war für mich jener, als ich sah, wie sich die Männer abmühten, Elena und Nicolae Ceaușescu mit Schnüren zu fesseln. Elena winselte um Erbarmen und widersetzte sich sogar. Nicolae hat sich nicht widersetzt.«[57] Der Conducător war bei seinem Tod 71, Elena Ceaușescu 73 Jahre alt.

Die Empörung der Rumänen kannte keine Grenzen, als nach dem Tod der Ceaușescus bekannt wurde, wie opulent und bizarr sie tatsächlich gelebt hatten. Bis unters Dach waren die Häuser und Wohnungen mit Luxusgütern vollgestopft. Die staatliche Protokolladministration ließ daraufhin insgesamt 25 000 Teile des ehemaligen Ceaușescu-Besitzes auf einer Großauktion versteigern: Orientteppiche und goldene Speiseservices, Abendkleider, Lingerie und Lederwaren, Pelze und eine Schuhsammlung, die ohne weiteres mit jener von Imelda Marcos mithalten konnte, bis hin zu Bergen von Ramsch und Kitsch. Nicht vergessen werden dürfen die Residenzen des Paares, die Motorjachten, eine stattliche Anzahl von Schnellbooten und der umfangreiche Fuhrpark. So kam der Buick Electra, Baujahr 1975, unter den Hammer, den die Ceaușescus von US-Präsident Richard Nixon geschenkt bekommen hatten, ebenso der Renault 25 von dem ehemaligen französischen Staatspräsidenten François Mitterrand und der Hilman 74, eine Einzelanfertigung, die Schah Reza Pahlewi bei einem Staatsbesuch als Mitbringsel präsentiert hatte. Elenas Schmuck wurde der rumänischen Nationalbank übergeben und das Historische Museum in Bukarest bekam die »Ceaușescu-Collection« – Tausende von Geschenken an den Conducător und seine Frau: von Spielzeugtraktoren über Elfenbeinzähne bis zu persischen Teppichen mit Nicolaes Konterfei.

Fast ein Vierteljahrhundert haben die Rumänen das diktatorische Herrschaftssystem der Familie erduldet und den Terror der Geheimpolizei Securitate durchlitten. Während das Land in Armut und Hunger lebte, hat die Präsidentenfamilie vermutlich eine Milliarde US-Dollar außer Landes gebracht. »Erdöl, Deutsche und Juden sind Rumäniens lohnendste Exportartikel.« Mit diesen Worten zitierten ehemalige Geheimdienstoffiziere Elena Ceaușescu, die tatsächlich jüdische Rumänen und deutschstämmige Staatsbürger gegen hohes Kopfgeld auswandern ließ.[58] Mittlerweile gilt es als erwiesen, dass sie in dem Terrorregime der Ceauşescus die Entschlossenste, die Skrupelloseste und die Machtgierigste war.

Das Ehepaar wurde auf dem Ghencea-Friedhof in Bukarest bestattet – allerdings nicht gemeinsam. Im Tod riss man die beiden Unzertrennlichen auseinander. Weit entfernt von der Friedhofskapelle liegt der Diktator auf der linken Seite des Friedhofs. Sein Grab trägt ein Kreuz mit seinem Namen und wird von einem schmiedeeisernen Zaun eingefasst. Hin und wieder legen mitleidige Seelen Blumen oder Kerzen nieder. Elena hingegen hat ihre letzte Ruhestätte auf der rechten Friedhofsseite gefunden. Ihr Grab ist vollkommen schmucklos. Weder eine Inschrift noch ein Name erinnern an sie.

Mythische Mutterfigur oder machthungrige Hure?

Eva Perón

Als die Rundfunkstationen Argentiniens am Abend des 26. Juli 1952 den Tod der Präsidentengattin Eva Perón meldeten, waren die Reaktionen auf diese Nachricht äußerst zwiespältig. Während der Geldadel des Landes, die reichen Viehzüchter und die Großgrundbesitzer, die Verstorbene als machthungrige, ordinäre Hure und skrupellose Intrigantin verteufelt hatten und ihren Tod nun ausgelassen mit Champagner feierten, versank das einfache Volk Argentiniens in tiefe Trauer. Für sie war Evita eine Ikone, eine Nationalheilige, eine Landesmutter, die ihr Leben den Armen gewidmet hatte. »Sie war ein Engel. Deshalb stieg sie auf zu Gott«, hieß es.

26 Jahre später brachte der erfolgreiche Musical-Komponist Andrew Lloyd Webber die Pop-Oper *Evita* auf die Bühne. Der Song *Don't Cry For Me Argentina* stürmte die Hitparaden. Wiederum 20 Jahre später inszenierte der britische Filmregisseur Alan Parker, basierend auf Webbers Musical, sein musikalisches Kostümepos mit Pop-Ikone Madonna in der Rolle der legendären Präsidentengattin. Die tatsächliche Evita verschwand nun endgültig hinter ihrem fiktiven Ebenbild auf der Leinwand. Ihr Leben wurde auf Operettenformat reduziert: wachgeküsst von einem mächtigen Mann war sie schön, reich, begehrt und edelmütig, doch ihr Leben nahm ein frühes, tragisches Ende. Aber wer war diese Frau wirklich, die aus ärmlichsten Verhältnissen stammte und bei ihrem Tod mit nur 33 Jahren als eigentliche Herrscherin Argentiniens gelten konnte?

Los Toldos ist ein kleines Dorf, 240 Kilometer westlich von Buenos Aires gelegen, inmitten der argentinischen Pampa. Hier lebte Juana Ibarguren – eine mollige, attraktive junge Frau baskischer Herkunft – mit ihren Kindern. Juana arbeitete als Köchin auf der Hacienda *La Unión*. Der Besitzer dieses riesigen Anwesens, der reiche Juan Duarte, war jedoch nicht nur ihr Arbeitgeber, sondern zugleich ihr Dauergeliebter und der Vater ihrer unehelichen Sprösslinge. In Don Duartes Leben gab es allerdings noch eine Familie – eine offizielle – samt Ehefrau und ehelichem Nachwuchs. Juana hatte von Duarte bereits vier Kinder, als am 7. Mai 1919 Eva Maria zur Welt kam. Die Bürger von Los Toldos, die schon lange mit dem Finger auf sie zeigten, schüttelten entsetzt den Kopf und bekreuzigten sich, sobald sie Juana oder ihre »Brut« zu Gesicht bekamen. So weit wie möglich gingen sie ihr und ihren Kindern aus dem Weg.

Duarte hingegen war eines der angesehensten Mitglieder der Gemeinde. Er hatte das Amt eines Untersuchungsrichters inne und herrschte auf seinem eigenen Grund und Boden wie ein Caudillo. Zweifellos war er seiner schönen Köchin und den gemeinsamen Kindern sehr zugetan; doch als er durch den Tod seiner Frau zum Witwer wurde, verschwendete er nicht einen Gedanken daran, das Verhältnis mit Juana zu legalisieren. Er starb im Januar 1926 plötzlich und unvorhergesehen und wurde im Herrenhaus von La Unión würdevoll aufgebahrt. Seine Familie, seine Freunde und Bekannten kamen, um Abschied zu nehmen – auch Juana und ihre Kinder. Die Duartes weigerten sich jedoch, die verhassten und verachteten Ibargurens ins Haus zu lassen. Sie mussten vor der Tür warten, bis der Leichnam des Verstorbenen nach draußen getragen und auf einen von schwarzen Pferden gezogenen Wagen gebettet wurde. Während sich nun der Trauerzug formierte, durften die Ibargurens sich von Juan Duarte verabschieden. Dies war eine Demütigung, die Eva niemals vergessen sollte. Doch mehr noch: Die entwürdigende Wartezeit vor dem prächtigen, weißen Herrenhaus, zu dem man ihr den Zutritt verwehrte, weckte in ihr den Hass auf die Oberschicht und ließ andererseits den Wunsch aufsteigen, selbst in Luxus und Reichtum zu leben – so, wie es ihr, der Tochter Don Duartes, von Rechts wegen zugestanden hätte.

Die Realität sah jedoch anders aus. Da Juan Duarte für seine Geliebte und die gemeinsamen Kinder keine Vorsorge getroffen hatte, und Juana nun ihre Stellung als Köchin verlor, standen die Ibargurens nach seinem Tod vor dem Nichts. Zwar gelang es Juana, ihre Familie durch Näharbeiten am Leben zu erhalten, aber die wenigen Pesos, die man ihr zu verdienen gestattete, reichten gerade für das Nötigste. Man zeigte den Ibargurens deutlich, dass sie in Los Toldos nicht gern gesehen waren. Es wurde geklatscht und geredet, die größeren Kinder fanden keine Arbeit und die jüngeren trauten sich kaum zur Schule, weil sie von ihren Altersgenossen gehänselt und sogar mit Steinen beworfen wurden. Es war eine traurige, entbehrungsreiche Zeit. 1929 raffte Juana sich endlich auf. Sie packte ihre wenigen Habseligkeiten zusammen, nahm ihre Kinder an die Hand und verließ Los Toldos. Zurück blieb lediglich ein Stapel unbezahlter Rechnungen.

Der Umzug in die kleine Stadt Junín bedeutete für die Ibargurens ohne Zweifel einen Aufstieg. Da sie niemand kannte, konnte Juana sich als Witwe und ihre Kinder als Halbwaisen ausgeben. Und unter diesen Bedingungen war es nun auch nicht mehr schwer, Arbeit zu finden. Sie begann wieder, auf ihrer alten Nähmaschine zu nähen, und konnte sich nicht über mangelnde Aufträge beklagen. Elisa, die älteste Tochter, fand eine Stellung bei der Post, die Zweitälteste, Blanca, und Bruder Juan bekamen Arbeit in einer Seifenfabrik. Mit vier Gehältern war die Familie bald in der Lage, ein Haus zu mieten mit einem kleinen Patio, in dem Geranien wuchsen. Es war ein recht großes Haus und bot genug Platz, um Juanas langjährigen Wunsch zu erfüllen: Sie wollte eine kleine Pension eröffnen. Auch für die beiden jüngsten Kinder, Erminda und Eva, hatte der Umzug nach Junín alles einfacher und besser gemacht. Sie konnten nun endlich ohne Angst und Scham regelmäßig die Schule besuchen.

Eva, ein blasses, schlaksiges Mädchen mit einem kastanienbraunen Pagenkopf, sollte ihrer Mutter nach Abschluss der Grundschule in der Pension helfen. Sie selbst hatte jedoch andere Pläne und träumte vom Glanz und Glamour Hollywoods. Im Kino sah sie sich jeden Film dreimal an, schnitt aus Zeitschriften die Fotos und Geschichten der berühmten Stars aus und aß wenig, weil sie nicht so dick wie ihre mollige Mutter werden wollte. Mit vierzehn Jahren spielte Eva eine kleine Rolle in einer Schüleraufführung. Danach stand ihr Entschluss fest: »Sobald ich erwachsen bin, werde ich mir die Haare lang wachsen und blond färben lassen. Und dann werde ich Schauspielerin oder Präsidentin«, gestand sie ihrer Schwester Erminda.[59]

Zunächst musste sie sich jedoch dem Willen der Mutter fügen und als Zimmer- und Küchenmädchen arbeiten. Ein eintöniges Dasein, das Eva hasste. Nach den Diskriminierungen in Los Toldos nun der Kleinstadtmief in Junín? Nein, damit wollte sich Señorita Ibarguren, die immerhin zur Hälfte eine Duarte war, auf keinen Fall zufrieden geben. Ihr Leben sollte aufregender sein, bunter, schillernder und vor allem luxuriöser. Und sie war bereit, alles dafür zu tun, um diese Änderung herbeizuführen.

Eva war fünfzehn Jahre alt, als sie einen Mann kennenlernte, der für sie das Sprungbrett nach Buenos Aires werden sollte – die Stadt, in der sie Karriere als Schauspielerin machen wollte. Augustín Magaldi war ein zweitklassiger Tangosänger mit einer etwas schrillen, italienischen Tenorstimme. Um seinem eher dünnen Vortrag ein wenig mehr Dramatik zu verleihen, pflegte er sich während des Singens die rechte Hand auf das Herz zu pressen und die Augen schmachtend gen Himmel zu heben. Dennoch war er recht populär und befand sich im Dezember 1934 auf Tournee in der Provinz. Auch in Junín machte er für ein paar Tage Station, da er ein Engagement in einem Nachtclub hatte. Eines Abends kehrte er nach der Vorstellung in seine Garderobe zurück, um dort einem jungen, überschlanken Mädchen in die Arme zu laufen, das ihm ein eindeutiges Angebot machte und außerdem darum bat, ihn nach Buenos Aires begleiten zu dürfen. Schauspielerin wollte sie werden und er sollte ihr mit seinen Verbindungen helfen, in einem Theaterensemble unterzukommen. Magaldi befand sich in einer Zwickmühle. Auf der einen Seite bekam er, der zurückhaltende, blasse Mann, der zwar romantische Lieder sang, aber ganz gewiss nicht als feuriger Latinlover gelten konnte, nicht jeden Tag ein derart verlockendes Angebot. Auf der anderen Seite war er jedoch verheiratet und seine Frau mit ihm auf Tournee, also in unmittelbarer Nähe. Ihm blieb daher keine andere Möglichkeit, als abzulehnen. Doch Eva gab nicht auf. Sie kam wieder – am nächsten Abend und am übernächsten. Sie bewunderte ihn, sie flirtete mit ihm, sie umgarnte ihn. Dabei ließ sie sich nicht anmerken, dass er sie als Mann nicht im geringsten interessierte und seine Faszination sich auf die Tatsache beschränkte, dass er aus Buenos Aires kam und in Künstlerkreisen verkehrte. Schließlich kapitulierte Magaldi. Er erklärte sich bereit, der vermeintlichen Verehrerin seine Telefonnummer zu geben. Wenn sie in Buenos Aires sei, könne sie ihn anrufen. Dann würde er gern auf ihr charmantes Angebot zurückkommen und ihr auch mit seinen Verbindungen helfen. Mitnehmen wollte er sie jedoch auf gar keinen Fall – wie hätte er das auch seiner Frau erklären sollen? Damit musste Eva sich zufrieden geben. Wenige Tage später war Magaldis Engagement abgelaufen und er reiste nach Buenos Aires ab, wie Eva in Erfahrung bringen konnte. Sie folgte ihm am nächsten Tag – es war der 2. Januar 1935.

Angeblich reiste sie mit dem Einverständnis ihrer Mutter. In der argentinischen Hauptstadt sollte sich dann der Bruder ihrer annehmen, der dort gerade seinen Militärdienst ableistete. Die Version scheint jedoch eher unwahrscheinlich. Juana wird ihrer fünfzehnjährigen Tochter kaum die Erlaubnis gegeben haben, nach Buenos Aires zu ziehen – mit nichts als dem vagen Versprechen eines für sie vollständig fremden Mannes in der Tasche. Und was den Bruder angeht – wo hätte er sie unterbringen sollen? In der Kaserne vielleicht? Nein, die andere Variante klingt da wesentlich glaubwürdiger: Eva packte heimlich ein paar Sachen und ihre kleinen Ersparnisse zusammen und brannte durch. Sie fuhr mit dem Zug nach

Buenos Aires. Dort angekommen schrieb sie ihrer Mutter, wo sie sich aufhielt und dass sie plane, Karriere als Schauspielerin zu machen. Eine Adresse gab sie, zumindest vorerst, wohlweislich nicht an, versprach jedoch, sich regelmäßig zu melden.

Die große, hektische Stadt muss auf das junge Mädchen aus der Provinz, das zum ersten Mal allein auf Reisen war, fremd und beängstigend gewirkt haben. Zwar soll sie nach eigenen Angaben Jahre zuvor schon einmal mit der Mutter hier gewesen sein – doch diesmal war sie ganz auf sich allein gestellt. Da sie – natürlich – nicht viel Geld zur Verfügung hatte, mietete Eva sich in einer billigen Pension in der Nähe des Palacio del Congresso ein und suchte sich gleich danach ein Telefon, um Magaldi anzurufen. Sie hatte Glück. Er war daheim und bereit, sein Versprechen einzulösen. Unnötig zu erwähnen, dass er ihm Gegenzug auf der Erfüllung ihres Angebotes bestand. Er war der erste Mann, mit dem Eva schlief, um ihren Traum von einer Schauspielkarriere, einem Leben in Reichtum und Luxus wahr werden zu lassen – viele sollten ihm folgen. In ihren Augen lohnte sich der Einsatz jedoch, denn bereits wenige Tage später machte Magaldi sie mit dem Theaterregisseur Joaquin de Vedia und dem Schauspieler José Franco bekannt. Beide fanden Gefallen an dem willigen, jungen Mädchen – zumindest im Bett. Allerdings sprang auch eine kleine Rolle in dem Theaterstück *Señora Pérez* für Eva heraus. Ihr Debüt auf den Brettern, die die Welt bedeuten, gab sie als Dienstmädchen und ihr erster und einziger Satz lautete: »Es ist serviert.«

So unbedeutend die Rolle auch sein mochte, so rief sie doch Neid und Missgunst hervor. Die Konkurrenz war groß und Eva musste rasch lernen, sich im Dschungel der Intrigen zu behaupten. Männer wie Vedia und Franco hatten die Auswahl und dachten nicht daran, sich länger als nötig mit einem kleinen, unbedeutenden Mädchen vom Lande abzugeben. So reichte es in der nächsten Zeit auch nicht zu mehr als ein paar kleinen Nebenrollen. Der große Durchbruch ließ sich weder erträumen noch herbeisehnen.

Eva blieb erfolglos, wohnte in heruntergekommenen Absteigen

und musste sich mit Provinztourneen, Tingeltangel und Jobs in Amüsierlokalen mühsam über Wasser halten. Trotzdem gab sie nicht auf und arbeitete weiterhin hartnäckig an ihrer Karriere. Sie blondierte ihre Haare und suchte sich die Liebhaber nach deren Einfluss aus. Einige dieser Affären brachten keinen Vorteil, andere weitere kleine Filmrollen. Eva hatte sich in der Branche einen Namen gemacht, wenn auch einen recht zweifelhaften. Ihr Leben änderte sich erst, als sie Emilio Kartulowicz kennenlernte, einen Rennfahrer und Besitzer des bekannten Filmmagazins *Sintonia.* Das Magazin organisierte einen Radiowettbewerb und die Gewinnerin sollte in dem Hörspiel *La Gruta della Fortuna,* die Glückshöhle, mitwirken dürfen. Eva ging, wie viele ihrer Kolleginnen, zum Vorsprechen und hatte das Glück auf Kartulowicz persönlich zu treffen. Was sie zu ihm sagte, ist nicht bekannt, doch man weiß, dass sie sich auf der Stelle in den Chilenen slawischer Abstammung verliebte. Sie liebte ihn nicht nur, weil er groß, stark und warmherzig war und sie sich bei ihm geborgen fühlen konnte, sondern auch weil er Geld und Macht besaß. Genau so, wie Marilyn Monroe es Jahre später in dem Film *Blondinen bevorzugt* erklärte: »Geld ist ein Teil von ihnen, und mit dem Geld liebt man gleichzeitig den Mann.«

Eva erhielt die Rolle in dem Hörspiel und außerdem in der Folgezeit eine gute Publicity in dem Filmmagazin. Lange dauerte die Liebesgeschichte allerdings nicht. Juanita Quesada, eine junge Schauspielerin, die später mit Eva zusammen bei Radio Belgrano arbeitete, sagte einmal: »Evita hatte kein Glück mit Männern. Sie verfolgte und langweilte sie. Sogar als Kartulowicz bereits seine Wochenenden mit anderen Mädchen verbrachte, lief sie ihm noch hinterher.«[60]

In der Folgezeit hörte man Eva Duarte, wie sie sich nannte, am Nachmittag in Seifenopern des Rundfunks, bei denen meistens arme Dienstmädchen vom Lande den Sohn ihres Herrn eroberten. Ihre schrille und gebrochene Stimme brachte die armen Frauen zum Weinen und die Reichen zum Lachen. Es folgten Auftritte in

Werbespots, Reklamefotos und Berichte in Klatschmagazinen. Einige Zeit später bekam sie eine eigene Sendung mit dem Titel *Heldinnen der Geschichte*, eine politische Soap-Opera, für die sie Frauen wie Sarah Bernhardt, der Zarin Alexandra und Maria Stuart ihre Stimme lieh. Das war endlich der lang ersehnte Durchbruch. Die Serie entwickelte sich zur Kultsendung, und Eva Duarte, die sich von nun an »Evita« nannte, erlangte nationalen Ruhm. Sie verdiente gut, mietete sich eine Wohnung und begann 1943 ein Verhältnis mit dem Oberstleutnant Anibal Francisco Imbert.

Am 22. Februar 1944 lernte Evita Juan Domingo Perón kennen. Er nahm als Ehrengast an einer Wohltätigkeitsveranstaltung in Buenos Aires teil, die für die Opfer der Stadt San Juan veranstaltet wurde. Bei einem Erdbeben am 15. Januar 1944 hatten Zehntausende aus dieser Stadt ihr Leben verloren. Oberst Perón war ein hochgewachsener, stämmiger Mann, 48 Jahre alt, verwitwet und gerade mit der berühmten »Königin des Tango«, der Tänzerin und Schauspielerin Libertad Lamarque liiert.

Perón wurde am 8. Oktober 1895 geboren und war somit 24 Jahre älter als Evita. Als junger Mann hatte er das Colegio Militar, anschließend die Escuela Superior de Guerra besucht, und sich 1930 an einem Militäraufstand gegen Präsident Hipólito Irigoyen beteiligt. Anschließend wurde er Privatsekretär des Kriegsministers und unterrichtete später an der Escuela Superior de Guerra. Danach wurde er zum Militärattaché in Berlin ernannt, veröffentlichte fünf Bücher über die Geschichte des Militärs und reiste nach Italien, um die Kriegsführung im Hochgebirge zu studieren. Bei seiner Rückkehr nach Argentinien im Jahr 1941 schloss sich Perón, ein Bewunderer des italienischen Faschisten und Diktators Benito Mussolini, mit anderen Offizieren in einer Militärjunta zusammen, die im Juni 1943 in einem Staatsstreich den konservativen Ramón Castillo stürzte. General Edelmiro Farrel wurde neuer Präsident.

An jenem 22. Februar 1944, an dem Perón und Evita sich kennenlernten, hatte er das außerplanmäßige Ministeramt für Arbeit und Wohlfahrt inne. Als er seine Rede hielt und den Kontrast zwischen den »Leiden der Arbeiter und dem guten Leben vieler Potentaten«[61] anprangerte, begeisterte er wie üblich sein Publikum. Wie immer hatte er großen Wert auf sein Aussehen gelegt, trug eine blendendweiße Uniform, eine ebensolche Offiziersmütze und schwarze, blankpolierte Stiefel. Und wie immer ergänzte er sein tadelloses Äußeres mit einem strahlenden Lächeln – so offen und herzlich, dass niemand auf die Idee gekommen wäre, dass er es bei jeder Gelegenheit wie auf Knopfdruck aufzusetzen vermochte. Auch Eva Duarte hatte der Rede Peróns gelauscht und anschließend begeistert applaudiert. Dieser Mann, der sie von seinem gepflegten Äußeren und seinem selbstbewussten Auftreten her sehr an ihren Vater erinnerte, sprach ihr aus tiefster Seele: Die Rechte und den Besitz der Reichen zugunsten der Armen und Unterprivilegierten zu beschneiden – was für eine ausgezeichnete, was für eine geniale Idee!

Es gibt verschiedene Versionen, wie sich Eva Duarte und Juan Perón an diesem Abend kennenlernten. Das liegt daran, dass mehrere Personen von sich behaupten, die beiden miteinander bekannt gemacht zu haben. Berücksichtigt man jedoch Evas eigenen, ausgeprägten Willen und die Tatsache, dass Perón in Begleitung ihres aktuellen Liebhabers Anibal Francisco Imbert war, wird die nahe liegendste Variante auch zur glaubwürdigsten: Unverwandt beobachtete die 24-jährige den Minister, der nun die Bühne verließ und sich im Kreise einiger Militärs, niederließ – unmittelbar neben Oberstleutnant Anibal Francisco Imbert. Zufall oder Schicksal? Das war Eva gleichgültig. Sie wollte diesen Mann, und sie war fest entschlossen, die Gelegenheit zu nutzen. Zielstrebig drängte sie sich durch die Menge. Imbert war zwar erstaunt, seine Geliebte so plötzlich neben sich zu sehen, hatte jedoch keine andere Wahl als sie dem bereits aufmerksam gewordenen Minister vorzustellen. In seinen Memoiren verriet Perón, welches die ersten Worte waren, die sie damals an ihn richtete: »Danke, dass es Sie gibt.« Und Minuten später: »Wenn Sie, wie Sie sagen, die Sache des Volkes zu Ihrer eigenen Sache gemacht haben, dann werde ich, wie groß das

Opfer auch immer sein mag, nie von Ihrer Seite weichen, bis ich sterbe!«[62] Noch in der gleichen Nacht wurde Eva Duarte Peróns Geliebte, und sie war fest entschlossen, diese Beziehung so schnell wie möglich zu festigen.

Sie kannten einander erst ein paar Wochen, als Perón eines Abends nach Hause kam und zu seiner größten Überraschung feststellte, dass Eva bei ihm eingezogen war. Neben seinen Uniformen und Anzügen hingen ihre Kleider im Schrank und im Badezimmer standen neben seinem Rasierzeug ihre Cremetiegel und Parfümflakons. Als er sich nach dem Verbleib Libertad Lamarques erkundigte, die immerhin morgens, als er die Wohnung verlassen hatte, noch da gewesen war, entgegnete Eva: »Die habe ich nach Mendoza zurückgeschickt.«[63] Perón nickte und nahm, ohne ein weiteres Wort zu verlieren, ihre Entscheidung hin – eigentlich höchst zufrieden mit der Entwicklung. Tatsächlich hatte Eva es in der kurzen Zeit verstanden, sich ihm unentbehrlich zu machen. Sie ertrug seine Witze, kurierte seine Wehwehchen, gab sich besorgt oder zärtlich – je nachdem, was gerade angebracht war. Außerdem bewunderte sie ihn rückhaltlos und vertrat politisch haargenau die gleichen Ansichten wie er. Und was die Sexualität anging: Beide hielten Macht für weitaus erregender als Sex. So harmonisierten sie nicht zuletzt auch in dieser Beziehung perfekt miteinander.[64]

Am 27. März 1945, als die Niederlage Deutschlands und Japans nur noch eine Frage der Zeit war, erklärte der argentinische Präsident Edelmiro Farrel diesen beiden Mächten den Krieg. Dennoch wurde Argentinien nachweislich ein beliebtes Ziel flüchtiger Nazi-Verbrecher. Farrel bot prominenten und unbekannten Nazis Asyl an und half ihnen unterzutauchen. Eine speziell eingesetzte, unter unverfänglichem Namen agierende Behörde kümmerte sich um die Integration dieser Flüchtlinge, von denen später behauptet wurde, ihre Zahl sei in die Tausende gegangen. Außerdem, so hieß es, hätten die Nazis einen sagenhaften Goldschatz in Argentinien deponiert, an dem sich auch Perón und Evita bereichert hätten. Für diese Behauptung gibt es bis heute viele Gerüchte, aber keine Beweise.

1997 entschloss sich die argentinische Regierung, der Sache auf den Grund zu gehen, und berief eine mit Historikern besetzte Kommission, die die argentinischen Verstrickungen mit den Nazis klären sollte. Nach zwei Jahren legte die Kommission ihre recht mageren Resultate vor: Danach hat Argentinien zwar nicht Tausenden, aber doch 180 gesuchten Nazis und Kollaborateuren Asyl angeboten: 30 Deutschen, 50 Kroaten (Angehörigen der Ustascha-Miliz), 100 Franzosen und Belgiern. Zahlungen, Güter- oder Goldtransaktionen in großem Stil und in Zusammenhang mit gewährtem Asyl konnten nicht nachgewiesen werden. Jüdische und antifaschistische Kreise sind jedoch bis heute überzeugt, dass die Kommission nur einen Bruchteil über Argentiniens Nazi-Verstrickungen zu Tage förderte. Beweise konnten sie dafür allerdings nicht vorlegen.[65] Somit ist noch immer nicht geklärt, ob Evitas spätere Schmuckschatulle – oder sollte man lieber Truhe sagen? – aus besagtem Nazi-Schatz finanziert wurde. Fest steht jedoch, dass zu dem Zeitpunkt, zu dem der Schatz aufgetaucht sein soll, Perón noch nicht Regierungschef Argentiniens war, wie vielfach behauptet wird, und Evita noch nicht einmal mit ihm verheiratet.

Doch die Beziehung zu Perón brachte Eva ohnehin Vorteile – auch schon vor der Ehe. So bekam sie kurz nach dem Bekanntwerden der Affäre ihre erste Hauptrolle angeboten in einem Film mit dem fast prophetischen Titel *Die Verschwenderin.* Immerhin, Eva wusste sich zu bedanken. In ihrer einstündigen täglichen Radio-Show warb sie leidenschaftlich für das politische Programm ihres Liebhabers, der mehr soziale Gerechtigkeit und eine unabhängige, starke Wirtschaft forderte. »Ich habe mich fanatisch Perón und seinen Idealen verschrieben«, erklärte sie ihren Zuhörern und fügte hinzu: »Ohne Fanatismus kann man nichts vollbringen.« Ihre emotionsgeladene Sendung begeisterte vor allem das einfache Volk, das Evita als »eine von uns« erkannte. Man akzeptierte sie und begann, sie zum Idol zu erheben.

Auch mit Juan Peróns politischer Laufbahn ging es steil aufwärts. Bei der Arbeiterklasse wurde er immer beliebter, seine Macht wuchs, er wurde Vizepräsident und Kriegsminister. Diese Entwicklung hatte allerdings zur Folge, dass sich der Widerstand seiner Militär-Kollegen gegen ihn formierte. Am 9. Oktober 1945 wurde Perón durch

»Ich habe mich fanatisch Perón und seinen Idealen verschrieben«, verkündete die spätere Eva Perón (1919-1952) im Rundfunk.

einen Militärputsch zum Rücktritt gezwungen, festgenommen und inhaftiert. Evita erhielt ein Auftrittsverbot. Sie war verzweifelt, aber nicht geschlagen und bereit, den Kampf aufzunehmen. Unermüdlich hielt sie Reden und appellierte an die Arbeiter, zu Perón zu halten. Es kam zu einem Generalstreik und schließlich zu dem berühmt gewordenen und von Evita organisierten »Marsch der Descamisados«, der Hemdlosen. Hunderttausende versammelten sich auf der Plaza del Mayo und sangen: »Oligarcas a otra parte, viva el macho de Eva Duarte« – Weg mit den Großgrundbesitzern, es lebe der Mann von Eva Duarte.[66] Die Descamisados schworen, die Arbeit erst wieder aufzunehmen, wenn Péron freigelassen worden sei und zu ihnen vom Balkon des Präsidentenpalastes gesprochen habe. Die Regierung lenkte schließlich ein und Péron bedankte sich vom Balkon des Palastes für die Treue seiner Anhänger. An diesem Abend machte er Eva den erhofften Heiratsantrag.

Vor der Eheschließung gab es für sie jedoch noch etwas Wichtiges zu besorgen: eine neue Geburtsurkunde. Undenkbar, mit einem Dokument vor den Standesbeamten zu treten, aus dem hervorging, dass sie eigentlich nicht Duarte, sondern Ibarguren hieß und ein uneheliches Kind war. Wie Evita das Kunststück fertig brachte, ist nicht bekannt. Fest steht allerdings, dass sie auf ihrer Hochzeit, die am 22. Oktober 1945 stattfand, eine Geburtsurkunde mit folgendem Inhalt vorlegte: Maria Eva Duarte – geboren am 7. Mai 1922 in Junín – Vater Juan Duarte – Mutter Juana Duarte geborene Ibarguren. Evita hatte sich also nicht damit begnügt ihren Nachnamen fälschen zu lassen, auch der Geburtsort, das Geburtsdatum und sogar der Vorname wurden geändert. Maria Eva, statt Eva Maria – das klang doch gleich viel christlicher und viel distinguierter.

Die reichen Grundbesitzer waren dennoch entsetzt. Schlimm genug, dass Perón sich mit dieser Schauspielerin eingelassen hatte, musste er sie nun auch noch heiraten, diese wegen ihrer zweifelhaften Vergangenheit gesellschaftlich untragbare Frau? Evita und Perón blieben von der Aufregung unberührt. Sie war es gewohnt, herumgeschubst zu werden, und er amüsierte sich lediglich. Als ihm seine Kameraden vom Militär klar machen wollten, wie sehr die Verbindung mit einer Schauspielerin seinem Ruf schadete, zuckte er die Schultern und antwortete: »Wäre es euch lieber, ich hätte mich mit einem Schauspieler eingelassen?«[67]

Am 11. Dezember fand die kirchliche Trauung statt. Danach machten sich die Peróns an die Arbeit, um ihr großes Ziel zu erreichen: Das Amt des Präsidenten. Am 26. Dezember gingen sie gemeinsam auf Wahlkampfreise.

Die Argentinier der 40er Jahre kannten Juan Perón als einen Mann, der keinen Widerspruch duldete. Er hatte sein »Arbeitsministerium« (das in der argentinischen Verfassung eigentlich gar nicht vorgesehen war) zur wahren Schaltstelle der Macht erhoben, indem er Mindestlöhne einführte und für anständige Lebensbedingungen der ehemals rechtlosen Landarbeiter sorgte, die er per Dekret aus den Resten feudaler Leibeigenschaft befreit hatte. Auf einer Wahlkundgebung zog Perón, einem spontanen Impuls folgend, das Jackett aus – ein für argentinische Verhältnisse skandalöses Verhalten, für das man in einer öffentlichen Parkanlage verhaftet werden konnte – und krempelte sich die Hemdsärmel hoch. Die Massen tobten vor Begeisterung. Die von den Großgrundbesitzern als »Hemdlose« beschimpften Unterschichten fühlten sich zum ersten Mal von einem Politiker verstanden, umworben und vertreten. Entsprechend jubelten sie Perón zu, wo immer er während seiner Wahlkampfreise auftauchte. Neu an einer derartigen Kampagne war die Anwesenheit der Ehefrau. Das hatte es in Argentinien noch niemals gegeben und verdeutlicht eindrucksvoll, wie sehr die Peróns ihre Popularität nutzten. Die Wahl musste gewonnen werden. Gemeinsam – das wussten sie – waren sie unschlagbar. Tatsächlich brachte die Wahl vom 24. Februar 1946 einen klaren Sieg Peróns über seine politischen Gegner. Mit 56 Prozent der Stimmen hatte Argentinien ihn zum Präsidenten gewählt – und Evita, die Frau an seiner Seite, zur neuen First Lady.

Nach der Zeremonie der Amtseinsetzung zogen sich Evita und Perón in ihre neue Residenz zurück: den Unzué-Palast, ein Schloss mit 283 Zimmern inmitten eines herrlichen Parks. Zufrieden besichtigten sie ihr neues Zuhause. Perón bewunderte die Marmortreppe, die, flankiert von einem schmiedeeisernen Geländer, im weiten Bogen in den ersten Stock hinaufführte. »Los«, sagte er. »Lass uns ein Wettrutschen auf dem Geländer machen. Du rutschst links, ich rutsche rechts.« Beide liefen die Treppe empor, setzten sich jeweils auf ihre Geländerseite und rutschten nach unten. Eine Angewohnheit, die sie in den nächsten Jahren beibehalten sollten.

Schnell zeigte sich nun allerdings, wie umstritten Evitas Rolle als Präsidentengattin war. Von den Armen, den »Descamisados« verehrt, lehnten die Reichen sie rundweg ab. »In unseren Kreisen hat man über Evita gelästert«, verrät Geschäftsmann Roberto T. Alemann, unter anderem Herausgeber des deutschsprachigen *Argentinischen Tageblatts* in Buenos Aires. Dabei ging es in erster Linie natürlich um die Ungeheuerlichkeit, dass die First Lady Argentiniens sich schlichtweg nach oben geschlafen hatte. Abgesehen davon hielt man sie für eine Barbarin und Demagogin, fürchtete ihren Einfluss auf den Präsidenten und ihren Instinkt für die Stimmungen und Bedürfnisse Besitzloser.

Aus diesen Gründen waren die Damen der Gesellschaft auch nicht bereit, Eva den Vorsitz des Wohltätigkeitsvereins »Sociedad de Beneficiencia« zu überlassen, obwohl das Amt immer von der Gattin des Präsidenten bekleidet worden war. Natürlich musste eine Ausrede gefunden werden, Eva von dieser Tradition auszuschließen. Sie sei zu jung, hieß es offiziell. Señora Perón war einerseits gekränkt. Andererseits zeigte sie sich aber auch erleichtert, die Verachtung dieser Damen nicht ständig spüren zu müssen. Außerdem hielt sie den Wohltätigkeitsverein ohnehin für fragwürdig und bigott. So war man sich zumindest in der gegenseitigen Abneigung einig. Das bedeutete jedoch noch lange nicht, dass Evita diese Beleidigung stillschweigend hinnahm. Am 6. September 1946 wurde die Sociedad de Beneficiencia von der Regierung aufgelöst. Die offizielle Begründung lautete, dass die Aufgaben des immerhin vom

Staat subventionierten Vereins nun von der Regierung übernommen werden sollten. Kurz darauf zog die Gattin des Präsidenten in das ehemalige Ministerbüro ihres Mannes, benannte ihren eigenen Stab und begann mit ihrer sozialen Tätigkeit im Interesse der Armen. Eine ihrer ersten Maßnahmen betraf die Uniformen der Waisenkinder, die abgeschafft und gegen kindgerechte Kleidung eingetauscht wurden. Schon bald munkelte man hinter vorgehaltener Hand, dass die Sociedad de Beneficiencia Gelder der Wohltätigkeits-Lotterie veruntreut habe, und dass die Waisen und die ledigen Mütter für einige Mitglieder des Vereins ein lohnendes Geschäft gewesen wären. Namen wurden in diesem Zusammenhang allerdings nicht genannt, es kam zu keiner Anklage und niemand wurde zur Rechenschaft gezogen.

Von Anfang an hatte zwischen Evita und ihrem Mann eine hervorragende Arbeitsteilung geherrscht. Während er sich um die Geschicke des Landes kümmerte, widmete sie ihre Zeit den Menschen, die sie an die Macht gebracht hatten. »Ich bin die Brücke zwischen Perón und dem Volk«, pflegte sie zu sagen. »Schreitet über mich.«[68] So ergänzten sie sich perfekt, was jedoch zugleich bedeutete, dass sie aufeinander angewiesen waren. Um an die Macht zu kommen, hatten sie einander gebraucht und genauso brauchten sie einander, um an der Macht zu bleiben.

Die Peróns betrieben eine Politik, die den nationalen Wohlstand durch sozialen Ausgleich anheben wollte. Mit Lohnerhöhungen, einer verbesserten Sozialversicherung, billigen Wohnungen und Veränderungen im Arbeitsrecht machten sie Gewerkschaften von sich abhängig und sicherten sich die Zustimmung der Unterschichten. Einen entscheidenden Pfeiler der Macht bildeten auch die Streitkräfte. Perón erhöhte die Gehälter der Militärs und die Militärausgaben; Offizieren eröffnete er Chancen zum Aufstieg. Alle diese Wohltaten verkündete er mit großem demagogischem Geschick, so dass die Massen ihm zujubelten. Doch gleichzeitig nahmen Willkürmaßnahmen zu. Die Politik der Peróns nahm immer stärker diktatorische Züge an. Die Opposition konnte sich nicht entfalten, sondern wurde im Gegenteil bespitzelt, verfolgt, verschleppt, gefoltert und ermordet.

Ohne jemals ein offizielles Amt zu bekleiden, arbeitete Eva Perón in diesem Regime de facto als Gesundheits- und Arbeitsministerin. Zu ihren Verdiensten gehörten unter anderem die Regelung der Urlaubsgeld- und Lohnfortzahlung im Krankheitsfall, die Reform des Gesundheitswesens und erfolgreiche Aktionen gegen Tuberkulose sowie Malaria.

Schon bald verehrten die Descamisados und die Gewerkschaften ihre First Lady wie eine Heilige und lagen ihr zu Füßen. Auch die kaum zu übersehende Verschwendungssucht Evitas, die für Garderobe und vor allem Schmuck ein Vermögen ausgab, konnte daran nichts ändern. Als der spanische Diktator Franco sich zu einem Staatsbesuch in Argentinien aufhielt, beobachtete er staunend, dass Eva sich für ein Treffen mit Arbeitern elegant kleidete und mit Schmuck geradezu behängte. Darauf angesprochen, lachte sie nur: »Die Armen lieben es, mich hübsch zu sehen. Sie wollen nicht von einer schlecht gekleideten Alten beschützt werden. Sie träumen von mir und ich darf sie nicht enttäuschen.«[69]

Aber die Armen Argentiniens spürten auch deutlich, dass sie in Evitas Leben eine wichtige Rolle spielten, wenngleich ihnen die wahren Beweggründe für das Engagement ihrer Landesmutter verborgen bleiben sollten. Evita handelte nicht aus reiner Menschenfreundlichkeit und Nächstenliebe. Für sie waren die Unterprivilegierten Argentiniens der Garant für ihre Machtposition. Solange die Descamisados bei Laune gehalten wurden, war ihr »Thron« und der ihres Mannes nicht in Gefahr. Und dass sie mit ihrer sozialen Fürsorge zugleich der verhassten Oberschicht ein Schnippchen schlug, war ein gleichfalls nicht zu unterschätzender Nebenaspekt.

Evas politische Maßnahmen kamen zwar immer dem Volk zugute, dienten jedoch stets dem Ausbau der perónistischen Macht. Unter diesem Gesichtspunkt begann die Präsidentengattin, sich auch sehr engagiert für die Frauen Argentiniens einzusetzen. Evita befreite sie aus ihrer traditionell dienenden und unterwürfigen Rolle und ließ Frauenzentren errichten. So entstanden Zufluchtsheime für Dienstmädchen, die im Argentinien der 40er Jahre noch immer ein rechtloses Dasein fristeten und ihren Arbeitgebern weitgehend ausgeliefert waren. Evita gründete Frauengewerkschaften und eine Frauenpartei, die »Partido Perónista Femenino«. Als sie für die Frauen Argentiniens im Januar 1947 das Wahlrecht durchsetzte, schäumten die Sozialisten vor Wut. Jahrelang hatten sie um dieses Recht vergeblich gekämpft und nun kam diese vulgäre, zweifelhafte Person und verkündete es einfach. Nein, in ihren Augen hatte das auf diese Weise erlangte Recht keinen wirklichen Stellenwert, war nichts, worauf man stolz sein konnte. Dagegen hielten die meisten Frauen ihr neu erlangtes Recht nicht für zweitklassig, nur weil es von einer ehemaligen Schauspielerin durchgesetzt worden war. Recht blieb schließlich Recht – und so jubelten sie ihrer Evita ein weiteres Mal begeistert zu. Die nahm die Huldigungen strahlend entgegen. Und sie hatte auch allen Grund dazu. Immerhin war es ihr, mit nicht viel mehr als ein paar einfachen Federstrichen, gelungen, die Zahl ihrer potenziellen Wähler zu verdoppeln. Die Frauenpartei und die Frauengewerkschaft CGT wurden von nun an zu wichtigen und verlässlichen Stützen der Peróns.

Der spanische Caudillo Francisco Franco, der ein Jahr zuvor in Argentinien gewesen war, lud zu einem Gegenbesuch ein. Perón, der sich gerade um bessere Beziehungen zu den Großmächten bemühte, erschien es jedoch politisch unklug, in das seit der Machtübernahme Francos außenpolitisch geächtete und isolierte Spanien zu reisen. Eva sollte als seine Vertreterin fahren und um den eigentlichen Grund der Reise zu verschleiern – Hilfe für das Not leidende Spanien –, suchte man nach zusätzlichen Einladungen aus anderen Ländern. Schließlich stellten sich Frankreich und der Vatikan zur Verfügung. Ein gewisser Pater Benítez war eigens zum Papst gereist, um der »argentinischen Magdalena«, wie Evita in Rom genannt wurde, eine Audienz zu verschaffen. Im eigenen Land wurde Evas Reise damit begründet, sie wolle einen »Regenbogen der Schönheit« zwischen beiden Kontinenten spannen.

Im Juni 1947 flog Eva nach Madrid. Von der Kritik ihrer Gegner, dass ihre prächtigen Kleider und ihr unübersehbar kostbarer Schmuck im vom Welt- und Bürgerkrieg ausgebluteten Europa auf Unverständnis stießen, ließ sie sich nicht beeinflussen. Aus ihrer Sicht sollte sie sogar recht behalten. Hätte sie sich damals, wie verlangt, mit vornehmer Zurückhaltung gekleidet, wäre ihr Staatsbesuch weitgehend in Vergessenheit geraten. So aber spricht man in Spanien noch heute von der Aufsehen erregenden Evita. Auch der Franco-Gattin Doña Carmen dürfte die prächtig herausgeputzte Eva Perón, der die Spanier begeistert zujubelten, ein Dorn im Auge gewesen sein. Für die vornehme Carmen Polo war Evita ein Emporkömmling mit einer zudem höchst unmoralischen Vergangenheit. Daher ging sie – entgegen ihrer sonstigen Gewohnheit – diesem Staatsgast, so weit es die Höflichkeit zuließ, aus dem Weg. Auch Evita wird sich nicht gerade um die Gesellschaft der ewig schwarzgekleideten und perlenbehängten Franco-Gattin bemüht haben. Für sie war Carmen eine typische »Dame der Gesellschaft«, die sich aufgrund ihrer Herkunft und unter dem Deckmäntelchen der Moral und der Religion das Recht herausnahm, überheblich auf eine Frau wie sie herabzublicken. Daher war es fast ausschließlich Franco, der neben Evita stand, wenn sie ihre zündenden Reden an das Volk hielt, und der sich – wie Juan Perón in Argentinien – in dem Jubel der Massen sonnte, der eigentlich ihr galt. Damit hatte er aber immerhin einen angenehmeren Part als seine Ehefrau Doña Carmen, die es vorzog, neiderfüllt aus der Ferne zuzusehen.

Die Spanienreise wurde für Evita zu einem einzigen großen Triumphzug. Wo immer sie auftauchte, jubelten die Menschen ihr zu, da sie ihnen argentinisches Getreide und Fleisch versprach. Tatsächlich verdiente Argentinien nicht schlecht an Evitas »Werbefeldzug« durch das kriegszerstörte, ausgehungerte Europa, das die argentinischen Überschüsse an Getreide und Fleisch aufkaufte. Und als die Präsidentengattin in ihre Heimat zurückkehrte, zögerte sie nicht lange, sich einen Anteil am Gewinn zu sichern. Wie üblich war sie aber auch bereit, ein Teil dieses Geldes wieder in ihre Wähler zu investieren. Sie gründete die Eva-Perón-Stiftung, eine soziale Wohlfahrtseinrichtung, die von nun an durch den Bau von zahlreichen Sanatorien, Krankenhäusern, Altersheimen, Schulen, Kinderheimen und Ferienkolonien von sich reden machte. Finanziert wurde das Ganze durch Spenden und den argentinischen Staat, der zu dieser Zeit zu den reichsten der Erde gehörte. Die Methoden, mit denen Evita die wohltätigen Gelder eintrieb, waren allerdings etwas zweifelhaft: Wer nicht freiwillig gab, wurde massiv bedroht und diffamiert. Wenn Evita mit Tränen der Rührung in den Augen anlässlich der Einweihung eines neuen Krankenhauses oder Altenheims eine Rede hielt, vergaß sie nie zu erwähnen, dass all diese Herrlichkeiten nur der großen Liebe Peróns für sein Volk zu verdanken waren. Feuchte Augen waren bei diesen Veranstaltungen ein Muss und die so entfesselten Emotionen verliehen der jeweils neu eingeweihten Institution einen noch strahlenderen Glanz.

Wann Evita die ersten Symptome ihrer Krankheit zu spüren begann, ist wegen der sich wiedersprechenden Quellen heute nur noch schwer zu bestimmen. Zwei ihrer Biographen geben das Jahr 1947 an. Dieses frühe Datum scheint allerdings eher unwahrscheinlich. Juan Perón spricht in seiner Biographie dagegen von 1949, das würde bedeuten, dass er mehr als ein Jahr Evita nicht drängte, sich zu schonen und sich in ärztliche Behandlung zu begeben. In einer dritten Version wird der 9. Januar 1950 genannt und dieses Datum scheint der Wahrheit am nächsten zu kommen. An jenem Tag fiel Evita auf einer öffentlichen Veranstaltung in Ohnmacht und wurde anschließend von Dr. Oscar Ivanissevich – Arzt und zugleich Erziehungsminister des Regimes – untersucht. Die Diagnose lautete Blinddarmentzündung. Während der drei Tage später stattfindenden Operation stellte Ivanissevich fest, dass seine Patientin außerdem unter Gebärmutterkrebs litt. Evita lehnte jedoch eine weitere Operation rundheraus ab und schien die Krankheit einfach ignorieren zu wollen. Als der Arzt sie Monate später noch einmal darauf ansprach und erneut zu einer Operation drängte, versetzte sie ihm mit ihrer Handtasche einen Schlag auf die

Wange. Eva negierte die Krankheit einfach. Vielleicht weil sie sich allmächtig fühlte und glaubte, auch den Krebs unter Kontrolle zu haben, vielleicht aber auch, weil sie ihren Feinden nicht die Freude machen wollte, aufzugeben. »Ich denke nicht daran, das Bett zu hüten und Kräutertees zu trinken«, war ihre einzige Bemerkung zu dem Thema. »Die Leute brauchen jetzt meine Hilfe und so will ich sterben.«[70]

Am 22. August 1951 kam es in Buenos Aires zu einer Großveranstaltung der Gewerkschaften, auf der Perón seine neuerliche Kandidatur für die Präsidentenwahl im November 1951 bekannt geben sollte. Fast eine Million Menschen versammelten sich vor der großen Tribüne; es herrschte Volksfeststimmung. Juan Perón begann mit seiner Rede, wurde jedoch immer wieder von Evita-Rufen unterbrochen. Als er geendet hatte, verlangte das Volk, dass Evita sich als Kandidatin für die Vizepräsidentschaft aufstellen lassen sollte. Diese Forderung war zwar nicht neu, doch bisher hatten weder Perón noch seine Frau dazu Stellung genommen.

Evita versuchte, Zeit zu gewinnen. Natürlich hätte sie die Kandidatur gern angenommen und über den Ausgang der Wahl konnte es auch keinen Zweifel geben, aber es sprach einfach zuviel dagegen: Zum einen sperrte sich das Militär, dass auf keinen Fall bereit war, eine ehemalige Schauspielerin als Vizepräsidentin zu akzeptieren. Zum anderen ließ ihre Krankheit eine Kandidatur nicht ratsam erscheinen – auch wenn in einer offiziellen Erklärung nur von »fortgeschrittener Anämie« die Rede war. Dennoch hätte sie die Kandidatur angenommen, denn über die Wünsche des Militärs hatten sich die Peróns schließlich schon des öfteren hinweggesetzt. Und was die Krankheit betraf, versprachen die Ärzte durch eine Operation eine deutliche Besserung, wenn nicht sogar Heilung. Der wahre Grund war, dass sich Juan Perón deutlich gegen ihre Kandidatur ausgesprochen hatte. Seine Frau war ihm schlicht und einfach zu mächtig geworden.

Das Volk bestand jedoch an diesem 22. August auf einer Antwort. Stundenlang hielt Evita ihre Anhänger hin, immer noch darauf hoffend, dass Perón es sich anders überlegte. Doch er schüttelte nur den Kopf. Und als ihm die Angelegenheit zu lange dauerte, sagte er kurz und bestimmend: »Lasst uns endlich ein Ende machen. Basta.«[71] Evita vertröstete ihre Anhänger und versprach ihnen, ihre endgültige Entscheidung in wenigen Tagen bekannt zu geben. Beim Verlassen der Tribüne fiel sie vor Schmerzen, aber sicher auch wegen der verlorenen Illusion in Ohnmacht. Wenige Tage später verzichtete sie in einer Radioansprache auf die Kandidatur.

Trotz ihrer angeschlagenen Gesundheit unterstützte Evita ihren Mann bis zur Erschöpfung im Wahlkampf. Er brauchte sie, um zu gewinnen, auch wenn er davon offensichtlich nichts mehr wissen wollte. Die Beziehung zwischen Evita und Perón hatte sich deutlich abgekühlt. Einer der Gründe hierfür mag seine Eifersucht auf ihren Erfolg gewesen sein. Ein anderer war aber sicherlich seine panische Furcht vor ihrer Krankheit. Seine eigene hypochondrische Veranlagung machte es dem Diktator scheinbar unmöglich, mit der Erkrankung seiner Frau zu leben. Also zog er sich weitgehend von ihr zurück und trug, wenn er nicht umhin kam, ihre Räume zu betreten, einen Mundschutz. Ihm muss jedoch auch klargewesen sein, dass er seine Wiederwahl nicht alleine schaffen konnte. Die Wirtschaft Argentiniens steckte mittlerweile in einer tiefen Krise, da die profitablen Absatzmärkte verloren gegangen waren. Europa konnte sich wieder selbst ernähren.

Am 28. September versuchte Benjamin Menéndez einen Militärputsch, scheiterte jedoch an den Anhängern Evitas, die zur Unterstützung der perónistischen Macht aufmarschierten. Noch einmal hatten die getreuen Gefolgsleute seiner Frau Perón gerettet und sorgten auch dafür, dass er im November 1951 von einer großen Mehrheit wieder gewählt wurde. Die Kandidaten der Perónisten gewannen im Abgeordnetenhaus 135 von 149 Sitzen.

Die lange hinausgeschobene Operation, der Evita sich unterzog, brachte nicht den erhofften Erfolg, so dass sich ihr Gesundheitszustand Anfang 1952 dramatisch verschlechterte. In der Öffentlichkeit ließ sie sich nur noch zweimal sehen, anlässlich ihres Geburts-

Während des Präsidentschaftswahlkampfes 1951 verlangte das Volk, Evita solle Vizepräsidentin werden. Auf den Wahlveranstaltungen war sie jedoch schon todkrank.

tages am 7. Mai und am 4. Juni, als Perón den Amtseid seiner zweiten Präsidentschaft ableistete.

Damit Evitas Schmerzensschreie ihren Mann nicht stören konnten, hatte man sie schon Anfang des Jahres in einem abgelegenen Zimmer des Unzué-Palastes untergebracht. Perón besuchte sie selten dort. Statt dessen kümmerte sich ihre Familie um sie. Mutter, Schwestern und Bruder wechselten sich ab und saßen Stunde um Stunde am Bett der bis zum Skelett abgemagerten Kranken. Evita Perón starb am 26. Juli 1952 im Alter von 33 Jahren. Ihre letzten Worte waren: »Eva geht fort.«

70 000 Menschen defilierten an der in einem duftenden Blumenmeer aufgebahrten Evita vorbei, um ihr die letzte Ehre zu erweisen. Zwei Millionen Menschen schluchzten und beteten, als ihr gläserner Sarg durch die Straßen von Buenos Aires gefahren wurde.

Mit ihrer faszinierenden Ausstrahlung auf die Massen war Evita die perfekte Ergänzung für den diktatorisch herrschenden Juan Domingo Perón, umgekehrt war er der perfekte Partner für sie, weil er der ehrgeizigen aber zweitklassigen Schauspielerin allen Anfeindungen der »guten Gesellschaft« zum Trotz die Wandlung zur Heiligen ermöglichte, die ihr Leben den Armen widmete. Allerdings verbarg sich hinter der Fassade des wohltätigen Engels zugleich eine Frau, die skrupellos ihren Weg ging, rücksichtslos intrigierte und sich hemmungslos nahm, was sie wollte: Reichtum und Macht.

Die Obererzieherin der DDR

Margot Honecker

Berlin am 9. November 1989 – eine Stadt im Freudentaumel. Sektkorken knallten, Tränen flossen, Kerzen wurden angezündet. Der verhasste »antifaschistische Schutzwall«, wie die DDR die Mauer offiziell bezeichnete, wurde von einer tanzenden und singenden Menschenmenge gestürmt und fiel. »Ein Triumph der Freiheit«, darüber bestand und besteht Einigkeit.

Für Margot Honecker, ehemalige First Lady und 26 Jahre lang Ministerin für Volksbildung in der DDR, bedeutete der Fall der Mauer das Ende ihrer politischen und damit auch beruflichen Karriere. Ihre Verbitterung über den Untergang der DDR und die Wiedervereinigung Deutschlands war so groß, dass sie schon bald ihr Heimatland verließ und nach Santiago de Chile zog, wo ihre Tochter wohnt. Seitdem lebt sie in einer komfortablen Villa und von der Außenwelt abgeschirmt durch eine zwei Meter hohe Mauer. Klingel und Namensschild fehlen. Die Sprechanlage am Eingangstor ist die einzige Möglichkeit, mit »Hexe Margot«, wie die DDR-Bürger sie gern nannten, in Verbindung zu treten – theoretisch, denn praktisch legt sie keinen Wert auf Besucher. Sie will nicht gestört werden, die Ex-Bildungsministerin, die Schüler mit militärischem Drill erziehen ließ, die Kinder von »Republikflüchtlingen« zur Zwangsadoption freigab und die noch im Juni 1989 die DDR-Jugend aufrief, »den Sozialismus zu verteidigen – notfalls mit der Waffe in der Hand«.[72]

Margot Feist erblickte am 17. April 1927 in Halle an der Saale, damals ein Industrie- und Eisenbahnzentrum, das Licht der Welt. Ihr Vater war in Schlesien geboren und nach seiner Lehre als Schuhmacher auf Wanderschaft gegangen. Irgendwann kam er nach Halle, lernte ein Mädchen kennen, heiratete und blieb. Zunächst hatte die Familie ihr Auskommen. Doch nach der Weltwirtschaftskrise von 1929, die auch in Halle eine sprunghaft steigende Zahl von Arbeitslosen mit sich brachte, verlor Schuhmacher Gotthard Feist seine Arbeit. Als das Geld knapp wurde, mussten er und die Seinen schließlich ihre einfache aber freundliche Wohnung gegen eine dunkle und muffige Hinterhof-Bleibe eintauschen – eine Küche, eine Schlafkammer, ein Durchgangsraum. Es gab Mäuse und Ratten, die Toilette war außerhalb der Wohnung. Ernährerin der Familie – 1930 kam noch ein Sohn hinzu – war vor allem die Mutter, die ihr Geld als Arbeiterin in einer Matratzenfabrik verdiente.

Margot Honecker, kurz nach der Wende in einem Interview zu ihren Jugenderinnerungen befragt, sagte damals: »Mein Vater wurde Mitglied der Kommunistischen Partei, war ständig unterwegs und musste untertauchen. Ich kann mich noch an die Hausdurchsuchungen der Gestapo erinnern. Das waren natürlich Angstpartien für uns. Ich habe meine Mutter immer wahnsinnig bewundert, die souverän blieb, und den Gestapo-Leuten den *Völkischen Beobachter* unter den Stuhl legte. 1933 wurde Vater verhaftet und wegen Hochverrat verurteilt. Er hat drei Jahre gesessen, kam dann aber nach Buchenwald und hat insgesamt sieben Jahre gesessen. Ganz plötzlich kam er aus Buchenwald wieder, wie viele, die dann entlassen wurden, und musste anschließend zu den 999. Er kam an die Westfront, damit er nicht überlaufen konnte.«[73] Margot Honecker hat diese Geschichte bereits zu DDR-Zeiten erzählt. Zweifel an ihrem Wahrheitsgehalt sind jedoch angebracht. So ist es unmöglich, dass der Vater 1936 nach Buchenwald kam, da das Konzentrationslager Buchenwald erst im Juli 1937 gegründet wurde. Und dass Gotthard Feist im Anschluss an seine Freilassung in das berüchtigte Strafbataillon 999 gezwungen worden sein soll, widerspricht einer anderen Aussage seiner Tochter, in der sie behauptet: »Nach dem Tod meiner Mutter musste ich für Vater und Bruder sorgen. Vater musste ja arbeiten gehen. Er hat in der Papierfabrik gearbeitet, eine schlimme, schwere Arbeit, und wurde später, trotz ›Wehrunwürdigkeit‹, Kommunist und Antifaschist, doch noch zur Wehrmacht eingezogen.«[74]

Wie viele offizielle DDR-Biografien ist auch diese Lebensbeschreibung Margot Honeckers geschönt. Sie sollte das Bild von einer lupenreinen klassenbewussten und klassenkämpferischen Frau entwerfen und so das ideologische Selbstverständnis von der DDR als fortschrittlichem Arbeiter- und Bauernstaat bestätigen. Da aber alle Angaben über die Kindheit und Jugend der ehemaligen First Lady der DDR von ihr selbst stammen, ist große Vorsicht bei der Auswertung dieser Quelle angebracht. Dazu einige Beispiele: Frau Honecker behauptete, gern zur Schule gegangen und eine ausgezeichnete und intelligente Schülerin gewesen zu sein. Sie absolvierte jedoch lediglich die Volksschule. Das Angebot eines Lehrers, sich nach Beendigung der Schule selbst zur Lehrerin ausbilden zu lassen, schlug sie angeblich aus, um nicht mit den Nationalsozialisten zusammen arbeiten zu müssen. Dem »Bund Deutscher Mädchen«, einer Organisation der Hitler-Jugend, gehörte Margot Feist zwar an, sie will jedoch niemals die Veranstaltungen besucht haben. Zweifel sind auch angebracht bei ihrer Aussage, sie habe ihren Vater während des Krieges bei seiner verbotenen kommunistischen Arbeit unterstützt und dabei Kurierdienste übernommen und geheime Treffen vermittelt. »Für uns war es damals alltäglich. Ich habe mich nie als Held gefühlt. Auch später nicht. Das gehörte zu meinem Leben.«[75]

Als die Luftangriffe auf deutsche Städte zunahmen, schickte der Vater seine beiden Kinder zur Großmutter nach Schlesien, das bisher vom Bombenhagel weitgehend verschont geblieben war. Dort arbeitete Margot als Telefonistin im Fernamt, da sie für die Munitionsfabrik zu zart war. Als die Sowjetarmee näherrückte, ging sie zu

Fuß mit ihrem Bruder nach Halle zurück. Bei Görlitz trafen sie auf die ersten Panjewagen der Sowjets. »Wir müssen schrecklich verhungert ausgesehen haben. Mein Bruder konnte nicht mehr laufen, er hatte Blutergüsse, den habe ich halb getragen. Dann haben uns die Sowjets ein Stück Brot gegeben.«[76] Vor der Roten Armee, die, wie aus vielen Augenzeugenberichten bekannt, plündernd, brandstiftend, mordend und vergewaltigend durch das Land zog, und vor der sich alle Frauen – junge wie alte – aus gutem Grund sorgfältig versteckt hielten, will Margot keine Angst gehabt haben. »Für mich gehörte das zu den Kriegswirren. Was sollte sein?«[77]

Am 7. Mai musste Deutschland bedingungslos kapitulieren. Die USA, Großbritannien, Frankreich und die Sowjetunion übernahmen die Verwaltung. Das Land wurde in vier Besatzungszonen aufgeteilt. Das Leben in der Nachkriegszeit war gekennzeichnet durch eine katastrophale Ernährungslage, einen durch die Zerstörung der Großstädte verursachten Wohnraummangel und umfangreiche Demontagen vor allem in der sowjetischen Besatzungszone. Gleichzeitig strömten Massen von Flüchtlingen und Vertriebenen ins Land, die ernährt, untergebracht und möglichst in die Gesellschaft integriert werden mussten. Doch während der Wiederaufbau in den westlichen Besatzungszonen schon bald durch das US-amerikanische Hilfsprogramm, den Marshallplan, erleichtert wurde, beuteten die Sowjets die von ihnen besetzte Zone (SBZ) immer weiter aus. Bewusst und zielstrebig gestalteten sie ihre Besatzungszone nach dem Vorbild der kommunistischen Sowjetunion um. Dabei waren sie auf die Unterstützung deutscher Kommunisten angewiesen.

Margot Feist, die gemeinsam mit ihrem Bruder über Dresden nach Halle zurückgekehrt war, erlebte das Kriegsende in der SBZ. Da die elterliche Wohnung ausgebombt war, kamen die Geschwister zunächst bei Verwandten unter. Hier erfuhren sie, dass der Vater in amerikanische Kriegsgefangenschaft geraten und mit seiner Heimkehr nicht unmittelbar zu rechnen war. Margot, die unter der Abhängigkeit von ihren Verwandten litt und natürlich wusste, dass

Wie ihr späterer Gatte Erich Honecker begann Margot Feist (geb. 1927) ihren Aufstieg nach Kriegsende in der Freien Deutschen Jugend (FDJ).

auch diese sich nicht gerade glücklich schätzten, zwei Mäuler mehr stopfen zu müssen, suchte für sich und ihren drei Jahre jüngeren Bruder nach einem Ausweg. Diesen fand sie in ihrem Beitritt zur KPD. Sie wusste, dass deren Mitglieder Arbeit, Wohnraum und außerdem, zusätzlich zu den gewöhnlichen Lebensmittelrationen, eine Art »sowjetischer CARE-Pakete« erhielten. Tatsächlich hielten die Genossen ihr Wort. Margot Feist bekam eine kleine Wohnung zugewiesen, die sie gemeinsam mit ihrem Bruder bezog, und erhielt eine Anstellung als Stenotypistin beim Landesvorstand des Freien Deutschen Gewerkschaftsbundes (FDGB) in Halle. Außerdem arbeitete sie ehrenamtlich beim antifaschistischen Jugendausschuss, aus dem sich im März 1946 die »Freie Deutsche Jugend«, kurz »FDJ« genannt, entwickelte. Mit einer Vielzahl von Einrichtungen und Aktivitäten, wie etwa Ferienlagern und Sportfesten, bemühte sich die FDJ, die Jugend zu einem staatsbürgerlichen Bewusstsein im Sinne des Marxismus-Leninismus zu erziehen, sie ideologisch und fachlich weiter- und vormilitärisch auszubilden.

Margot begriff rasch, dass man in diesem Teil Deutschlands am schnellsten zum Zuge kam, Armut und Bedeutungslosigkeit hinter sich lassen konnte, wenn man in die Politik ging – vor allem als junges und hübsches Mädchen. So schlug sie also unter den wohlwollenden und manchmal auch begehrlichen Blicken der sozialistischen Altkader der KPD die Funktionärslaufbahn ein und wurde 1946 in die Kreisleitung der FDJ gewählt. »Es gab in der Partei ja so wenig junge Leute wie mich«, erklärte sie später. »Dabei war es notwendig in dieser Zeit, mit den jungen Leuten zu arbeiten, sie zu gewinnen mitzumachen, Neues anzupacken, nicht mutlos zu sein.«

1946 war zugleich das Jahr der Zwangsvereinigung zwischen KPD und SPD. Gegen den Widerstand vieler Sozialdemokraten entstand so die von den Kommunisten beherrschte SED. Parteiführer wurden Wilhelm Pieck und Otto Grotewohl.

Mit Margot Feists Karriere ging es in dieser Zeit stetig bergauf. 1947, als sich das Scheitern einer gemeinsamen Deutschlandpolitik der vier Alliierten abzeichnete und die Politik in der SBZ zunehmend nach kommunistischen Vorstellungen gestaltet wurde, ernannte man sie zur Leiterin der Abteilung Kultur und Erziehung im FDJ-Landesvorstand. Zwei Jahre später wurde Genossin Feist auf einen Sonderlehrgang der Parteihochschule Liebenwalde geschickt. Anschließend – sie war erst 22 Jahre alt – rief man sie als jüngste Abgeordnete in die (damals noch provisorische) Volkskammer nach Berlin. Außerdem sollte sie den Vorsitz der Kinderorganisation »Junge Pioniere« übernehmen.

Margot verließ ihre Heimatstadt nur ungern. In Halle war sie zu Hause und kannte sich aus. Wie würde es ihr in Berlin ergehen? Der Mann, der sie dann letztlich überredete, die neue Position anzunehmen, war kein geringerer als der Erste Sekretär des FDJ-Zentralrats Erich Honecker.

Honecker wurde am 25. August 1912 in dem kleinen Ort Wiebelskirchen (heute ein Stadtteil von Neunkirchen) im Saarland geboren und war fünfzehn Jahre älter als Margot Feist. Sein Vater verdiente seinen Lebensunterhalt als Bergarbeiter und er selbst hatte eine Lehre als Dachdecker abgeschlossen. Der Tradition seiner »roten« Familie folgend, trat er 1926 dem Kommunistischen Jugendverband und 1929 der KPD bei. Anschließend nahm er an einer Parteischulung in Moskau teil und wurde von 1931 bis 1933 Sekretär des Jugendverbands der KPD. Nach der Machtübernahme durch die Nationalsozialisten leitete er den Widerstand seines Verbands in Süddeutschland. Zwei Jahre später wurde Erich Honecker verhaftet und vom Volksgerichtshof wegen Hochverrats zu zehn Jahren Gefängnis verurteilt. Erst im Jahre 1945 kam er aus dem Zuchthaus Brandenburg frei.

Nach Kriegsende wurde Erich Honecker Jugendsekretär des Zentralkomitees der KPD in Berlin, wo er mithalf – ebenso wie Margot Feist in Halle – die »antifaschistischen Jugendausschüsse« aufzubauen. Seit der Gründung der FDJ war er ihr Vorsitzender.

Erich Honecker und Margot Feist lernten einander durch ihre gemeinsame Arbeit kennen. Von Liebe war anfangs zwischen ihnen jedoch keine Rede – und so spielten private Gefühle für die Entscheidung, Margot nach Berlin zu holen, keine Rolle. »Erich war ja schon verheiratet und war ein großer Chef«, berichtete Frau Honecker später. »Eigentlich näher haben wir uns erst in Berlin kennen gelernt. Wir haben uns erst viel gestritten und das hat uns unter anderem auch näher gebracht. Ich war nicht immer seiner Meinung. Manchmal war ich im Sekretariat sogar diejenige, die als einzige gegen ihn stimmte.«[78]

Anlässlich des 70. Geburtstags von Stalin im Dezember 1949 schickte die am 7. Oktober gegründete DDR eine Glückwunsch-Delegation nach Moskau, die selbstverständlich nur aus bewährten und hochverdienten Genossen bestand. Auch Margot Feist und Erich Honecker gehörten dazu. »Wir waren tief beeindruckt von der Festveranstaltung im Bolschoi-Theater«, erzählten sie später. »Auf einmal erschienen Personen auf der Bühne. In der Mitte stand Stalin, als Vertreter der Sowjetmacht, dann kam Mao Tse-tung, als Vertreter der siegreichen Revolution in China. Wir fühlten die Kraft der kommunistischen Weltbewegung...«[79] Das war jedoch nicht alles, was sie auf dieser Moskaureise fühlten, denn nach der großen Geburtstagsfeier im Kreml kamen Margot und Erich sich endgültig näher.

1950 wurde Genossin Feist Kandidatin des SED-Zentralkomitees. Ein Jahr später brachte sie Tochter Sonja zur Welt. Der Vater des Kindes war Erich Honecker. »Er war ein guter Kamerad, er war sehr spontan und er war sehr liebevoll«, sagte Frau Honecker später. »Ich habe in meiner Jugend viele Entbehrungen in bezug auf Liebe gehabt. Meine Mutter ist ja bereits gestorben, als ich erst 14 Jahre alt war. Ich habe also eine schwere und lieblose Kindheit gehabt und habe bei ihm immer etwas Schutz gesucht.«[80] Und Erich Honecker meinte 1989 zu dem Thema: »Ich war erstens fasziniert, weil sie ein hübsches junges Mädchen war. Zweitens hat mich fasziniert, dass sie nicht nur ein hübsches Mädchen war und auch heute noch ein hübsche Frau ist, sondern dass sie in unserer kommunistischen Bewegung tätig war und auch eine Basis hatte.«

Die Gründe Margots sind nachvollziehbar. Sie wollte endlich ein

Zuhause haben, einen Menschen, der zu ihr gehörte. Und dass dieser Mensch außerdem ihrer Karriere förderlich sein könnte, mag ebenfalls zu ihrer Entscheidung beigetragen haben. Die Gründe Erich Honeckers liegen gleichfalls auf der Hand. Das junge, hübsche und lebhafte Mädchen gefiel dem um fünfzehn Jahre älteren und etwas schwerfälligen Genossen. Doch Erich Honecker war seiner Partnerin und späteren Ehefrau nicht immer treu, wie nach der Wende bekannt wurde. Bereits in den 50er Jahren, berichtete eine ehemalige Prostituierte aus Berlin dem *Tagesspiegel*, habe sie ein Jahr lang eine Affäre mit ihm gehabt. Anfangs sei er nicht zahlungswillig gewesen, später dann habe sie mal 50, mal 100 Mark erhalten. Und sie war offensichtlich nicht die einzige. Honeckers Leibwächter berichtete von einer Masseuse namens Erika, die seinen Dienstherrn dreimal pro Woche – montags, mittwochs und freitags – zu Hause massierte. Allerdings immer erst dann, wenn Margot Honecker aus dem Haus war. Mitte der 70er wurde jene Erika mit einer Finnhütte am Libbesicker See belohnt und bekam Fernseher, Plattenspieler und Videorekorder geschenkt. Von Margot Honecker sind solche außerehelichen Beziehungen nicht bekannt. Sie interessierte sich in erster Linie für ihre politische Karriere.

Als Margot und Erich Honecker sich näher kamen, war Erich jedoch nicht frei, sondern seit 1948 mit Edith Baumann, seiner Stellvertreterin im Zentralrat der FDJ, verheiratet. Die beiden hatten eine gemeinsame Tochter, die den Namen Erika trug. Die Partei drängte daher auf Klärung der Verhältnisse, Honecker sollte sich zwischen Edith und Margot entscheiden. Der Leiter des Politbüros, Otto Schön, warf die Frage sogar mehrmals im Sekretariat des Zentralkomitees auf. Da Honecker keine Wahl traf, verfügte das ZK schließlich, dass die Genossin Feist auf die Moskauer Komsomol-Hochschule geschickt werden sollte. Ihre gemeinsame Tochter Sonja war acht Monate alt, als Margot abreiste, und blieb in der Obhut von Honeckers Mutter zurück. Die Trennung schien dann schließlich die Entscheidung zu bringen. Erich Honecker ließ sich von Edith scheiden und heiratete 1953 Margot Feist. Kurz nach der

Hochzeit wurde die einstige Volksschulabsolventin und Stenotypistin Hauptabteilungsleiterin für Lehrerbildung im Volksbildungsministerium.

Auch für Erich Honecker wurde es Zeit – er war mittlerweile 40 Jahre alt – sich von der Jugendbewegung zu verabschieden. Zur weiteren Schulung besuchte er daher die Parteihochschule der KPdSU in Moskau. 1958, das Jahr seiner Rückkehr, wurde zu einem großen Triumph für die Honeckers: Die SED ernannte Margot zur stellvertretenden Volksbildungsministerin und Erich zum Mitglied des Politbüros. Er wurde außerdem Sekretär des ZK für Sicherheitsfragen. In dieser Funktion leitete er 1961 die Planung und Durchführung des Baus der Berliner Mauer. Seit der Gründung der DDR hatten etwa 2,7 Millionen Menschen das Land verlassen. Dieser »Abstimmung mit den Füßen« sollte nun Einhalt geboten werden. Daher begannen am Morgen des 13. August Volkspolizisten und Betriebskampfgruppen, von Osten her die Grenze zu den Westsektoren abzuriegeln. Pioniereinheiten legten Stacheldraht aus, das Pflaster wurde aufgerissen, mit weißer Farbe der Verlauf der Mauer auf den Boden gezeichnet. Die Baueinheiten rückten an: Mit Ziegelsteinen und Asphalt wurde die erste – noch provisorische – Absperrung errichtet. Eifrig fuhr Honecker von einem Ende der Sektorengrenze zum anderen, hielt kleine Reden, um die Truppen aufzumuntern. FDJ-Mädchen verteilten Blumensträuße an die »Kämpfer und Kommandeure«, um die Moral zu heben. »Später konnten wir befriedigt feststellen, dass wir nichts Wesentliches unberücksichtigt gelassen hatten«, erklärte Honecker zufrieden. »Die Operation hatte die Welt aufhorchen lassen.«

Ein Jahr später stieg Margot Honecker zur Volksbildungsministerin der DDR auf und wurde zugleich Mitglied des Zentralkomitees der SED. Mit aller Entschiedenheit sorgte sie dafür, dass von nun an in den DDR-Klassenzimmern die marxistisch-leninistische Ideologie zur alleinigen Richtschnur wurde. Für ihr Engagement erhielt sie im gleichen Jahr den Vaterländischen Verdienstorden in Gold.

1971, nach dem Rücktritt Walter Ulbrichts, trat Erich Honecker dessen Nachfolge als Erster Sekretär der SED und Vorsitzender des Verteidigungsrates an und übernahm 1976 als Vorsitzender des Staatsrates die Funktionen eines Staatsoberhauptes. Unterstützt und beraten wurde Erich Honecker in seiner Politik von seiner Frau, deren Einfluss auf ihn fast sprichwörtlich wurde.

»Margot Honecker war nicht ungefährlich. Sie hat es wohl gelegentlich genossen, damit Wirkung erzielen zu können. Erich Honecker war auch in dieser Hinsicht sehr viel gerechter«, sagte nach der Wende Honeckers Sekretär, Frank-Joachim Herrmann. Und Rainer Eppelmann, Politiker, evangelischer Pfarrer, Gründungsmitglied und Vorsitzender des Demokratischen Aufbruchs stellte gar fest: »Wenn mich der liebe Gott fragte, wen ich aus der SED-Clique anklagen und verurteilen würde, dann würde ich Margot Honecker zur Rechenschaft ziehen, weil sie als Bildungsministerin Generationen von DDR-Bürgern zur Doppelzüngigkeit erzogen hat.«

Margot Honecker war als Volksbildungsministerin mit großer Macht ausgestattet. In der zentralistisch organisierten DDR hielt sie alle Fäden im Erziehungswesen in der Hand und verfügte über ein Heer ihr absolut ergebener Schulräte, Schulinspektoren und Schuldirektoren. Dabei gehörte sie »zu der ›Kaste‹ von Politikern, die ihre subjektiven Erfahrungen und Meinungen zu verbindlichen sozialen und moralischen Normen oder gar zu historischen ›Notwendigkeiten‹ überhöhen sowie mit dem Repressionsapparat diktatorischer Staatsgewalt durchsetzen konnten«.[81] Das bedeutete in der Praxis die Ausrichtung von Schule und Unterricht an der marxistisch-leninistischen Ideologie, die von allen – Schülern, Lehrern und Schulverwaltung – kritiklos anzuerkennen war. Eigene Meinungen, eigene Erfahrungen und eigene Erkenntnisse, also alles das, was eine eigene Persönlichkeit ausmacht, sollte weder Kindern noch Jugendlichen zugestanden werden.

Die DDR-Schulpolitik erreichte ihre Ziele nicht. 1983 wurde der Genossin Volksbildungsminister – beruflich sprach Margot Honecker von sich selbst stets in der maskulinen Form – eine Studie als geheime Verschlusssache vorgelegt. Sie enthielt ernüchternde Erkenntnisse über die Einstellung älterer Schüler ab 14 Jahren: 80 Prozent der befragten Jugendlichen bejahten die Aussage, in der Schule dürfe man nicht sagen, was man denke. Das bedeutete jedoch zwangsläufig, dass die Schüler sich eine eigene und unabhängige Meinung gebildet hatten. Trotzdem zwang sie das System und insbesondere die Schule, nach außen den Schein zu wahren. Das ist es, was Rainer Eppelmann mit »Doppelzüngigkeit« treffend benannt hat. »Und die doppelte Identität war sogar stark ausgeprägt«, behaupten heute ehemalige Schüler. »Es ist nur schwer zu sagen, was man wirklich geglaubt hat und was man nur ausgeführt hat, weil es gefordert wurde. Bei den FDJ-Nachmittagen demonstrierte man Anwesenheit. Die meisten wussten um das Doppelspiel und

So ließ sie sich am liebsten ablichten: Margot Honecker inmitten von Thälmann-Pionieren anlässlich der Einweihung eines Wilhelm-Pieck-Denkmals im Jahre 1981.

spielten mit ihm. Sein Leben lang gegen äußere und innere Mauern anzukämpfen ist verdammt schwer.«[82]

Ein Beispiel für Margot Honeckers Politik stellen die Richtlinien für die Erziehung in Kinderkrippen und -gärten der DDR dar. Die Zweijährigen sollten bereits auf die rote Arbeiterfahne und das Bild des Staatsratsvorsitzenden aufmerksam gemacht werden. Von den Dreijährigen verlangte man, dass sie Erich Honecker verbindlich auf Bildern erkannten. Den Vierjährigen galt es zu vermitteln, dass er eine führende Persönlichkeit der Partei und des Volkes sei, und die Fünfjährigen sollten auf die entsprechende Frage erklären, dass Honecker mit ganzer Kraft dafür kämpfe, die Ideale Piecks und Thälmanns weiterzuführen und zu entwickeln.

1978 führte Margot Honecker gegen den Widerstand der Kirchen und trotz vieler, wenn auch zwangsläufig eher verhaltener Proteste von Eltern, den Wehrunterricht mit praktischer Ausbildung an Waffen für die 9. und 10. Klassen ein. Die Diskriminierung christlich engagierter Schüler wurde mal offensiv, mal verdeckt betrieben, jedoch nie eingestellt.

Obwohl es DDR-Bürgern ausdrücklich erlaubt war, sich mit Beschwerden an die Staatsorgane zu wenden, nahmen Eingaben an das von Margot Honecker geführte Ministerium einen seltsamen Weg und wurden von ihr persönlich mit Vermerken wie »keine Antwort«, »Provokation« oder »MfS« versehen. Diese Abkürzung bedeutete die Weiterleitung der Eingabe an das Ministerium für Staatssicherheit.

Wann die stets elegant gekleidete Ministerin mit den lila gefärbten Haaren damit begann, Zwangsadoptionen durchzuführen, ist noch nicht zweifelsfrei geklärt. Die ersten Belege fanden sich nach der Wende unter dem Datum von 1971. Margot Honeckers Ministerium war auch zuständig für Jugendhilfe und Heimerziehung und sie hatte sich bei Adoptionen direkte Einflussnahme vorbehalten. Demnach muss sie die Adoptionen an Kindern verantworten, die von ihren straffällig gewordenen, republikflüchtigen oder unter Spionageverdacht stehenden Eltern getrennt und ohne deren Wissen und Einwilligung in fremden Familien untergebracht wurden. Auch nach ihrer Haftentlassung untersagte das Ministerium den Eltern, Kontakt zu ihren Kindern aufzunehmen, was teilweise von Margot Honecker persönlich angeordnet wurde. Die Dramen, die sich dadurch abgespielt haben müssen – vor allem, wenn man bedenkt, wie schnell man in der DDR unter Spionageverdacht geriet – können wir heute nur noch erahnen.

Ebenfalls von Margot Honecker zu verantworten ist eines der düstersten Kapitel der DDR-Diktatur: der staatliche Umgang mit Kindern, die angeblich die »sozialistische Lebensweise« störten. Das konnten lernschwache und schwer erziehbare Kinder sein, aber auch Kinder aus wegen Tod, Krankheit oder »politischem Ungehorsam« zerstörten Familien. Sie alle wurden in Kinderheime eingewiesen, in denen die (Um)Erziehung zur »sozialistischen Persönlichkeit« nicht mit einfühlsamer Erziehung, sondern durch Indoktrination und Dressur betrieben wurde. Unbelehrbare – manche hatten einfach nur die falsche Musik gehört – konnten und wurden teilweise ohne richterliche Verfügung in einen »Kinderknast« gesteckt, zum Beispiel in den Jugendwerkhof Torgau. Die Palette der dortigen Disziplinierungsmaßnahmen reichte von Einzelhaft über Essensentzug bis zum Zwangssport, der in einer militärischen Strafeinheit kaum schlimmer ausfallen konnte und bis zur völligen Erschöpfung betrieben werden musste. Bezeichnend ist, das der Jugendwerkhof Torgau nach einer telefonischen Weisung des Ministeriums für Volksbildung zwischen dem 3. und 6. November 1989 – also in der Zeit der Wende – überstürzt aufgelöst und umgebaut wurde. Dennoch konstituierte sich Ende August 1990 ein unabhängiger Untersuchungsausschuss, der umfangreiche Ermittlungen anstellte und die durch einen Zufall der Vernichtung entgangenen Akten sicherte. Er präsentierte seinen Bericht im November 1990 der Öffentlichkeit. Zugleich wurde die Staatsanwaltschaft in Leipzig über die Ergebnisse unterrichtet und zu strafrechtlichen Schritten aufgefordert. Bettina Klein, Mitarbeiterin des Torgauer Dokumentations- und Informationszentrums e. V. sagte

1995: »Die Schwierigkeiten der Ermittlungsbeamten liegen darin, ganz genau nachweisen zu müssen, dass der Erzieher X den Jugendlichen Y geschlagen hat, zumal die Verwirrungs- und Verschleierungsversuche bis zum heutigen Tage andauern.«[83]

Europaweites Aufsehen erregte im Oktober 1988 der von Margot Honecker verfügte Schulausschluss von vier Schülern der Carl von Ossietzky-Oberschule im Berliner Bezirk Pankow. Die Jugendlichen hatten auf einer Wandzeitung die Frage aufgeworfen, ob die Staatsfeierlichkeiten anlässlich des DDR-Gründungstages am 7. Oktober unbedingt mit einer Militärparade verknüpft werden müssten. Die Intervention des gewiss nicht regimefeindlichen Schriftstellers Stephan Hermlin gegen die Relegation blieb ebenso ohne Resonanz wie der Protest der Internationalen Liga für Menschenrechte. Einer der Betroffenen, dessen Schülerartikel zur Staatsaffäre wurde, berichtete später von dem bedrückenden Gefühl, aus der Gesellschaft ausgeschlossen zu werden. Sein deprimierendes Resümee: »In der DDR war man jederzeit erpressbar.«[84]

Alle Menschen sind gleich, manche sind gleicher als die anderen! Dieser Satz, frei nach George Orwell, hatte in der DDR uneingeschränkte Gültigkeit und zeigte sich unter anderem an der Prominentensiedlung von Wandlitz in der Nähe von Berlin. Dort residierte die SED-Prominenz und schwelgte in für DDR-Verhältnisse ungeahntem Luxus. Während der normale DDR-Bürger auf den »Plastebomber« Trabant geschlagene zwölf Jahre warten musste, ließen sich Erich Honecker samt Gemahlin Margot wahlweise im gepanzerten Mercedes, im Range Rover oder im Toyota durch die sozialistischen Lande fahren. Damit sich die Wandlitzer Prominenz zum Einkaufen nicht unter die Menschenmengen des real existierenden Sozialismus mischen mussten, gab es in der abgelegenen und sorgfältig bewachten Waldsiedlung selbstverständlich auch einen eigenen Supermarkt. Von Blumen, Kosmetika, Lebens- und Genussmitteln über Stereogeräte, PCs, Fernseher und Videorekorder bis hin zu Schmuck, Uhren, Pelzmänteln, Bekleidung und wertvollen Jagdwaffen gab es hier alles, was das Herz der Wandlitzer begehrte – und zwar in der Hauptsache aus westlicher Produktion. Ausgefallenere Wünsche, die die Verkaufsstelle nicht in ihrem Sortiment führte, konnten ohne Probleme zu äußerst moderaten Preisen aus westlichen Versandhauskatalogen befriedigt werden. Ein Farbfernseher etwa, der im Großhandel für 1 500 DM zu haben war und für 1 900 bis 2 000 DM über westliche Ladentische ging, kostete in Wandlitz nur 1 700 bis 1 750 Ost-Mark. Ein normaler DDR-Bürger musste für ein vergleichbares Gerät 6 500 Ost-Mark bezahlen – sechsmal so viel, wie ein Facharbeiter im Monat verdiente.[85] Finanziert wurde alles von der KoKo, der Abteilung »Kommerzielle Koordinierung« im Ministerium für Außenhandel, die vom Staatssekretär und MfS-Oberst Alexander Schalck-Golodkowski geleitet wurde.

Nach der Wende konnten die ungefähren Kosten für die Waren errechnet werden – unter der Berücksichtigung des tatsächlichen Wechselkurses zwischen Ost- und D-Mark –, die lediglich die Extras der Polit-Prominenz in Wandlitz seit 1980 verschlungen hatten: Es handelte sich um 62 405 700 DM! [86] In dieser Summe sind nicht die Unterhaltskosten für die Siedlung enthalten. Auch fehlen die Kosten für andere Privilegien, wie z. B. den umfangreichen Personenschutz, den die DDR-Politiker und ihre Familien beanspruchten. Allein für Erich Honecker waren 26 Offiziere der Staatssicherheit zuständig.

Als Margot Honecker nach der Wende von dem Parlamentarischen Untersuchungsausschuss der Volkskammer der DDR zum Thema Wandlitz befragt wurde, erklärte sie unwillig: »Als Frau des SED-Chefs musste ich in Wandlitz wohnen oder hätte mich von meinem Mann scheiden lassen müssen... Ich habe dort nicht im Luxus gelebt, wie das verantwortungslos manchmal dargestellt wird... Wenn ich abends nach 17.00 Uhr nach Hause kam, war der Laden im Übrigen bereits geschlossen. Darum habe ich das Nötigste immer in Berlin gekauft.«[87] Der damalige Verwaltungschef in Wandlitz, Gerd Schmidt, hingegen behauptet: »Einerseits wurde der tägliche Bedarf im Laden telefonisch bestellt, oft auch durch die

Hausangestellten, oder durch diese wurde eingekauft, andererseits wurde die Ware grundsätzlich ins Haus gefahren durch unser Personal. Frau Honecker hatte es also überhaupt nicht nötig, in Berlin einzukaufen und hat es mit Sicherheit auch nicht getan.«[88]

Der eigentliche Luxus der Waldsiedlung Wandlitz bestand jedoch nicht in den dort erhältlichen Westwaren, sondern im Service. Jedem der etwa 280 Bewohner stand gut geschultes Personal zur Verfügung – 641 Mitarbeiter für die gesamte Siedlung. Es gab Bademeister für das Schwimmbad, Chauffeure, Köche und Diener. Die Privilegien erschöpften sich keineswegs darin, eine Oase des Konsums zu bewohnen und jede Handreichung auf willige Dienstboten abschieben zu können. Die Bewohner genossen außerdem den Vorzug, sich rund um die Uhr auf Kosten des Steuerzahlers befördern zu lassen. Es stand ihnen ein umfangreicher Fuhrpark zur Verfügung, der auch Kinder und Kindeskinder zu transportieren hatte – zum Friseur, in die Schule oder Disco, je nach Wunsch. Der so genannte A-Schein entband seinen Besitzer von den Verkehrsregeln auf öffentlichen Straßen. So musste man sich nicht an die dem Volk verordnete Höchstgeschwindigkeit von 100 Stundenkilometern halten.

Abgesehen von den 240 Quadratmetern der Wandlitz-Villa standen Margot und Erich Honecker mehrere Freizeitobjekte zur Verfügung, zum Beispiel das Jagdhaus Wildfang in der Schorfheide. Nach Angaben des ehemaligen Verwaltungschefs von Wandlitz, Gerd Schmidt, war die alte Försterei am Pinnowsee das von den Honeckers am liebsten und häufigsten genutzte Objekt. Begehrt war auch die reetgedeckte Nobelvilla nahe dem mecklenburgischen Dörfchen Drewitz, die 1982 zum 70. Geburtstag Honeckers für 40 Millionen Ostmark renoviert worden ist. Hier verbrachte die Familie jedes Jahr im Juni drei Wochen Urlaub.

Nach der Wende behaupteten die Honeckers, »mit keinem Pfennig auf Kosten des Staates gelebt« zu haben. In diesem Zusammenhang wiesen sie daraufhin, dass sie zahlreiche Geschenke, die sie vom Volk oder von ausländischen Gästen erhielten, der Allgemeinheit überlassen hätten. Das ist weitgehend richtig. Kunstgegenstände wurden an Museen übergeben, Uhren und andere Wertsachen dem Bürochef des Politbüros zur Registrierung und Aufbewahrung ausgehändigt. Sogar eine stattliche Languste, ein Geschenk Fidel Castros, landete nicht auf den Tellern der Honeckers, sondern wurde präpariert und dem Naturkundemuseum zur Verfügung gestellt. »Wir waren keine anspruchsvolle Familie«, erklärte Margot immer wieder gern. »Wir bevorzugten die bürgerliche Küche.«

Unbeeindruckt von den Umwälzungen in Osteuropa und in der Sowjetunion sowie dem wachsenden Unmut selbst innerhalb der Staatspartei im eigenen Land, hielten die Honeckers und ihre Genossen an ihrem Lebensstil fest – bis zum bitteren Ende. Nach der Massenflucht von DDR-Bürgern über Ungarn und die Tschechoslowakei im Sommer und Herbst und den Massendemonstrationen in großen DDR-Städten musste Erich Honecker am 18. Oktober 1989 – kurz nach der 40-Jahr-Feier der DDR – von seinen Ämtern als SED-Generalsekretär und Staatsratsvorsitzender zurücktreten. Zwei Tage später legte auch Margot Honecker aus »persönlichen Gründen« ihr Amt nieder. Am 2. November dankte ihr der DDR-Ministerrat für ihre »langjährige und verantwortungsbewusste Arbeit«.

Einen Monat später musste sie sich jedoch bereits vor einem Ausschuss der Volkskammer dem Vorwurf stellen, über Jahrzehnte »sachliche Redlichkeit und pädagogische Verantwortung« der rund 300 000 DDR-Lehrer abgebaut und jede kreative Haltung der Schüler untergraben zu haben. Am 12. Februar 1990 trat Margot Honecker aus der SED/PDS aus. Im März 1991 flüchteten sie und ihr Mann, gegen den zu dieser Zeit ein Haftbefehl im Zusammenhang mit den Todesschüssen an der innerdeutschen Grenze vorlag, in die Sowjetunion, um sich dem Prozess zu entziehen. Als sich die UdSSR auflöste, suchten sie in der chilenischen Botschaft in Moskau Zuflucht. Nach längeren Verhandlungen erfolgte schließlich Ende Juli 1992 die Auslieferung Erich Honeckers an Deutschland.

Margot Honecker, gegen die in Deutschland kein Haftbefehl vorlag, verließ ebenfalls das Moskauer Exil und reiste Anfang August 1992 zu ihrer Tochter Sonja nach Chile. Damit entzog sie sich endgültig den laufenden Ermittlungen deutscher Gerichte. Anfang August 1992 begann nämlich die Berliner Staatsanwaltschaft gegen Margot Honecker wegen Kindesentführung und Zwangsadoption zu ermitteln. Für die brutale Behandlung so genannter schwer erziehbarer Jugendlicher in den Lagern, wie z. B. dem Jugendwerkhof Torgau, wurde ihr die politische Verantwortung zugewiesen. Juristisch belangt werden konnte sie jedoch nicht.

Abgeschirmt und zurückgezogen lebte Margot Honecker im Haus ihrer Tochter in Santiago. Erst aus Anlass des 80. Geburtstags ihres Mannes am 25. August 1992 trat sie wieder an die Öffentlichkeit, um seine Freilassung zu fordern. Am 13. Januar 1993 wurde der Haftbefehl gegen Erich Honecker wegen Verhandlungsunfähigkeit des Angeklagten aufgehoben. Noch am gleichen Tag reiste er nach Chile aus. Am 13. April 1993 wurde das Verfahren gegen ihn und im März 1994 die Untersuchungen gegen seine Frau endgültig eingestellt.

Erich Honecker starb am 29. Mai 1994 in Chile und wurde auf dem Zentralfriedhof Santiagos eingeäschert. Margot nahm die Urne mit nach Hause – und dort ist sie auch heute noch. Nach dem Tod ihres Mannes begann die ehemalige Volksbildungsministerin vor dem Berliner Verwaltungsgericht um ihr beschlagnahmtes Vermögen zu kämpfen – rund 235 000 DDR-Mark (heute etwa 118 000 DM). Sie verlor den Prozess jedoch in letzter Instanz am 14. Juni 1999. Der Vorsitzende Richter Klaus Pee begründete die Ablehnung der Forderung damit, dass das Vermögen unter Ausnutzung ihrer früheren Stellung zu Unrecht erworben worden sei. Lediglich 12 630 DM wurden Margot Honecker ausgehändigt. Der Richter verwies auf die hohen Ausgaben für Jagdgebäude, Fahrzeuge und Videos – letztere seien in den 80er Jahren für rund 1,3 Millionen Mark in West-Berlin beschafft worden und zur Hälfte für Erich Honecker bestimmt gewesen.

Im Oktober 2000 meldete sich Margot Honecker nach langem Schweigen wieder zu Wort. Aus einem Interview, geführt von dem chilenischen Altkommunisten Luis Corvalán, war ein Buch entstanden: *Das andere Deutschland, die DDR – Gespräche mit Margot Honecker*. Worte der Selbstkritik sucht man jedoch vergebens. Der mi-

Dass sie so fotografiert werden würde, hatte sie sich nicht erträumt: Margot Honecker im Januar 1990, nach der Entlassung ihres Mannes aus dem Untersuchungsgefängnis.

litärische Drill in den DDR-Klassenzimmern, die Gängelung der Lehrer oder die Zwangsadoptionen der Kinder, die Mauer und der Schießbefehl, Bonzen und Privilegien, Intershops und Delikatgeschäfte scheinen in ihren Erinnerungen keine Rolle zu spielen. Nur die so genannten Errungenschaften des Sozialismus kamen im alten Jargon des Politbüros zur Sprache. Und als einziges »Eingeständnis einer Schuld« sagte sie: »Unsere Fehler bestanden darin, dass oftmals die diskutierten Entscheidungen und eingereichten Vorschläge nicht in die Praxis umgesetzt wurden.«

Bei der Präsentation des Buches in Santiago de Chile verlas Margot Honecker auf Deutsch ihren vorbereiteten Text vor 250 geladenen Genossen der chilenischen kommunistischen Partei. Der Text beschränkte sich auf drei nichtssagende Sätze: »Ich habe versucht, aus meiner Sicht auf einige Fragen Antworten zu geben. Es sind und bleiben noch viele Fragen offen. Und es gibt nicht wenige Fragen, auf die es heute noch keine Antworten gibt oder geben kann.« Den Rest der Ansprache übernahm eine Dolmetscherin. Bereits 1990 hatte die ehemalige Volksbildungsministerin der DDR ähnlich ausweichend geantwortet, als sie in einem Interview um eine selbstkritische Einschätzung ihrer Arbeit gebeten wurde: »Ich mache jetzt keine Nachhineinbetrachtung. Da muss man viel analysieren. Ich glaube, dass viele Probleme besser gelöst hätten werden können. Wir hatten viele Probleme. Wir sind aber nie stehen geblieben. Wir haben doch nie gesagt, dass der Sozialismus das Ende ist. Das war eine noch unvollkommene Gesellschaft, sie war noch nicht fertig.«

Das einzige, was aufrichtig erscheint, ist eine Aussage, die Margot Honecker ihrem alten kommunistischen Weggefährten, Luis Corvalán, gegenüber machte: »Ich möchte zurück nach Deutschland, nach Berlin. Aber ich habe Angst, doch noch vor Gericht gestellt und zur Verantwortung gezogen zu werden.«

Von der Befreiungskämpferin zur Gefangenen des eigenen Ehemannes

Jovanka Broz Tito

Nach dem Ersten Weltkrieg erzählte man sich im Königreich der Serben, Kroaten und Slowenen eine Geschichte: Der alte König Peter I. traf einen Bauern, der voller Leid das Schlachtfeld absuchte. Er fragte, ob er helfen könne, doch der arme Mann schüttelte den Kopf und sagte: »Ich fürchte, das können Sie nicht. Ich habe bereits fünf Söhne in Balkankriegen verloren und nun suche ich nach der Leiche meines sechsten und letzten Sohnes.« Je mehr Peter versuchte, den trauernden Vater zu trösten, um so mehr schien es, als suche der König nach Entschuldigungen dafür, ein solches Opfer gefordert zu haben. »Nein, ich mache nicht Sie für das Unglück verantwortlich, das über mich gekommen ist«, sagte der Bauer. »Wenn irgend jemand dafür verantwortlich ist, so sind es unsere Vorfahren, die hier vor Hunderten von Jahren siedelten. Warum suchten sie sich ausgerechnet den Balkan aus? Die ganze Welt will den Balkan haben oder will hier durchziehen auf dem Weg irgendwo hin. Das war der große Fehler!«

Als die siebzehnjährige Kroatin Jovanka Budilavljevic sich im Zweiten Weltkrieg dem kommunistischen Untergrund anschloss, waren es die Deutschen und ihre Verbündeten, die den Balkan besetzten, um den Durchmarsch zu den Ölfeldern Osteuropas und des Nahen Ostens zu ermöglichen. Sie besiegten die Armee des Königreichs Jugoslawien, lösten die Regierung des Landes auf und besetzten es. Um dem Feind Widerstand zu leisten, begann der Generalsekretär der jugoslawischen KP, Josip Broz – besser bekannt unter seinem Kampfnamen »Tito« – ein Partisanenheer aufzustellen. Tito rief das Volk Jugoslawiens zu den Waffen, und viele folgten diesem Ruf – auch Jovanka Budilavljevic. Sie schnitt sich die langen Haare ab, zog eine schlechtsitzende Uniform an, schnallte einen Munitionsgürtel um die Hüften und trat der jugoslawischen Befreiungsfront bei. Es war ein gefährliches und entbehrungsreiches Leben, das Jovanka in der Partisanenarmee führte: Bis zur Erschöpfung kämpfte sie unter ständiger Lebensgefahr an der Seite ihrer Landsleute gegen den Feind, aber auch gegen Hunger, Krankheit und Kälte.

Der Aufstieg der kleinen, völlig entkräfteten und halbverhungerten Guerillakämpferin zur First Lady Jugoslawiens, die wegen ihrer ausgesuchten Eleganz mit Jackie Kennedy verglichen wurde, ist eine Aschenputtel-Geschichte der besonderen Art. Doch der Preis, den Jovanka Budilavljevic für den Sprung aus der Armut an die Seite des mächtigsten Mannes des Vielvölkerstaates zu zahlen hatte, war hoch: Sie musste sich Titos Wünschen und Bedürfnissen vollkommen unterordnen. Dennoch spielte sie ihre Rolle 25 Jahre lang hervorragend. Jovanka war nicht nur Geliebte, Ehefrau, Haushälterin und Krankenschwester ihres Mannes, sondern auch seine Vertraute, die ihn bei schwierigen politischen Verhandlungen hilfreich unterstützte. Doch ihr Einsatz wurde schlecht belohnt. Als der 32 Jahre ältere Tito erkrankte und begann, seine Nachfolge zu regeln, warf man ihr vor, selbst nach der Macht zu greifen zu wollen. Ihr eigener Ehemann stellte sie unter Hausarrest – eine Maßnahme, die seine Nachfolger zwei Jahrzehnte lang aufrecht erhielten.

Jovanka Budilavljevic wurde am 7. Dezember 1924 in einem kroatischen Gebirgsdorf nahe der bosnischen Grenze geboren. Eine Zeit lang sah es so aus, als würde Jovanka amerikanische Staatsbürgerin werden, denn in der Bergregion Lika, in der sie und ihre Familie wohnten, gab es in den späten Zwanziger- und frühen Dreißigerjahren viele Menschen, die glaubten, dass ein Leben in der Neuen Welt einfacher sein müsse. Unter jenen, die sich tatsächlich in die Vereinigten Staaten aufmachten, war auch ihr Vater, der Landarbeiter Miko. Er versuchte sein Glück als Tagelöhner in Chicago, San Francisco und Cleveland, immer in der Hoffnung, einmal genug Geld zu verdienen, um seine Frau und die vier Kinder in das gelobte Land nachholen zu können, doch der Traum sollte sich niemals erfüllen.

In den Vereinigten Staaten herrschte nach dem Börsenkrach die Depression und eine hohe Arbeitslosigkeit. Miko fiel es immer schwerer, für sich selbst den Lebensunterhalt zu bestreiten. An die Familie war gar nicht zu denken. 1933 gab er auf, sparte sich mühsam das Geld für eine Schiffspassage zusammen und fuhr nach Hause – mit nichts im Gepäck außer ein paar Englischkenntnissen und vielen Geschichten über das große Amerika. Zwei Jahre nach der Rückkehr des Vaters starb Jovankas Mutter bei der Geburt ihrer jüngsten Tochter. Als Älteste – sie war gerade elf Jahre – musste Jovanka nun die Schule verlassen und sich um den Haushalt und ihre jüngeren Geschwister kümmern. Später sagte sie über diese Zeit: »Ich hatte die Sense zu schultern, Heu zu schneiden, zu kochen, zu backen, zu waschen, zu bügeln, das Haus sauber zu halten und zu nähen – genau wie jedes andere Bauernmädchen.«[89]

Jovanka war sechzehn Jahre alt, als die Truppen der Achsenmächte Deutschland und Italien ihr Vaterland besetzten und Ante Pavelić, der Führer der faschistischen Ustascha, mit Unterstützung der Italiener den »Unabhängigen Staat Kroatien« gründete. Unmittelbar danach schloss sich die Ustascha dem Dreimächtepakt – Deutschland, Italien, Japan – an und begann mit ethnischen Säuberungen. Hunderttausende Serben, Juden und Roma wurden vertrieben oder ermordet. In Kroatien, aber auch im übrigen Jugoslawien begann sich der Widerstand gegen die Besatzer zu formieren. Die kommunistischen Partisanen operierten zunächst vorwiegend in den Bergen von Montenegro und Bosnien-Herzegowina. Ihr Ziel war die Befreiung ganz Jugoslawiens von den Besatzern und der Aufbau eines neuen, kommunistischen Jugoslawien unter der Leitung ihres Anführers Tito.

Josip Broz wurde am 25. Mai 1892 als Sohn einer slowenischen Mutter und eines kroatischen Vaters in Kumrovec in Kroatien geboren, das damals zu Österreich-Ungarn gehörte. Er war das siebte von fünfzehn Geschwistern, von denen acht in frühem Kindesalter starben. Mit fünfzehn Jahren wurde er Lehrling bei einem Schlosser, lief weg und wurde eingesperrt, weil er seinen Vertrag gebrochen hatte. Drei Jahre später wurde er Mitglied in der Metall-Gewerkschaft und der Sozialdemokratischen Partei in Zagreb, der Hauptstadt Kroatiens. Er diente während des Ersten Weltkrieges in der Österreichisch-Ungarischen Armee, wurde verwundet und von den Russen gefangen genommen. In dem Jahr seiner Kriegsgefangenschaft – 800 Kilometer östlich von Moskau – lernte er die russische Sprache. Tito beteiligte sich an der bolschewistischen Revolution von 1917. Nach zwei Verhaftungen durch die Weißrussen und darauf folgenden Fluchten wurde er schließlich von einem siebzehnjährigen Mädchen – Palegea (Polka) Byelusnova – versteckt, die ihm dann zur Flucht in die Kirgisischen Berge verhalf, wo er unter Nomaden lebte. Er heiratete Polka und nahm sie 1920 mit nach Jugoslawien, wo ihr erstes Kind starb. Tito wurde Mitglied und Agitator der kommunistischen Partei und ging in den Untergrund, als die Partei für illegal erklärt wurde. Im Jahr 1925 hatten er und Polka drei gemeinsame Kinder, aber nur eines, der Junge Zarko, überlebte. 1928, als Tito eine lange Haftstrafe für politische Aktivitäten absitzen musste, ging Polka zusammen mit ihrem Sohn zurück nach Russland und wurde später von Tito geschieden. Sie starb 1938. Im gleichen Jahr heiratete Josip Broz eine Slowenin namens Berta Has.

Auch in Jovankas Leben soll es vor Tito noch einen anderen Mann gegeben haben – so hieß es zumindest. Stefan Matiè war ein junger Kommunist aus Jovankas Heimat Lika, der bereits in den ersten Kriegstagen fiel. Da er als Regimegegner von der Ustascha verfolgt wurde, musste seine Familie ihn stillschweigend und ohne Feierlichkeiten beerdigen. Es gab jedoch viele Antifaschisten in der Lika-Region, die mit den Partisanen sympathisierten und dem jungen Widerstandskämpfer die letzte Ehre erweisen wollten. Zu ihnen gehörte Jovanka Budilavljevic. Sie legte Blumen auf das Grab und trug ein Gedicht vor aus ehrlicher Bewunderung für den Verstorbenen, dessen Mut sie beeindruckte. Er zumindest hatte nicht tatenlos den Terror und die Grausamkeiten der Ustascha hingenommen, er hatte sich bemüht, etwas zu ändern. Und genau das wollte sie auch. Viele Jahre später, als Journalisten in die Lika-Region kamen, um nach der Herkunft der jungen Tito-Gattin Jovanka Broz zu forschen, erzählten die Leute, dieser junge Partisan Stefan Matiè sei die erste Liebe Jovankas gewesen. Als sie von den Reportern auf diese angebliche Romanze angesprochen wurde, schüttelte sie erstaunt den Kopf: »Ja, ich habe Blumen auf sein Grab gelegt und ich habe ihm zu Ehren ein Gedicht rezitiert, aber gewiss nicht, weil wir ein Verhältnis miteinander hatten. Das wäre auch gar nicht möglich gewesen.« Als die Journalisten sie zweifelnd ansahen, lachte Jovanka. »Sie können mir ruhig glauben«, sagte sie. »Es wäre wirklich nicht möglich gewesen. Wir haben uns nämlich nicht einmal persönlich gekannt.«[90]

Nachdem ihr Vater wieder geheiratet hatte und sie die Verantwortung für ihre Geschwister nicht mehr tragen musste, trat Jovanka 1942 der Partisanenarmee bei. Als man ihr eine Waffe in die Hand drückte, wurde ihr zum ersten Mal wirklich bewusst, wozu sie sich bereit erklärt hatte: Als Partisanin musste sie Menschen töten! Sicher, ihrer Überzeugung nach stand sie auf der richtigen Seite: Die Partisanen waren die Guten, und ihre Feinde, die das Land besetzt hielten, die die Menschen unterdrückten, folterten und töteten, gehörten zu den Bösen, die wieder vertrieben werden mussten. Aber hatte der Mann, auf den sie aus dem Hinterhalt anlegte und dessen Leben sie mit dem Krümmen ihres Fingers am Abzug ein Ende setzte, sich auch wirklich schuldig gemacht? Eine Frage, die Jovanka am Anfang ihres Partisanendaseins verunsicherte, die aber im Laufe der Zeit immer mehr an Gewicht verlor und sich schließlich gar nicht mehr stellte. Schon darum nicht, weil genau dieser Mann, auf den sie zielte, sich jeden Augenblick umwenden und seinerseits das Feuer eröffnen konnte.

Das Leben im Untergrund war hart und gefährlich. Es wurden Überraschungsangriffe auf kleine militärische Einheiten geführt und Sabotageakte organisiert. Züge, Brücken und Viadukte mussten in die Luft gesprengt werden, um dem Feind zu schaden. Eines der größten Probleme war dabei die Nachschubversorgung. Waffen, Munition, Lebensmittel, Kleidung, nichts davon war in ausreichendem Maße vorhanden. Manchmal musste Jovanka daher ohne Schuhe gehen, selbst im Winter. Dann stapfte sie, um die Füße lediglich ein paar Stofflappen gewickelt, durch Schnee und Schlamm. Sie trug zerrissene Kleider, verbrachte ihre Nächte auf ausgebreiteten Pinienzweigen und musste von kleinen Rationen leben. Dennoch setzten sie und die anderen Partisanen beharrlich ihren Kampf fort.

Im November 1942 rief Tito, auf dessen Ergreifung die Deutschen ein hohes Kopfgeld ausgesetzt hatten, ein »Antifaschistisches Volksbefreiungskomitee« ins Leben, dessen Führung er selbst übernahm. Er trug von nun an den Titel »Marschall von Jugoslawien«. 1943 wurde das Komitee in eine provisorische Regierung mit Tito als Ministerpräsidenten umgewandelt. Ein Jahr später befreiten die Partisanen Belgrad.

Zur gleichen Zeit erkrankte Jovanka an Typhus. Kameraden brachten sie auf einer Trage in das Feldlazarett beim Hauptquartier des Oberbefehlshabers, Josip Broz Tito, der bereits mit den Engländern und den Amerikanern über die Zukunft Jugoslawiens verhandelte. Es gibt zahlreiche unterschiedliche Geschichten über das erste Zusammentreffen zwischen Jovanka und Tito und zwei verschiedene Versionen, die sie selbst erzählte. In der ersten, der älteren Fassung, behauptete sie, Tito das Leben gerettet zu haben: Sie, die kleine Partisanin, erschoss einen Deutschen, der aus dem Hinterhalt auf den großen Marschall angelegt hatte. Die Geschichte, die sie Jahre später in einem Interview preisgab, klang allerdings weitaus weniger dramatisch: »Ich sah Tito das erste Mal 1944, wie ihn jeder gesehen hat. Ich war nur eine unter Vielen.« Sie berichtete, dass ihr Bataillon sich auf einem öffentlichen Platz in Drarv zu einer Trauerfeier versammelt hatte, um einiger Kameraden zu gedenken, die kurz zuvor in Bosnien gefallen waren. Auch Tito war bei den Feierlichkeiten anwesend und hielt eine Rede. Danach schüttelte er jedem der anwesenden Partisanen die Hand. »Das war ein großer Moment für mich«, erinnerte sich Jovanka, »aber richtig kennen gelernt habe ich ihn erst, als ich begann, im Sekretariat in Belgrad zu arbeiten. Das war 1945.«[91]

Bevor es jedoch dazu kam, gelang den Partisanenverbänden Titos 1944 die Befreiung Jugoslawiens. Der Befreiung folgte sehr rasch die kommunistische Umgestaltung des Landes mit Hilfe einer Bodenreform, einer neuen Verfassung, der Verstaatlichung der Wirtschaft und der teilweisen gewaltsamen Ausschaltung aller innenpolitischen Gegner. Im November 1945 wurde die »Föderative Volksrepublik Jugoslawien« ausgerufen, die aus den Sozialistischen Republiken Bosnien-Herzegowina, Kroatien, Makedonien, Montenegro, Serbien und Slowenien bestand, und zu den Gründungsmitgliedern der UNO gehörte. Tito begann nun als Ministerpräsident getreu seinem Motto, »einmal und für alle Zeiten Schluss zu machen«, mit der »Säuberung« der deutsch besiedelten Gebiete an der Donau, Drau und Save. Wie das geschah, berichtete ein Überlebender aus dem Westbanat: »Am 20. Oktober 1944 gingen die Partisanen von Haus zu Haus und fingen alle Männer vom 14jährigen Jungen bis zum 70jährigen zusammen, fesselten und folterten sie. Dann kamen andere mit Wagen angefahren – Hände, Gesicht und Kleider mit Blut beschmiert – und führten diese Männer in den Wald, wo sie nochmals verprügelt und dann erschossen wurden. Das Verfahren wiederholte sich in Hunderten von deutschen Dörfern.« Zu den düstersten Abschnitten, die sich in den Erinnerungsberichten der überlebenden Donauschwaben finden, gehören die Berichte über die Zwangsslawisierung und Indoktrinierung einiger tausend elternlos gemachter deutscher Kinder in jugoslawischen Heimen. Das Erziehungsmotto stand auf der Stirnseite des Speisesaals: »Tito ist euer Vater, der Staat eure Mutter!«[92]

Die ehemaligen Partisaneneinheiten waren zu einer offiziellen

Armee zusammengefasst worden, zu der nun auch Jovanka gehörte. Sie erhielt ihre Ernennung zum Leutnant und bekam eine neue Aufgabe in der Verwaltung. Ihr Arbeitsplatz war nun der Weiße Palast in Belgrad, der Regierungs- und Wohnsitz Titos. Damit war sie dem großen Marschall zwar erheblich nähergerückt, doch deutete nichts darauf hin, dass aus ihnen einmal ein Paar werden sollte. Immerhin liefen sie sich gelegentlich im Palast über den Weg und Jovanka erstarrte jedes Mal vor Ehrfurcht, wenn sie ihn nur aus der Ferne sah. Sie vergötterte den großen Marschall geradezu, dessen Führung sie und ihre Kameraden über Jahre gefolgt waren. Er hatte Jugoslawien von der faschistischen Fremdherrschaft befreit und besaß den Glanz des Siegers und des mächtigen Staatenlenkers.

Doch unabhängig davon, wie hoch der Sockel auch sein mochte, auf den Jovanka den großen Marschall stellte, er war weiblicher Schönheit gegenüber stets aufgeschlossen. Seit 1941 lebte er von seinen zweiten Ehefrau getrennt, hatte mehrere kurze Affären und begann schließlich, noch bevor die Scheidung ausgesprochen wurde, eine leidenschaftliche Liaison mit seiner Sekretärin Davorjanka Paunovic-Zdenka. Die beiden lebten gemeinsam mit Titos Söhnen aus der ersten und der zweiten Ehe im Weißen Palast und waren unzertrennlich. Als Davorjanka 1948 im Alter von nur 27 Jahren starb, war der jugoslawische Diktator untröstlich und beschloss, sich nie wieder in eine Frau zu verlieben. Dass bedeutete jedoch nicht, dass er von nun an in sexueller Enthaltsamkeit zu leben gedachte. Also beauftragte er, wann immer ihm danach war, seinen Vertrauten Ivan Krajacic-Stevo, ihm eine Frau für seine sexuellen Bedürfnisse zu schicken. Auf diese Weise landete auch Jovanka Budilavljevic eines Tages im Schlafzimmer ihres Angebeteten. Doch zunächst blieb es nur bei einer einzigen Nacht. Tito gab seinem Freund vorwurfsvoll zu verstehen, dass er nach einem anstrengenden Arbeitstag keine Lust auf anstrengenden Sex hätte, und dieser regte an, dann doch lieber die Finger von den jungen Mädchen zu lassen und sich wieder eine etwas reifere Freundin zu suchen. Tatsächlich hatte Stevo auch schon einen Vorschlag parat: die berühmte jugoslawische Opernsängerin Zinka Kunc, eine überaus schöne und intelligente Frau.

Jovanka war nicht wirklich enttäuscht über diese Entwicklung. Sie hatte nichts anderes erwartet. Als Stevo sie gefragt hatte, ob sie bereit wäre, eine Nacht mit Tito zu verbringen, war ja auch nur von einer einmaligen Angelegenheit die Rede gewesen. Ohne zu zögern hatte sie zugestimmt, glücklich, dem großen Marschall einen Dienst erweisen zu können. Dass sie dabei ein wenig über das Ziel hinausgeschossen war und Titos Bedürfnisse falsch einschätzte, war ihr schließlich nicht vorzuwerfen.

Doch auch das Verhältnis mit der Operndiva verlief nicht nach den Vorstellungen Titos. Die Dame hatte nämlich durchaus ihren eigenen Kopf. Wenn er mit ihr zusammen sein wollte, konnte es geschehen, dass sie sich einfach mit Müdigkeit entschuldigte. Wenn er mit ihr schlafen wollte, bekam sie Migräne, und wenn er mit ihr auf Reisen gehen wollte, hatte sie keine Zeit, weil in den führenden Opernhäusern und Konzertsälen der Welt Engagements anstanden.

Tito wandte sich erneut an seinen Freund Stevo und klagte ihm sein Leid. Eine feste Freundin? Gut und schön. Aber dann bitte eine, die nicht ganz so intelligent und nicht ganz so populär war. Er wollte eine Frau, die ihm gehorchte, die für ihn da war und die sich um ihn kümmerte – in jeder Beziehung. Der Marschall beendete also seine schwierige Beziehung zu Zinka Kunc. Schließlich hatte er auch ohne sie genug Probleme politischer Art, vor allem mit Stalin, der Jugoslawien zu einem sowjetischen Satellitenstaat machen wollte.

Tito, der einen eigenen, von nationalem Bewusstsein geprägten Kommunismus und ein eigenes Sozialismusmodell entwickelt hatte, verbat sich die Einmischung der Sowjetunion. Dieser unabhängige Kurs führte 1948 zum Bruch mit Stalin. »Ich werde den kleinen Finger bewegen und es wird keinen Tito mehr geben«, wütete der Sowjetführer und Kominform, das sowjetisch gesteuerte Kommunistische Informationsbüro, das die Nachfolge der Komintern angetreten hatte, brachte eine Resolution heraus, die zum Kniefall vor dem Kreml aufforderte. Auch in Jugoslawien musste diese Resolution zur Diskussion gestellt werden. Viele einfache Parteimitglieder hatten Angst. Wie sollten sie nun abstimmen, wen sich zum Feind machen? Es war bekannt, dass Tito gegen die Resolution war, andererseits war der Marschall noch vor wenigen Monaten recht unsanft mit Stalin-kritischen »Abweichlern« umgesprungen. Um diesmal nicht wieder unangenehm aufzufallen, stimmten daher viele für die Resolution. Das war ein Fehler. 15 000 jugoslawische Stalinisten wurden nach ihrer Entscheidung in ein Umerziehungslager auf eine Insel vor der dalmatinischen Küste transportiert. Dort wurden sie geschlagen und gefoltert, sie mussten unter den Schikanen des Wachpersonals leiden und unter ihren eigenen Mithäftlingen, unter denen sich auch radikale Stalinisten befanden. Es war ein einziger Alptraum. Stalin wurde der gewünschte Kniefall verweigert, worauf die Sowjetunion die jugoslawische KP aus dem Kominform ausschloss. Diese drastische Maßnahme ließ Tito nur zwei Möglichkeiten: Kapitulation oder Konfrontation. Er entschied sich für letzteres und verfolgte Jugoslawiens eigenen Weg zum Sozialismus weiter.

Wie bereits erwähnt besaß der Marschall genug Probleme. Dennoch erkannte er die hübsche Jovanka, als er ihr eines Tages auf einem der Flure im Weißen Palast begegnete, und sprach sie an. Offensichtlich hatte sie doch eine bleibende Erinnerung bei ihm hinterlassen. Sie war zu diesem Zeitpunkt 24, Tito 56 Jahre alt. Jovanka wusste kaum, wie ihr geschah. Noch am selben Abend bekam sie eine Einladung Titos, sich mit ihm gemeinsam in seinem privaten Projektions-Raum einen Film anzusehen. Danach unterhielten sie sich eine Weile, dann ließ er sie ohne den Umweg über sein Schlafzimmer nach Hause bringen. In der Folgezeit trafen sie einander häufig. Offensichtlich genoss der große Marschall die Gegenwart der jungen, schönen Frau, die bewundernd zu ihm aufblickte. Und nachdem er ihr klar gemacht hatte, dass er auch im Bett derjenige sein wollte, der den Ton angab, war auch diese Unstimmigkeit aus der Welt geschafft. Mit Jovankas Karriere ging es nun steil bergauf. In rascher Folge wurde sie zum Hauptmann und dann zum Major befördert, Auszeichnungen, die sie allerdings nicht wirklich berührten. Schon seit vielen Jahren war Tito einer der wichtigsten Inhalte ihres Daseins gewesen und nun tatsächlich und leibhaftig in ihr Leben getreten. Endlich durfte sie ihm nahe sein, durfte mit ihm reden und ihm ihre Verehrung zeigen. Nur das allein zählte.

Noch immer wollte Stalin Tito zur Unterwerfung zwingen und verhängte im Sommer 1949 ein totales Handelsembargo über Jugoslawien. Tito suchte und fand Hilfe im Westen, für den er zu einem interessanten Partner geworden war. Man hoffte auf weitere Spaltungen und unterstützte Jugoslawien nach besten Kräften. Stalin, der nach Titos Bruch mit Moskau auf dessen Sturz spekuliert hatte, sah sich getäuscht, und lange Zeit musste der Balkanstaat mit einem sowjetischen Angriff rechnen.

In dieser brenzligen Situation verhielt sich Jovanka genau so, wie Tito es von einer Frau erwartete. Sie war da, wenn er sie brauchte, bemüht, ein wenig Ruhe und Harmonie in sein Leben zu bringen. Sie sorgte für sein leibliches und sein geistiges Wohl und verschwand widerspruchslos und unauffällig, wenn er keine Zeit für sie hatte. Jovanka stellte keine Forderungen und ordnete sich ihm, seinen Bedürfnissen und Wünschen vollkommen unter. Es ist unwahrscheinlich, dass sie damit eine andere Absicht verfolgte als ihn, den über alles verehrten und bewunderten Mann, zufrieden zu stellen. Zumindest versuchte sie weder einen materiellen Vorteil aus dieser Beziehung zu ziehen noch einen wie auch immer gearteten Einfluss zu erlangen. Sie war einfach glücklich, mit ihm zusammen sein zu dürfen und stolz, wenn er mit ihr über seine Pläne und Ziele sprach, sie zu seiner Vertrauten machte.

Dass Tito ihr Anfang 1952 den geheimsten Wunsch erfüllte und sie bat, seine Frau zu werden, blieb der Weltöffentlichkeit ebenso verborgen wie die Hochzeit, die am 25. April 1952 stattfand. In aller Stille gab sich das Paar in dem kleinen Standesamt von Dedinje, einem Vorort Belgrads, das Jawort. Jovanka Broz Tito berichtete später: »Wir heirateten in einem kleinen, sehr privaten Rahmen. Ich trug ein rotes Kleid. Wir hatten danach eine kleine Feier in unserer Villa in Dedinje. Meine beiden jüngeren Schwestern, Zora und Nada, kamen. Das war alles. Wir haben es nicht bekannt gegeben, denn hier in Jugoslawien ist das Privatleben keine öffentliche Angelegenheit.«[93] Weiterhin erklärte sie schmunzelnd, dass Tito sie nach der Hochzeit ausgemustert hätte, weil es ihnen beiden überflüssig vorgekommen wäre, dass sie, die Frau des Marschalls, den Rang eines Majors bekleidete. Jovanka gab also ihre Arbeit in der Verwaltung auf und kümmerte sich nun hauptberuflich um das Wohlergehen ihres Ehemannes. Haushalt und Personal unterstanden ihr jetzt offiziell.

Allerdings verbrachte das Brautpaar zunächst einmal ausgiebige Flitterwochen auf Titos Sommerresidenz, der malerischen Kroateninsel Briujni. Der österreichische Außenminister Gruber, der zu einem kurzen inoffiziellen Staatsbesuch anreiste, ahnte nicht einmal, dass es sich bei der charmanten Frau an Titos Seite um dessen Ehefrau handelte. Dem Paar schien das Versteckspiel Spaß zu machen, und so zögerte es die öffentliche Bekanntmachung der Heirat immer weiter hinaus. Erst fünf Monate später lüfteten sie das Geheimnis – auch diesmal nicht in einer großen Bekanntmachung, sondern lediglich auf einer Einladung an die Mitglieder des diplomatischen Corps für den Empfang des britischen Außenministers Anthony Eden und dessen Ehefrau am 19. September 1952. Dort stand zu lesen: »Marschall Josip Tito und Frau Josip Broz Tito laden herzlichst…«

Die Neuigkeit schlug wie eine Bombe ein, und die Nachrichtenagentur *Associated Press* beeilte sich, die Welt zu informieren: »Eine lächelnde, dunkeläugige Brünette von achtundzwanzig Jahren erstrahlte heute Nacht als First Lady Jugoslawiens – Elf Jahre zuvor war sie in Titos Partisanenarmee eingetreten – Die dritte Frau des sechzigjährigen Premier bestritt ihren ersten Auftritt in der Öffentlichkeit in einem modischen, burgunderfarbenen Abendkleid – Die

Gelegenheit war ein Empfang im prunkvollen Weißen Palast, dem Sitz der Regierung, zu Ehren des britischen Außenministers Eden – Frau Tito stahl auf diesem Empfang allen die Show. Die Ehefrauen des diplomatischen Corps, vielleicht die kritischsten aller Anwesenden, lobten ihren Charme und ihre Haltung bei der Begrüßung der Gäste und die Art, wie sie sich später unter ihnen bewegte – Tito war ein stolzer Bräutigam. Beim Abendessen saß sie an seiner Seite während er sich mit Herrn Eden unterhielt.«

Als ein Reporter Jovanka auf der anschließenden Pressekonferenz fragte, warum sie Tito geheiratet habe, erklärte sie: »Es mag Sie enttäuschen, aber ich liebte und liebe meinen Ehemann. Und das ist der einzige Grund.«[94] Ob die Antwort den Journalisten nun enttäuschte oder nicht, sie entsprach wohl nicht ganz der Wahrheit. Sie hatte den großen Marschall bereits als kleine Partisanin verehrt, ohne ihn überhaupt persönlich zu kennen. Als Stevo sie später aufforderte, eine Nacht mit Tito zu verbringen, war sie ohne Zögern bereit, mit ihm zu schlafen. Und als sie schließlich den mächtigsten Mann des Landes privat kennen lernte, akzeptierte er sie lediglich, weil sie sich ihm und seinen Bedürfnissen bedingungslos unterordnete. Hätte ihr ein anderer, mehr als 32 Jahre älterer Arbeiter eine derartige Behandlung zugemutet, hätte die selbstbewusste, unabhängige und kampferprobte Partisanin ihn zum Teufel gejagt und ganz gewiss nicht geheiratet. Was Jovanka an Tito liebte, war die Position, die er inne hatte, und die Macht, die wie ein Liebestrank zu wirken scheint.

Tito liebte den Luxus über alles. Das hatte Jovanka bereits vor ihrer Ehe begriffen. Die beiden konnten unter vielen Häusern wählen: Außer dem Weißen Palast und der Villa auf Briujni gab es noch ein Schloss in Slowenien, verschiedene Residenzen und Jagdhäuser in ganz Jugoslawien. Jahre später sollte eine amerikanische Journalistin Jovanka ein Kompliment wegen ihrer vielen schönen Häuser und den geschmackvollen Einrichtungen machen, doch die First Lady wies die Worte entschieden zurück: »Diese Häuser gehören nicht mir«, sagte sie. »Wir benutzen sie nur. Sie gehören dem Volk.«[95]

Tito pflegte einen ausgeprägten Personenkult und zelebrierte seine öffentlichen Auftritte geradezu operettenhaft in blütenweißen Prunkuniformen. Er trug schon früh ein Toupet und liebte es, mit Jagdtrophäen, Limousinen und Motorjachten zu posieren. Er liebte gutes Essen, gute Kleidung und das Leben in angenehmer Umgebung. Am glücklichsten war er auf dem Land, beim Jagen, Reiten oder Schwimmen, umgeben von seinen Kindern und Enkeln, seinen Freunden und Angestellten sowie von Anhängern, die mit ihm im Untergrund gewesen waren, Hunden und Pferden. Ein ständiger Tross von Hausmädchen, Butlern, Köchen und Chauffeuren begleitete die Familie zu jedem Haus, das sie gerade bewohnten, genauso wie Gärtner, Diener und Verwalter.

Jovanka wurde nun Teil dieses Lebens. Ihr Tagesablauf veränderte sich nach der Heirat vollständig. Statt des Morgens in ihr Büro im Weißen Palast zu gehen, besprach sie nun alle Haushaltsfragen und das Tagesmenü mit dem Wirtschafter. Danach kam der Friseur zum Zuge, der Schneider oder der Hutmacher – je nach Terminplan. Es mussten Interviews für Frauenmagazine gegeben und Einladungen bei Frauenorganisationen wahrgenommen werden. Ein besonderes Interesse entwickelte Jovanka für Kinderspielzeug. Sie führte viele Diskussionen mit Spielzeugdesignern und setzte sich dafür ein, dass die Produkte auch psychologisch für die vorgesehene Altersgruppe geeignet waren. Zudem billigte Tito seiner Frau nach ihrem Erfolg auf dem Empfang für den britischen Außenminister nun auch offiziell die Stellung als First Lady zu und verlangte, sie bei Staatsbesuchen stets an seiner Seite zu haben. Sie stand neben ihm, um Staatschefs und Regierungsführer zu begrüßen, unter ihnen Premierminister Nehru aus Indien, Premier Guy Mollet aus Frankreich, den Herrscher von Äthiopien und den König von Griechenland. Kurz, sie entwickelte sich immer mehr zur perfekten Gastgeberin. Doch nicht nur das, offensichtlich avancierte sie auch mehr und mehr zu Titos Vertrauter und Beraterin.

Als 1955, zwei Jahre nach Stalins Tod, Nikita Chruschtschow und Nikolaj Aleksandrowitsch Bulganin nach Jugoslawien kamen, um die Gespräche mit Tito wieder aufzunehmen und die Beziehungen zwischen beiden Ländern zu normalisieren, mussten sie zu ihrem größten Erstaunen feststellen, dass sie den Marschall niemals allein zu Gesicht bekamen. Das war für die beiden Sowjetführer eine ganz neue und ungewohnte Erfahrung. Auch Stalin hatte sich gern mit schönen Frauen geschmückt – jedoch nur zu Feierlichkeiten. Aus der Politik wurden sie stets herausgehalten. Jovanka hingegen war bei allen Gesprächen und Verhandlungen anwesend und wurde – für die Sowjets noch verblüffender – von Tito sogar nach ihrer Meinung gefragt. Das bedeutete allerdings nicht, dass Tito sich von seiner Frau beeinflussen ließ. Er handhabte die Dinge so, wie er es für richtig hielt, war aber dennoch bereit, die Meinungen anderer einzuholen und, so sie sich mit seinen deckten, zu verwerten – auch die seiner Frau. Was immer Chruschtschow und Bulganin von Jovankas Gegenwart halten mochten, sie mussten sie hinnehmen. Am Abend, nach Abschluss der politischen Gespräche, schienen sie damit jedoch weniger Schwierigkeiten zu haben. So soll Chruschtschow – voll des jugoslawischen Slibowitz – zu vorgerückter Stunde sogar versucht haben, Jovanka zu küssen. Als sie ihn freundlich aber bestimmt abwies, lud er sie zu einem nächtlichen Spaziergang durch den Garten ein. Dieses Mal intervenierte der verärgerte Ehemann. »Es ist nach Mitternacht«, meinte Tito unfreundlich, »Zeit ins Bett zu gehen.«[96]

Immer häufiger begleitete Jovanka ihren Mann auch zu ausländischen Staatsbesuchen. So reiste sie mit ihm nach Paris, Kairo, Bukarest und auf die romantische Insel Korfu, wo sie herzlich vom griechischen Königspaar begrüßt wurden. General Ne Win und Frau hießen sie in Burma willkommen, und als die Titos nach Rio kamen, stand Jovanka im Mittelpunkt des Interesses – sie trug ein grünes Kleid und einen gelben Hut, die Farben Brasiliens. Als der indonesische Präsident Sukarno zu einer Silvesterparty auf der exotischen Insel Bali einlud, reisten Jovanka und ihr Mann auf ihrer Luxusyacht *Galeb*, zu deutsch Seemöwe, an und brachten eine stattliche Anzahl von Flaschen des jugoslawischen Nationalgetränks Slibowitz mit. Der scharfe Zwetschgenbranntwein trug offensichtlich dazu bei, dass die Stimmung bald sehr ausgelassen wurde. Sukarno drängte Tito sogar, mit den balinesischen Tänzerinnen zu swingen. Er weigerte sich jedoch, zog das Jackett aus, krempelte sich die Hemdsärmel hoch und tanzte mit seiner eigenen Frau.

1959 begleitete Jovanka ihren Mann das erste Mal nach Moskau. Es gibt ein Foto von diesem Staatsbesuch: Sie und Tito sitzen im Fond eines Autos – Chruschtschow vorn, neben dem Fahrer. Ein amerikanischer Journalist berichtete damals: »Zum ersten Mal bekamen die Sowjetbürger auch die Frauen ihrer politischen Führer zu sehen. Ein denkwürdiger Augenblick, den sie offensichtlich Jovanka Tito zu verdanken hatten...«[97]

Dass aus der kleinen Partisanin eine große Dame geworden war, bewies Jovanka auch im Oktober 1963 bei einem Besuch in den Vereinigten Staaten. Im modischen schwarzen Kleid und rosa Hütchen saß sie bei einem Mittagessen im Weißen Haus auf dem Ehrenplatz neben dem Präsidenten und plauderte mit dem sehr interessierten John F. Kennedy über ihre Erlebnisse in der Widerstandsbewegung. Als Tito wegen einer Grippe ans Bett gefesselt war, ging sie mit Angie Biddle, der Frau des damaligen Protokollchefs, auf Stadtrundfahrt und Einkaufsbummel. In der National Art Gallery blieb sie voller Bewunderung vor einem Rembrandt stehen und bemerkte, dass in seinen Bildern »immer wieder etwas Neues zu entdecken« sei. Sie erzählte, dass sie in ihrem Haus in Belgrad einige Reproduktionen seiner Werke hätten. Beim Anblick von Goyas *Buchhändler* kommentierte sie: »Er ist der Meister.«[98] Nach Titos Gesundung begleitete sie ihren Mann zu den Vereinten Nationen. Anschließend wünschte das jugoslawische Präsidentenpaar, das Land auf eigene Faust zu entdecken und unternahm einen Ausflug nach Sterling Forrest etwa 100 Kilometer von New York entfernt. Tito machte Schnappschüsse von einem Wasserfall und gemeinsam aßen sie in einer Cafeteria zu Mittag: Hamburger und Pommes Frites. Ein Jahr später wusste die Frau des amerikanischen Landwirtschaftsministers, die von einer fünfwöchigen Reise durch verschiedene kommunistische Länder zurückkehrte, zu berichten: »Marschall Titos Frau war die einzige Frau, die eine wirkliche Rolle im offiziellen Leben spielt. Sie war das glamouröseste Mädchen der ganzen Gruppe, eine große kräftige Frau, aber gut proportioniert, prächtig gekleidet, mit Perlen, diamantenen Ohrringen und gewaltigen Ringen an beiden Händen. Frau Broz war sehr gesprächig und neckte Tito manchmal. Und offensichtlich hält sie sich über alles auf dem Laufenden.«[99]

Ohne jemals ein offizielles Amt oder eine politische Funktion auszuüben, wurde die elegante Jovanka mit ihrer selbstbewussten Art und dem natürlichen Lächeln zum Aushängeschild Jugoslawiens. Jedem offiziellen Treffen nahm sie die steife Note und half damit ihrem Mann sehr entscheidend bei seinem meisterhaften Balanceakt zwischen Ost und West. Geschickt nutzte Tito die günstige geopolitische Lage seines Landes, um gute Wirtschaftsbeziehungen mit dem Westen, den Sowjets und den so genannten Entwicklungsländern zu pflegen, und auf diese Weise den jugoslawischen »Marktsozialismus« zu stärken. Außerdem entwickelte er sich – zusammen mit Nehru aus Indien und Nasser aus Ägypten – zu einem der Führer der Blockfreien-Bewegung.

Politik war und blieb eine der wichtigsten Gemeinsamkeiten zwischen Jovanka und Tito. Eine andere bestand in der Sorge um seine Gesundheit, sein Wohlergehen und seine Wünsche. Sogar ihre umfangreiche Garderobe suchte Jovanka nach dem Geschmack ihres Mannes aus. Trug sie trotzdem einmal ein Kleidungsstück, das ihm nicht gefiel, bemerkte sie sein Missfallen sofort und zog sich schnellstens um. »Aber auch Tito macht Kompromisse«, erklärte sie lachend einer Journalistin. »Er trägt sogar den grauen Sweater, den ich ihm gestrickt habe.«[100]

Jovanka Broz Tito, eine rundherum glückliche Ehefrau und eine zufriedene First Lady? So schien es zumindest noch am 14. Juni 1977, als sie strahlend wie eh und je auf dem Empfang für den norwegischen Premierminister erschien. Es war ihr letzter Auftritt in der Öffentlichkeit, danach verschwand Jovanka von der nationalen

Wohin sie Tito auf seinen Staatsbesuchen auch begleitete: Immer sorgte Jovanka Broz Tito (geb. 1924) dafür, dass dem blockfreien Jugoslawien große Sympathien entgegen gebracht wurden.

und der internationalen Bühne. Eine amtliche Erklärung für ihr Verschwinden wurde niemals abgegeben, doch allmählich verbreitete sich das Gerücht, dass sie unter Hausarrest gestellt worden sei. Jugoslawien und der Rest der Welt begannen, über die Gründe für diese skandalöse Maßnahme zu spekulieren.

Der 85jährige Tito war erkrankt, zog sich zurück und begann die Regierungsgewalt mehr und mehr in die Hände seiner Vertrauten und engsten Freunde zu legen. Hatte Jovanka in dieser Situation die Macht an sich ziehen wollen? Alles sah danach aus. Zwei Jahre wurde der Hausarrest aufrecht erhalten, dann, wenige Monate vor seinem Tod, lockerte Tito die Bedingungen. Sie konnte sich in Ljubljana, wo das Ehepaar zu dieser Zeit lebte, frei bewegen. Allerdings war es ihr streng verboten, die Stadt zu verlassen oder sich an die Öffentlichkeit zu wenden.

Tito starb am 4. Mai 1980 und wurde in Belgrad beigesetzt. Jovanka erhielt nach seinem Tod eine im griechischen Stil erbaute Villa am Boulevard Mira zugesprochen. Sobald sie jedoch dort eingezogen war, wurde sie wieder unter Hausarrest gestellt. Lediglich das Grab ihres Mannes durfte sie einmal in der Woche besuchen.

Erst sechzehn Jahre später gelang es einem Journalisten des jugoslawischen Fernsehsenders *Studio B*, Jovanka in ihrem Haus zu interviewen. Man hätte ihr unterstellt, einen Staatsstreich geplant zu haben, berichtete Titos Witwe. Doch in Wirklichkeit wäre es nur darum gegangen, sie auszuschalten. »Mein Mann war gesundheitlich nicht mehr in der Lage, sich selbst ein Bild über das zu machen, was im Lande vor sich ging. Er musste die Lügen glauben, die seine angeblichen Freunde ihm erzählten. Ich war die einzige, die diese Lügen hätte entlarven können, die Tito hätte warnen und schützen können.«[101]

Tatsächlich begann der Vielvölkerstaat Jugoslawien bereits auseinander zu fallen, als bekannt wurde, dass der große Marschall unheilbar erkrankt war. Die alten Rivalitäten zwischen den Ethnien traten wieder stärker hervor und jeder der Bundesstaaten forderte ein größeres Mitspracherecht in der von den Serben dominierten

Zentralregierung. Einig war sich die neue Führung lediglich in einer Sache: Eine starke Frau Tito, die die jugoslawische Verehrung für ihren charismatischen Ehemann auf sich zog und somit in der Lage war, seine Nachfolge anzutreten, wollte niemand.

Nach dem Interview des *Studio B*-Journalisten, das erst in Jugoslawien und dann in die ganze Welt ausgestrahlt worden war, wollten Reporter aus aller Herren Länder mit Jovanka sprechen. Sie wurden alle abgewiesen. Ein Reporter der *National Post* aus Kanada versuchte es dennoch. »Sie spricht nicht mit Ihnen, es sei denn, Sie können eine amtliche Erlaubnis vorweisen«, erklärte ein Sicherheitsbeamter, der Jovanka 23 Jahre zuvor von der jugoslawischen Regierung zugewiesen worden war. Doch obwohl die *National Post* wenig später ein Empfehlungsschreiben des Bundesministeriums für Informationen vorlegen konnte, lehnte Jovanka es ab, die Reporter zu treffen. Das Geschenk – Blumen und Schokolade – nahm sie allerdings entgegen. Bis heute ist nicht klar, ob es ihre Entscheidung war, die Journalisten zurückzuweisen, oder die der Milošević-Regierung.

Um nicht vergebens angereist zu sein, interviewten die Kanadier wenigstens den Sicherheitsbeamten, der auch tatsächlich einiges zu erzählen hatte. Der Mann hieß Raya Fatic, stand kurz vor seiner Pensionierung und bezog sein Gehalt von der jugoslawischen Regierung. Er berichtete, dass der im Sterben liegende Tito in Gegenwart von zwei seiner Vertrauten ein Testament zugunsten Jovankas und seiner Kinder aufgesetzt habe. Seltsamerweise verschwand das Schreiben des großen Marschalls und Titos Vermögen floss in die Kasse der Kommunistischen Partei. Jovanka bekam lediglich eine kleine Rente zugesprochen. »In manchen Zeiten hat sie nicht einmal genug zu essen gehabt«, erzählte Fatic. »Sie wäre verhungert, wenn ihr nicht barmherzige Seelen hin und wieder ein Lebensmittelpaket vor die Tür gelegt hätten.«[102]

Im Februar 2001 berichtete die Belgrader Zeitung *Blic,* dass die 77-jährige Jovanka ab sofort nicht mehr unter Hausarrest stehe und keine Verbote oder Beschränkungen mehr gelten würden. Allerdings werde die Tito-Witwe »auf eigenen Wunsch« weiter bewacht. »Alles was sie sich wünscht«, erklärte ihr Anwalt und Cousin, Vlada Zivulovic, sei eine kleine Wohnung, ein Personalausweis und ein ganz normales, anonymes Leben. Es ist die bescheidene Bitte einer Frau, die 25 Jahre lang als strahlende First Lady ein Leben in Luxus und Überfluss führte und anschließend nahezu die gleiche Zeit mit Hausarrest unter Kontrolle gehalten wurde.

»Ich regiere ein Land mit zwei Alphabeten, drei Sprachen, vier Religionen und fünf Nationalitäten, die in sechs Republiken leben, von sieben Nachbarn umgeben sind und mit acht Minderheiten auskommen müssen«, hatte Tito einst gesagt. Er regierte es mit harter Hand und rechnete gnadenlos mit politischen Gegnern ab, doch sein Charisma, sein Instinkt für Macht und Gefahr hielten den Vielvölkerstaat zusammen. Jovanka unterstützte ihn dabei, fungierte als Vertraute, als Beraterin, als Repräsentantin, aber vor allem als seine Frau, die sich um sein Wohlergehen sorgte. Politische Macht besaß sie jedoch nie und als man sie verdächtigte, einen Staatsstreich zu planen, wurde sie sofort und nachhaltig zur Räson gebracht. Jovanka Broz Tito eine Putschistin? Niemand außer ihr kann die Frage mit letzter Sicherheit beantworten. Doch wie gefährlich kann eine Frau sein, die nicht einmal intrigant genug ist, sich einen Teil des Nachlasses ihres eigenen Ehemannes zu sichern?

Die mächtigste Frau in der serbischen Geschichte

Mirjana Markovic-Milošević

Seit der Niederlage gegen die Osmanen im Jahre 1389 in der Schlacht auf dem Amselfeld hat der Kosovo für die Serben geradezu mythische Bedeutung. Hier ging das alte serbische Großreich unter, hier begann die Jahrhunderte währende osmanische Herrschaft, die zum serbischen Trauma wurde. Erst im Jahre 1912 konnten die Türken wieder aus dem Land vertrieben werden. Der Kosovo wurde nun Teil des Königreiches der Serben und 1918 in das neue Königreich der Serben, Kroaten und Slowenen, das spätere Jugoslawien, eingegliedert. 1945 gewährte Tito dem Kosovo den Status einer autonomen Region und erklärte es 1968 zu einer autonomen Provinz. Doch nach seinem Tod kam es zwischen den Albanern und der serbischen Minderheit zu ethnischen und politischen Auseinandersetzungen.

1989, genau 600 Jahre nach der Schlacht auf dem Amselfeld, nutzte der serbische Politiker Slobodan Milošević die besondere historische Bedeutung des Kosovo für seine eigene Karriere. Mit Parolen wie »Serbien ist, wo Serben wohnen«, »Kosovo ist das wertvollste serbische Wort« und »hier steht die Wiege der serbischen Nation« schürte er den Nationalismus seiner Landsleute. Deren Unterstützung benötigte er, um an die Spitze des Staates zu gelangen.

Die Idee für seinen »Feldzug« entwickelte er jedoch nicht allein, sondern zusammen mit seiner ehrgeizigen Ehefrau Dr. Mirjana

Markovic, die schon seit der gemeinsamen Schulzeit als treibende Kraft hinter ihm stand. Ohne sie und ihre Herrschsucht, so heißt es, wäre Slobodan Milošević nur ein gewöhnlicher Provinzfunktionär geblieben und niemals zu einem der mächtigsten Diktatoren des Balkans aufgestiegen. Erst nach dem Sturz des Regimes wurde bekannt, mit wie viel Ehrgeiz, Raffinesse und Skrupellosigkeit die Universitätsprofessorin Mirjana Markovic vorging, um die Macht ihres Mannes und damit auch ihre eigene auszubauen, zu festigen und zu verteidigen. Sie selbst sah sich zwar lieber als »gütige Landesmutter« und als »Anwältin der Ärmsten der Armen«. Ihre Gegner hingegen betrachteten sie als den bösen Geist im Präsidentenpalast, nannten sie einen weiblichen Mephisto oder die Belgrader Lady Macbeth. Und das gewiss nicht zu unrecht. Noch kurz vor dem Sturz ihres Mannes drohte sie auf einer Wahlveranstaltung: »Wir kamen inmitten von Blutvergießen an die Macht, und nur nach einem Blutvergießen werden wir gehen.«[103]

Als die Deutschen und ihre Verbündeten im Zweiten Weltkrieg Jugoslawien besetzten und Tito sein Partisanenheer aufstellte, gehörten die Literaturstudentin Vera Miletic, die Mutter von Mirjana, und ihr Ehemann und Kommilitone zu den ersten, die seinem Ruf folgten. Gemeinsam mit ihren Kameraden bekämpften sie die Besatzer und deren Verbündete, die faschistischen Ustascha und die antikommunistischen Tschetniks. Im Sommer des Jahres 1942 errichteten sie mit ihrer Partisaneneinheit ein Lager in einem Waldstück unweit Belgrads. Während die Gruppe Angriffe aus dem Hinterhalt führte, blieb Vera im Lager zurück. Sie war hochschwanger und stand kurz vor der Geburt. Am 10. Juli 1942 schenkte sie einem Mädchen das Leben, dem sie den Namen Mirjana gab. Da der Säugling nicht bei den Partisanen bleiben konnte, brachte Vera ihre kleine Tochter in Sicherheit. Ein Müller war bereit, sie in seiner Familie aufzunehmen. Mirjana lebte zwei Jahre bei ihm. Vera konnte ihre Tochter nur sehr selten besuchen, weil sie mit ihrer Gruppe weiterzog, aber auch, weil sie die Pflegefamilie nicht gefährden wollte. Doch dann rissen die Besuche ganz ab. Die Deutschen hatten die Partisanen-Gruppe aufgespürt, ein Teil der Kameraden konnte entkommen, doch Vera wurde verhaftet und in ein Gefängnis nach Belgrad gebracht. Dort soll sie, wie es heißt, unter der Folter ihre Genossen an die deutsche Gestapo verraten haben. Vera Miletic wurde im September 1944, wenige Wochen bevor Tito in Belgrad einmarschierte, von ihren eigenen Leuten als Verräterin erschossen.

Nach Kriegsende kam der Partisanenführer Markovic in die Mühle, um seine Tochter abzuholen. Er brachte sie zu den Eltern seiner verstorbenen Frau, die in der serbischen, südlich von Belgrad liegenden Kleinstadt Požarevac lebten. Mehr war er nicht bereit, für dieses Kind zu tun. Markovic distanzierte sich ausdrücklich von Vera Miletic und der gemeinsamen Tochter, wurde ein hoher Parteifunktionär, heiratete und bekam weitere Kinder.

Die kleine Mirjana litt sehr unter dem unbegreiflichen Verhalten ihres Vaters und verteidigte später stets ihre Mutter, deren Schuld niemals bewiesen wurde. Schon als Kind ließ sie sich am liebsten »Mira« nennen – nicht als Koseform von Mirjana, sondern weil so der Deckname ihrer Mutter gelautet hatte: Ve-RA MI-letic.

Mirjana entwickelte sich zu einem dunkelhaarigen, etwas pummeligen jungen Mädchen, das sich stets unauffällig und schüchtern verhielt, aber dennoch Ehrgeiz und Intelligenz an den Tag legte. Nach der Grundschule besuchte sie mit Erfolg das Gymnasium. Sie hatte keine Freunde und galt bei ihren Mitschülern als Einzelgängerin. 1958 lernte Mira einen Jungen kennen, der ebenso schüchtern war wie sie, keine Freunde besaß und unter seinen Altersgenossen als Streber und schrecklicher Langweiler galt: Slobodan Milošević.

Ebenso wie Mira hatte auch Slobodan keine glückliche Kindheit. Er ist montenegrinischer Abstammung und wurde am 20. August 1941 in Požarevac geboren. Sein Vater, ein serbisch-orthodoxer Pope, verließ die Familie, als Slobodan noch die Grundschule besuchte, und nahm seinen älteren Sohn Borislav mit nach Montenegro. 1962 beging er Selbstmord. Die Mutter, eine Volksschullehrerin, musste nun zusehen, wie sie mit ihrem Sohn durchkam. Die Kommunistische Partei und Slobo wurden zu ihrem einzigen Lebensinhalt. Ihre Erziehung war streng. Der Sohn musste stets makellos gekleidet sein, durfte auf keinen Fall in seinen schulischen Leistungen nachlassen und seinen Musterschülerplatz in der ersten Bankreihe verlieren. Sie beging 1973 ebenfalls Selbstmord.

Mira Markovic und Slobodan Milošević wurden unzertrennlich. Bald nannten ihre Klassenkameraden sie nur noch »Romeo und Julia«. Mira war Slobodans erste und einzige Freundin, und obwohl ein Jahr jünger als er, dominierte sie von Anfang an in der Beziehung.[104] Dr. Svetozar Stojanovic vom Institut für Philosophie und Sozialtheorie sagt heute: »Eines müssen Sie über Milošević begreifen. Im Gegensatz zu den meisten Männern auf dem Balkan hat er in seinem Leben nur mit einer einzigen Frau geschlafen. Sein Verhältnis zu Mira ist der Schlüssel zum Verständnis Jugoslawiens in den letzten zehn Jahren.« Tatsächlich verbrachten die beiden ihr ganzes Leben in enger Symbiose, verbunden durch eine unglückliche Kindheit und den gleichen Willen zur Macht.

Nach dem Abitur ging das Paar gemeinsam nach Belgrad, um dort zu studieren, wobei er sich der Rechtswissenschaft widmete, sie der Soziologie. Nach ihren Studienabschlüssen heirateten sie. Das war 1965. Im gleichen Jahr wurde auch Tochter Marija geboren. Sohn Marko sollte erst neun Jahre später zur Welt kommen. Beide, Mirjana und Slobodan – was übersetzt übrigens »Frieden« und »Freiheit« bedeutet – gehörten der Kommunistischen Partei Titos an. Während Mira, die auch nach der Eheschließung ihren Mädchennamen beibehalten hatte, nun die Hochschullaufbahn wählte und als Dozentin für Soziologie an der mathematischen und naturwissenschaftlichen Fakultät der Universität Belgrad tätig wurde, sollte Slobodan – das entschieden sie gemeinsam – eine Parteikarriere starten. Mit Hilfe der KP wurde er bereits 1968 zum leitenden Funktionär der Firma Technogas. Dort lernte Milošević den Chef des petrochemischen Großkombinats, Ivan Stambolić, kennen, der ihn von nun an protegierte. Durch Stambolićs Unterstützung wurde er 1973 zum Generaldirektor der Technogas ernannt, und wechselte fünf Jahre später als Präsident zur Belgrader Beogradska banka.

Als Tito am 4. Mai 1980 nach langem Leiden starb und sein Leichnam nach Belgrad gebracht wurde, erwiesen auch Mira und Slobodan dem großen Marschall die letzte Ehre. Bei der Trauerfeier standen sie neben Ivan Stambolić, einem alten Freund Titos und mittlerweile Vorsitzenden der serbischen Kommunistischen Partei.

Nach wie vor funktionierte das Paar Milošević/Markovic als perfektes Tandem: Sie lenkte und er strampelte. Daher war es auch Mirjana, die vier Jahre später die politische Karriere ihres Mannes zu planen begann. Sie führte lange Gespräche mit Slobodan und noch längere Unterredungen mit Stambolić, die ihre Früchte trugen: Milošević bekam das Amt des Parteisekretärs der Hauptstadt Belgrad.

Doch auch Mira stieg die Karriereleiter ein paar Stufen höher und wurde Professorin und Lehrstuhlinhaberin für Marxismus an der Belgrader Universität. Außerdem unterrichtete sie an der Schule für internationales Management und trat als Gastprofessorin an der Moskauer Lomonossow-Universität auf. Immerhin ließ ihr diese Tätigkeit genug Zeit, um weiter am Aufstieg ihres Mannes zu arbeiten. Wiederum mit der Hilfe von Stambolić, der mittlerweile zum Präsidenten Serbiens gewählt worden war, übernahm Milošević dessen Nachfolge als Parteivorsitzender der Kommunisten Serbiens.

1987 entsandte Stambolić seinen bisher blassen Schützling zu Verhandlungen zwischen Serben und Albanern ins Kosovo, jener Provinz, der Tito weitgehende Autonomie zugestanden hatte. Die Reise wurde für Milošević zum Schlüsselerlebnis. Während er mit Parteikadern verhandelte, versammelten sich vor dem Lokal Hunderte von Serben, und es kam zu Zusammenstößen mit der Polizei. Milošević ging hinaus und wollte beschwichtigen. Er mahnte die Genossen zur Ruhe, rief zu Brüderlichkeit und Einheit auf. Einige ältere Männer riefen ihm zu, sie seien von der Polizei mit Knüppeln geschlagen worden. Wie zu sich selbst sagte Milošević: »Niemand darf Serben prügeln.« Und noch einmal, etwas lauter: »Niemand darf Serben prügeln.«[105] Die Menge nahm den Satz begeistert auf. Die Kosovo-Serben hatten ihren Retter gefunden und Milošević ein entscheidendes Instrument für seinen unaufhaltsamen Aufstieg. Mit diesem Satz war er, der bis dahin eher im Hintergrund gewirkt hatte, zu einem der bekanntesten Politiker Jugoslawiens geworden.

Doch zunächst drohte ihm Gefahr wegen eines Tabubruchs: Nationalistische Töne galten als konterrevolutionär in Titos Vielvölkerstaat, in dem man die nationalen Ressentiments viele Jahre unterdrückt hatte. Um den befürchteten Karriereknick ihres Mannes zu verhindern, ging Mirjana in die Offensive. Es gelang ihr, die Medien für ihre Kampagne einzuspannen. Zeitungen und Fernsehsender begannen nationalen Hass zu propagieren. Die Serben reagierten. Überall im Land kam es zu Großkundgebungen, und plötzlich wurde aus dem ins Zwielicht geratenen Milošević eine Art serbischer Messias. Die Stimmung war derart angeheizt, dass die KP keine Möglichkeit sah, ihren Vorsitzenden zu maßregeln. Im Gegenteil: Die allgemeine Begeisterung nutzend, gelang es Milošević, die Partei fest an sich zu binden und von Widersachern und Rivalen zu säubern. Auch der ehemalige Titofreund Ivan Stambolić, sein politischer Ziehvater, der sich der Entwicklung widersetzen wollte, musste Anfang Mai 1989 gehen. Am 8. Mai 1989 wurde Milošević zum Präsidenten der Republik Serbien ernannt. Zunächst für ein Jahr, dann sollte das Volk in freien Wahlen entscheiden. Das Paar Milošević/Markovic war fest entschlossen, diese Zeit zu nutzen.

Den zweiten Auftritt ihres Mannes im Kosovo plante Mirjana bis ins letzte Detail. Es war die Feier zum 600. Jahrestag der Schlacht auf dem Amselfeld. Ein 30 Meter hohes Denkmal aus »blutrotem Stein« wurde aufgestellt und der Leichnam des legendären Königs Lazar I., der in dieser Schlacht sein Leben gelassen haben soll, exhumiert und durch ganz Serbien eskortiert.

Am 28. Juni 1989 ließ sich Milošević im Hubschrauber zu den Hunderttausenden auf dem Amselfeld fliegen. Er wurde bejubelt und hielt vor etwa einer Million Anhänger seine berühmte und oft falsch zitierte Rede über die Zukunft Serbiens. Dass er dabei nicht, wie vielfach behauptet, das »Großserbische Reich« ausrief, ist mittlerweile erwiesen. Immerhin versprach er aber der serbischen Minderheit Schutz vor den angeblichen Schikanen der Albaner. Und er ließ seinen Worten Taten folgen. Milizen wurden zur Unterstützung der Serben in den Kosovo geschickt und nach und nach gingen alle politischen Ämter in die Hände von Serben über.

Doch auch in Serbien selbst gab es Veränderungen. Meinungspluralismus wurde zugelassen und das Mehrparteiensystem eingeführt, die Arbeit von außerparlamentarischen Initiativgruppen ermöglicht und der Übergang zur Marktwirtschaft – allerdings unter Beibehaltung eines starken staatlichen Sektors – eingeleitet. Die Reformen sicherten Milošević die Unterstützung nicht nur eines Großteils der Bevölkerung, sondern auch der Intellektuellen. Die Kommunistische Partei wurde aufgelöst und die Sozialistische Partei Serbiens (SPS) gegründet, deren Vorsitzender Slobodan Milošević hieß. Die damit verbundene Verfassungsänderung beinhaltete jedoch noch einen weiteren Punkt: Die Aufhebung des Autonomiestatus des Kosovo und der Vojvodina, die von deutschen, rumänischen und ungarischen Minderheiten bewohnt wurde.

Bei der Wahl im Dezember 1990, bei der erstmals mehrere Parteien konkurrierten, setzte sich die SPS mit rund 46 Prozent der Stimmen durch. Slobodan Milošević war damit als Präsident Serbiens bestätigt und das Ehepaar konnte auch weiterhin die politische Bühne Serbiens beherrschen.

Nach dem Tod Titos am 4. Mai 1980 hatte das Präsidium der Republik die Regierungsgeschäfte Jugoslawiens übernommen. Die acht Mitglieder setzten sich aus je einem Vertreter der sechs Teilrepubliken – Bosnien-Herzegowina, Kroatien, Makedonien, Montenegro, Serbien und Slowenien – und der zwei autonomen Provinzen Kosovo und Vojvodina zusammen. Nach Titos Tod traten die alten Rivalitäten zwischen den Ethnien wieder stärker hervor und die Bundesstaaten forderten ein stärkeres Mitspracherecht in der von Serbien dominierten Zentralregierung. Zum ersten ernsthaften Konflikt kam es 1980 im überwiegend von muslimischen Albanern bewohnten Kosovo, deren Rufe nach Unabhängigkeit immer lauter wurden. Als Milošević zehn Jahre später die Autonomie der Provinz aufhob, verschlechterten sich die Beziehungen der einzelnen jugoslawischen Teil-Republiken zueinander. Weil Slowenien den Kosovo unterstützte, verhängten die Serben einen Handelsboykott gegen Slowenien, das seinerseits die Zahlungen in die jugoslawische Bundeskasse einstellte. 1991 erklärten Slowenien, Kroatien und Makedonien ihren Austritt aus der Föderation. Der Versuch, die abtrünnigen Slowenen mit Waffengewalt im Staatenbund zu halten, erwies sich schnell als aussichtslos. Bereits Ende Oktober 1991 zogen die letzten Truppen der Bundesarmee aus Slowenien ab. Damit war die jugoslawische Republik faktisch aufgelöst.

In Kroatien kam es nun zu einem Bürgerkrieg zwischen Kroaten und Serben, und in Bosnien-Herzegowina brach ein langwieriger, zum Teil mit äußerster Brutalität auch gegen die Zivilbevölkerung geführter Krieg zwischen den bosnischen (muslimischen), serbischen und kroatischen Teilen der Bevölkerung aus. In der Folge eskalierte der Konflikt unter den ehemaligen jugoslawischen Teilstaaten immer mehr. Mit so genannten ethnischen Säuberungen versuchten alle Parteien, vollendete Tatsachen für einen späteren Friedensschluss zu schaffen.

Zunächst verfolgten Milošević und seine Anhänger das Ziel, die gesamte serbische Bevölkerung Jugoslawiens in einem großserbischen Staat zusammenzufassen. Diese Politik isolierte Serbien außenpolitisch und im Mai 1992 verhängte die UNO ein Handelsembargo. Dennoch wurde der Krieg weitergeführt. Miloševićs deutlicher Wahlsieg bei den Präsidentschaftswahlen im Dezember 1992 bewies, dass die Mehrheit der Serben seine nationalistische Politik billigte.

Während des Auflösungsprozesses des alten Jugoslawien beschimpfte Mirjana die politischen Führer der nach Unabhängigkeit strebenden Slowenen, Kroaten und Bosnier als »Separatisten« und »Serbenhasser«. Allerdings war sie es leid, immer nur aus der zweiten Reihe agieren zu können. Sie wollte endlich persönlich und aktiv in der Politik mitmischen. Noch während des Kampfes um Bosnien-Herzegowina gründete Mira Markovic im Frühsommer 1994 die Partei »Jugoslawische Linke« (JUL), eine Sammelbewegung von 23 kommunistischen Organisationen. Mit ihr verfügte sie nun über eine eigene politische Plattform.

Die JUL blieb eine Splitterpartei, wurde jedoch durch ein Bündnis mit Miloševićs SPS stark und beanspruchte bei späteren Wahlen sogar 40 Prozent der gemeinsamen Listenplätze. In den folgenden Jahren gewann die Partei deutlich an Einfluss auf die Innen- und Außenpolitik und besetzte wichtige Positionen in Verwaltung und Gesellschaft. Ihre Klientel fand sie vornehmlich bei Fabrikdirektoren und Geschäftsleuten. Von der Opposition wurde sie daher auch als eine »Partei der Kriegsgewinnler und Neureichen« kritisiert, die während der UNO-Sanktionen gegen Serbien und Montenegro mit zweifelhaften Geschäften viel Geld verdient haben soll. Selbst Firmengelder waren vor der Raffgier der Belgrader Führungsschicht nicht sicher. Insbesondere im Umfeld von Mira Markovic, Führerin der jugoslawischen Linken, wurde kräftig die Hand aufgehalten. Die Wirtschaft war geradezu durchsetzt von führenden JUL-Mitgliedern. Ob an der Spitze des Telekom-Monopolisten Telekom Srbija, des Stromversorgers EPS oder des führenden Versicherungsunternehmens Dunav – überall saßen die Anhänger von Markovic. So stieg der Schwarzgeld-Anteil im Staatshaushalt unaufhörlich an. Laut Auskunft des neuen Finanzministers Bozidar Djelic flossen im Jahr 2000 rund 20 Milliarden Dinar, das entspricht etwa 300 Millionen Dollar, am Parlament vorbei. Das sind rund 40 Prozent des Budgets der serbischen Republik.[106]

Das Jahr 1994 war für das Paar Milošević/Markovic eine gute und erfolgreiche Zeit. Durch die Gründung der JUL konnten sie je nach Bedarf kommunistische oder nationalistische Parolen verkünden, um die Bevölkerung zu mobilisieren. Ivan Stambolić, der den

Diktator in seinen Anfängen protegiert hatte, sagte dazu: »Milošević hat im Grunde überhaupt keine Überzeugungen. Er ist bereit, jeden Tag eine andere Ideologie anzunehmen. Er wechselt seine Ansichten und seine Verbündeten. Er benutzt jeden und wirft ihn danach einfach weg. Mira dagegen ist Überzeugungstäterin. Ihre Idee ist ein serbisches Großreich, um jeden Preis.«[107] Und Nebojsa Covic, Belgrader Bürgermeister von 1994 bis 1997, erklärte: »Ich glaube, Mira bildet sich ein, sie sei Titos Nachfolgerin und wir alle seien ihr Erbe, mit dem sie tun und lassen kann, was sie will.« Und er fügte hinzu: »Milošević ist seiner Frau hörig. Er ruft sie bis zu neun Mal am Tag an. Er spricht nur in der Babysprache mit ihr, benutzt Ausdrücke wie: mein kleines Kätzchen oder Häschen. Ich fand das furchtbar komisch, besonders wenn es um ernste Sachen ging wie Politik.«[108] Immerhin, eine außergewöhnliche Beziehung. Auch nach 30 Jahren Ehe turtelten die Miloševićs in der weitläufigen Präsidentenvilla auf dem noblen Belgrader Dedinje-Hügel noch miteinander. Nunmehr allerdings bei iranischem Kaviar und französischem Champagner.

Am 15. Juli 1997 wurde Milošević von der sozialistischen Mehrheit des jugoslawischen Bundesparlaments zum Staatspräsidenten der Republik Jugoslawien gewählt. Die Opposition hatte die Wahl boykottiert und keinen Gegenkandidaten aufgestellt. Sein Nachfolger als Ministerpräsident der Republik Serbien wurde Mirko Marjanovic (SPS), der zugleich die direkte Kontrolle über das Innenministerium und damit über Polizei und Geheimdienst übernahm. An der Regierung wurde die JUL mit einigen Ministern beteiligt. Repressive Gesetze gegen Universitäten und Medien trugen nach Meinung von Kritikern eindeutig die Handschrift Mirjana Markovics.

Während Milošević öffentlichen Auftritten gern aus dem Wege ging, war Mira mit den Medien vertraut und nutzte sie. Sie wurde im Laufe der Jahre eine der meistgelesenen serbischen Kolumnistinnen und ihr wöchentlich erscheinendes »Tagebuch« in der Zeitschrift *Duga* studierten Politiker, Journalisten und Diplomaten intensiv. Eine ihrer zentralen Thesen lautete: »Ich sehe nicht ein, warum in Amerika Nachkommen der Mexikaner, Iren, Franzosen und Chinesen zusammenleben können, die Makedonier und Kroaten, Serben, Albaner bei uns aber nicht.«[109] Dabei wusste sie nur zu gut, dass die jugoslawische Regierung in Belgrad die Freiheitsbestrebungen der muslimischen Kosovo-Albaner mit allen Mitteln unterdrückte, was zur Verschärfung der Spannungen im Kosovo führte. Immer häufiger kam es zum Einsatz von Gewalt der serbischen Polizei und später auch der Armee gegen Kosovo-Albaner. Die Länder der EU hatten bereits ein Jahr zuvor eine neue Autonomieregelung angemahnt, aber geschehen war bisher nichts. Ein letzter Versuch, doch noch zu einer friedlichen Einigung zu kommen, scheiterte bei Verhandlungen in Schloss Rambouillet bei Paris im März 1999. Die NATO verlangte nun kategorisch die Annahme einiger grundsätzlicher Bedingungen: Hierzu gehörten der Abzug der Polizei- und Armeekräfte, die Rückkehr der Flüchtlinge, die Autonomie des Kosovo und die Stationierung einer internationalen bewaffneten Sicherheitstruppe. Am letzten Punkt, den die serbische Führung als unannehmbar bezeichnete, scheiterte die friedliche Lösung. Daraufhin begann die NATO am 24. März 1999 mit ihren Luftangriffen auf Ziele in Serbien. Nach Wochen andauernder Bombardements blieb die serbische Führung bei ihrer Ablehnung. Zur gleichen Zeit kam es im Kosovo zur Massenflucht der albanischen Bevölkerung nach Albanien und Mazedonien.

Erst am 3. Juni 1999 stimmte Milošević einem Friedensplan der G-8-Staaten formell zu. Nach der Rückkehr der albanischen Flüchtlinge in den Kosovo kam es nun, trotz der Präsenz einer internationalen KFOR-Friedenstruppe, zu zahlreichen Übergriffen gegen die Kosovo-Serben, die eine Fluchtwelle auslösten. 1999 stand Serbien, international isoliert, vor großen wirtschaftlichen Problemen, die Versorgung der Bevölkerung war ernsthaft gefährdet. Dennoch blieb die Macht von Milošević zunächst unangetastet. Mirjana beschimpfte die Vertreter der zerstrittenen Opposition als »Verräter«. Zoran Djindjic, den Führer der oppositionellen Demokratischen Partei, nannte sie einen »NATO-Kollaborateur« und das UN-Kriegsverbrechertribunal in Den Haag, das gegen ihren Mann Anklage erhoben hatte, bezeichnete sie als die »neue Gestapo«.

Für den 24. September 2000 waren in Rest-Jugoslawien Präsidenten- und Parlamentswahlen angesetzt. Mirjana engagierte sich im Wahlkampf für ihren Mann, kandidierte aber auch selbst für den Wahlkreis ihrer Heimatstadt Požarevac für die Bürgerkammer. Doch ein großer Teil der Opposition schloss sich nun zur »Demokratischen Opposition Serbiens« (DOS) zusammen, die Vojislav

Wie wäre die Karriere des öffentlichkeitsscheuen Slobodan Milošević wohl ohne seine Gattin Mirjana Markovic (geb. 1942) verlaufen?

Kostunica als ihren Präsidentschaftskandidaten aufstellte. Auf diese oppositionellen Aktivitäten reagierte das Regime mit verschärfter Repression, vor allem gegen unabhängige Medien. Im März schlossen die Behörden zahlreiche von oppositionellen Gruppen betriebene lokale Sender. Im Mai übernahm die Regierung die Kontrolle über die Tageszeitung *Burba* und den Fernsehsender *Studio B*, die Radiosender *B92* und *Index* wurden geschlossen.

Nach den Wahlen vom 24. September 2000 veröffentlichten die offizielle Wahlkommission und die Opposition widersprüchliche Ergebnisse: Die Wahlkommission meldete 48 Prozent der Stimmen für Kostunica und 40 Prozent für Milošević. Demnach wäre eine Stichwahl notwendig geworden. Die Opposition hingegen verwies auf ein Ergebnis von deutlich über 50 Prozent für Kostunica und 35 Prozent für Milošević. Auf der Basis des »offiziellen«, offensichtlich gefälschten Wahlergebnisses forderte der Diktator eine zweite Wahlrunde, was die Opposition mit Hinweis auf ihre Berechnungen strikt ablehnte. Es kam zu Massenkundgebungen, Streik- und Blockadeaktionen. Milošević wich dem Druck und erkannte den Wahlsieg Kostunicas an. Der neue Präsident Jugoslawiens, Vojislav Kostunica, wurde am 7. Oktober 2000 vereidigt.

Trotz seines Rückzugs aus dem Präsidentenamt blieb Milošević ein nicht zu unterschätzender Machtfaktor. Immerhin wurde er Ende November 2000 als Vorsitzender der SPS bestätigt. Bei den vorgezogenen Parlamentswahlen in Serbien im Dezember 2000 gewann die SPS allerdings nur noch 37 der insgesamt 250 Sitze und musste auch hier die Macht an die DOS abgeben. Mirjanas JUL hingegen verfehlte mit nur 0,38 Prozent Stimmanteil den Einzug ins Parlament und verschwand somit vollständig von der politischen Bildfläche.

Am 1. April 2001 verhaftete die serbische Polizei Milošević in seiner Belgrader Residenz und nahm ihn in Untersuchungshaft. Die Anklage lautete auf Amtsmissbrauch, Wirtschaftskriminalität und Anstiftung zur Gewalt. Augenzeugen berichteten, während der Verhaftung seien fünf Schüsse gefallen, die offenbar von Marija Milošević, der Tochter des Ex-Diktators, abgegeben wurden. Die Besitzerin des Jugendsenders *Kosava* (Wintersturm) soll wild um sich geschossen haben, heißt es. Eine andere Version berichtet, sie habe auf Cedomir Jovanovic geschossen, einen sozialistischen Parteifunktionär, der seinen Chef zum Aufgeben überreden wollte. *Studio B* meldete, dass sie sich gemeinsam mit der Mutter weiterhin in der von der Polizei besetzten Residenz befinde und beide sehr niedergeschlagen seien. Das war vermutlich maßlos untertrieben, zumindest was Mira Markovic anging. Für sie war immerhin eine Welt zusammengebrochen. Ganz abgesehen von der Tatsache, dass sie das erste Mal seit 36 Jahren auf unabsehbare Zeit von ihrem Slobo getrennt leben musste. Jetzt wurde das, was der ermordete Journalist Slavko Curuvija bereits zwei Jahre zuvor beschrieben hatte, besonders deutlich: »Sie lebt in einem Alptraum über ihre Vergangenheit, über die Gegenwart, über die Zukunft. Sie hat furchtbare, furchtbare Angst.«[110]

Mirjana besuchte ihren Mann täglich im Gefängnis und soll ihm, so Dragana Kuzmanovic, Sprecherin der JUL, sogar regelmäßig Essen gebracht haben. Eine Stunde Besuchszeit wurde dem Paar am Tag zugebilligt. Dabei waren sie jedoch getrennt durch eine Plexiglasscheibe und wurden von Gefängniswärtern beaufsichtigt. Zusätzlich erschwert wurde ihre Situation durch die Tatsache, dass dem Familienclan der Miloševićs immer mehr Verbrechen angelastet wurden. Nach Berechnungen des Belgrader Ökonomen Mladjan Dinkic sollen das Paar und seine Helfer über sechs Milliarden Mark ins Ausland geschafft haben. Tochter Marija gelangte in den Besitz ihres Belgrader Fernsehsenders und der Sohn Marko wurde durch den Schmuggel von Mangelwaren reich. Das US-Außenministerium bezeichnete Marko Milošević als eines der reichsten und gewalttätigsten Mitglieder der serbischen Mafia. Er sei der Beweis für die »Banditen-Natur« des Regimes.

Auch Mirjana selbst geriet unter Beschuss. Mit Hilfe von Geheimdienstchef Rade Markovic (eine zufällige Namensgleichheit) soll sie innenpolitische Gegner oder in Ungnade gefallene Gefolgsleute beseitigt haben. Drei Motive waren für Mirjana Markovic ausschlaggebend, um ihre Gegner liquidieren zu lassen, bestätigte ein ehemaliger Geheimdienstoffizier: Sie griff zum äußersten Mittel, wenn die Pfründe der Familie bedroht waren, wenn sie sich selbst beleidigt fühlte oder wenn die politische Macht von Ehemann Slobodan gefährdet schien.[111] Prominenteste Opfer waren Freischärlerführer Zeljko Raznatovic, genannt Arkan, sowie Verteidigungsminister Pavle Bulatovic und Zika Petrovic, Generaldirektor der staatlichen Fluggesellschaft JAT. Alle drei wurden erschossen.

Am Ostersonntag des Jahres 1999 kehrte der Journalist Slavko Curuvija von einem Spaziergang mit seiner Frau nach Hause zurück. Das Ehepaar bog in die Einfahrt ein, die zu ihrem Wohnhaus führte. Zwei maskierte Männer näherten sich ihnen von hinten und schlugen Frau Curuvija mit einer Eisenstange bewusstlos. Ihren Mann streckten sie mit elf Pistolenkugeln nieder. Die Zahl elf wurde in Belgrad als Botschaft aufgenommen. Sie steht für den Hass und die Entschlossenheit der Auftraggeber. Slavko Curuvija war jahrelang ein enger Freund Mira Markovics. Seit geraumer Zeit hatte er seine populäre Tageszeitung *Dnevni Telegraf* jedoch auf Oppositionskurs gegen Milošević gebracht und in einem offenen Brief den Präsidenten zum Rücktritt aufgefordert. Damit hatte er offenbar sein eigenes Todesurteil unterschrieben.[112]

Ungeklärt ist außerdem die Entführung und das Verschwinden von Ivan Stambolić, ehemals Steigbügelhalter Miloševićs, Freund und Vorgänger als serbischer Parteichef und Republik-Präsident. Er wurde am 24. August 2000 beim Joggen entführt, und seither fehlt von ihm jede Spur. Sein Sohn Veljko sagte kürzlich, die Familie habe jede Hoffnung aufgegeben, ihn noch lebend zu finden, und Frau Stambolić beschuldigte die Miloševićs mehrfach öffentlich, ihren Mann aus politischen Gründen beseitigt zu haben.[113] Stambolić besaß nicht nur Insiderkenntnisse über Finanzmanipulationen, sondern zählte auch zu den Hoffnungen des oppositionellen DOS-Bündnisses vor den Wahlen. Alarmierende Meinungsumfragen versetzten das Herrscherpaar in Panik.[114] Ob Mirjana Markovic wegen dieser Verbrechen belangt werden kann, ist bis heute offen.

Am 28. Juni 2001 lieferte die serbische Regierung Milošević an das Internationale Strafgericht für das ehemalige Jugoslawien (ICTY) in Den Haag aus. Unmittelbar zuvor hatte eine internationale Geberkonferenz die Beratungen über ihre künftige, auch von der Auslieferung Miloševićs abhängige, Unterstützung für Jugoslawien aufgenommen.

Bei seiner ersten Anhörung vor dem Tribunal am 2. Juli 2001 sprach Slobodan Milošević dem Gericht jede Legitimität ab und bekannte sich weder für schuldig noch für unschuldig. Laut Anklageschrift muss sich Milošević wegen des Todes von 577 Kosovo-Albanern verantworten sowie für die gewaltsame Deportation von mindestens 740 000 Kosovo-Albanern. Im August versuchte er vor einem Den Haager Bezirksgericht seine Freilassung zu erwirken. Das Tribunal sei schon deshalb rechtswidrig, da es nicht von der UN-Generalversammlung, sondern vom UN-Sicherheitsrat eingerichtet worden wäre, argumentierte er. Außerdem sei seine Überstellung nach Den Haag illegal gewesen. Der Antrag wurde abgewiesen. Dafür erweiterte die Staatsanwaltschaft jedoch im Oktober 2001 die Anklage gegen ihn und warf ihm nun auch die Mitverantwortung für Massaker in Kroatien vor.

Um ihren Mann besuchen zu können, musste Mirjana Markovic ein Visum für die Niederlande beantragen, da sie sich aufgrund von EU-Sanktionen nicht frei in Europa bewegen darf. Das erste Mal kam sie im Juli in die UN-Haftanstalt in Scheveningen, das zweite Mal anlässlich seines 60. Geburtstags im August. In einem Interview mit der BBC erklärte sie: »Mein Mann ist unschuldig. Er ist die Verkörperung des Kampfes um Wahrheit, Gerechtigkeit und Freiheit für alle.« Und sie fügte hinzu. »Jugoslawien hat aufgehört zu existieren. Es verschwand in einem Blutbad. Den Verdienst für diese Ereignisse in Jugoslawien haben die Zentren der politischen und wirtschaftlichen Macht vor allem im Westen, die das Land zerstören wollten.« Das Interview wurde von der BBC im September

2001 ausgestrahlt. Mira wirkte dabei verhärmt. Sie leidet unter der Trennung von ihrem Mann und unter ihren Ängsten vor der Zukunft. Die Geschichte des Paares Milošević/Markovic ist die Geschichte einer verschworenen Gemeinschaft, die als Außenseiter begannen und als Ausgestoßene endeten. Dazwischen organisierte und managte sie seinen Weg an die Macht, war stets seine engste Gefährtin, der einzige Mensch, dem er wirklich vertraute. Er sitzt nun im Gefängnis, sie ist frei. Dennoch wird sie bei ihm bleiben – bis zum Ende.

Nachwort

Der Titel des Buches lautet *Im Bund mit der Macht*. Aber was ist eigentlich Macht? Der Soziologe Max Weber beschreibt Macht »als jede Chance innerhalb einer sozialen Beziehung den eigenen Willen auch gegen Widerstreben durchzusetzen, gleichviel, worauf diese Chance beruht«. Der Philosoph Friedrich Nietzsche ging sogar soweit zu behaupten, alles Streben der Menschen ziele grundsätzlich darauf, Macht zu erlangen.

Wir beschäftigen uns nicht gerne mit dem Thema »Macht«, das Wort hat für uns einen negativen Beigeschmack. Gerade nach den Erfahrungen des 20. Jahrhunderts verbinden wir diesen Begriff nicht zu Unrecht mit Gewalt, Willkür und Verbrechen.

Macht auf der einen Seite ist ohne Machtlosigkeit und Ohnmacht auf der anderen nicht denkbar. Und so ist auch kaum jemand bereit zuzugeben, dass er Macht besitzt, ausübt oder gar missbraucht. Selbst die Diktatoren des 20. Jahrhunderts behaupteten stets von sich, für das Wohl der Menschen zu arbeiten.

Aber Macht übt auch eine große Anziehungskraft aus, sie macht »sexy«. Nicht umsonst behauptete Henry Kissinger, Macht sei das stärkste Aphrodisiakum. Diese Verbindung zwischen Macht und Sexualität verweist darauf, wie archaisch unser Denken oft ist und wie tief der Urinstinkt zur Erhaltung der Art noch heute in uns steckt. Manche Forscher argumentieren, dass sich Frauen schon seit Anbeginn der Menschheit vorzugsweise die größten und stärksten Männer aussuchten, weil diese dafür sorgten, dass ihr Nachwuchs stets ausreichend Nahrung bekam und überleben konnte.

In prähistorischen Zeiten ging es noch um die physische Stärke, heute drängen sich manche Frauen instinktiv um die Reichen, die Stars, die Idole und Wirtschaftbosse. Aussehen, Alter oder gar Charakter des »Objekts der Begierde« scheinen dabei kaum eine Rolle zu spielen – was erotisiert sind Einfluss und Geld. So überrascht es nicht weiter, dass auch die Führer totalitärer Systeme, die Alleinherrscher und Diktatoren ganzer Staaten, mit der größten denkbaren Machtbefugnis überhaupt ausgestattet, auf Frauen anziehend wirken mussten.

Zwölf dieser Frauen wurden in diesem Buch vorgestellt – ihr Leben, ihr Wirken und ihr Umgang mit der Macht. Einige von ihnen suchten sich ganz bewusst und zielstrebig »ihre« Diktatoren aus, um persönliche Vorteile zu erlangen oder um selbst Macht auszuüben.

Drei Frauen bilden in gewissem Sinne eine Ausnahme: Jekaterina Swanidse und Rachele Mussolini waren zwar Mitwisserinnen und Vertraute, zogen aber kaum eigenen Profit aus der Position ihrer Männer. Und Nadjeshda Allilujewa. Sie versuchte sogar, sich Stalin in den Weg zu stellen und musste dafür mit dem Leben bezahlen. Dennoch erlagen auch diese drei der »Erotik der Macht«. Jekaterina heiratete einen Mann, der zwar noch nicht den Gipfel seiner Herrschaft erklommen hatte, aber bereits zielstrebig dorthin unterwegs war. Die Anlage zum Machtmenschen war in dem jungen Stalin zweifellos bereits vorhanden und erkennbar. Dasselbe gilt für Mussolini, als Rachele ihm begegnete; nicht ohne Grund schrieb sie: »Mir gefiel sein unerschrockener Charakter, der bei Bekämpfung eines Hindernisses erst dann Halt machte, wenn es beseitigt war. Es machte großen Eindruck auf mich, wenn alle ihm auf den Versammlungen aufmerksam zuhörten und er seine Reden mit der Bestimmtheit einer Herausforderung führte.«

Auch für Nadjeshda Allilujewa scheint Macht das Aphrodisiakum gewesen zu sein. Als ihr jedoch bewusst wurde, wie sehr Stalin diese missbrauchte, brachte sie als einzige die Kraft auf, ihr Bündnis mit der Macht wenigstens teilweise aufzukündigen.

So waren alle in diesem Buch beschriebenen Frauen gern bereit, in den Bund mit der Macht zu treten. Auch wenn man den Grund dafür in archaischen Instinkten suchen mag, so besaß doch jede von ihnen eine eigene Verantwortung und lebte ihre Rolle auf eine eigene Art.

Literatur

Reinhold Andert und Wolfgang Herzberg. *Der Sturz – Honecker im Kreuzverhör,* Berlin 1990.

Bandini, Franco. *Claretta,* Mailand 1960.

Becker, Fritz. *Stalins Blutspur durch Europa,* Kiel 1995.

Diktatoren – Die größten Tyrannen und Despoten der Weltgeschichte, Wien 2000.

Eickhoff, Georg. *Das Charisma der Caudillo – Cárdenas, Franco, Perón,* Frankfurt/Main 1999.

Fishman, Jack/Hutton, J. Bernard. *Das Privatleben des Josef Stalin,* München 1967.

Frederick, Pauline. *Ten First Ladies of the World,* New York 1967.

Fusi, Juan Pablo. *Franco – Spanien unter der Diktatur 1936-1975,* München 1992.

Grimm, Tilemann. *Mao Tse-tung,* Reinbek 1987.

Hibbert, Christoph. *Mussolini – Das Leben des Duce,* Rastatt 1983.

Kunze, Thomas. *Nikolae Ceaușescu – Eine Biographie,* Berlin 2000.

Michalzik, Martin. *An der Seite der Genossen. Offizielles Jugendbild und politische Sozialisation im SED-Staat. Zum Scheitern der sozialistischen Erziehung in der DDR,* Melle 1994.

Möricke, Helga (Hrsg.). *Wir sind verschieden. Lebensentwürfe von Schülern in Ost und West,* 1991.

Mussolini, Rachele. *Mein Leben mit Benito,* Zürich 1948.

Mussolini, Vittorio. *Frauen im Leben meines Vaters,* Zug 1973.

Ortíz, Alicia Dujovne. *Evita Perón – Die Biographie,* Berlin 1997.

Probst, Ernst. *Superfrauen 3 – Politik,* Wiesbaden 2001.

Przybylski, Peter. *Tatort Politbüro – Die Akte Honecker,* Berlin 1991.

Schmidt, Gerd. *Ich war Butler beim Politbüro,* Schkeuditz 1999.

Spunda, Franz. *Clara Petacci,* Berchtesgaden 1952.
Totok, William. »Was fühlt man bei einem Tyrannenmord. Teilnehmer am Ceauşescu-Prozess erinnern sich«, in: *Halbjahresschrift für südosteuropäische Geschichte, Literatur und Politik*, 2/1999.
Wieke, Thomas. *First Ladies,* Berlin 1995.

Anmerkungen

1 Fishman und Hutton, S. 11.
2 Ebenda.
3 Ebenda, S. 25.
4 Ebenda.
5 Ebenda, S. 56.
6 Ebenda, S. 57.
7 Ebenda, S. 60.
8 Ebenda, S. 98.
9 R. Mussolini, S. 12.
10 Ebenda, S. 19.
11 Ebenda, S. 22.
12 Ebenda, S. 25.
13 Ebenda, S. 26.
14 Ebenda, S. 29.
15 Ebenda, S. 45.
16 Ebenda, S. 49.
17 Hibbert, S. 18.
18 R. Mussolini, S. 76.
19 Ebenda, S. 96.
20 Ebenda, S. 36.
21 Bandini, S. 126.
22 Hibbert, S. 116.
23 Spunda, S. 133.
24 R. Mussolini, S. 232.
25 V. Mussolini, S. 44.
26 Ebenda, S. 45.
27 Hibbert, S. 147.
28 Ebenda, S. 149.
29 Ebenda, S. 151.
30 R. Mussolini, S. 248.
31 Ebenda, S. 253.
32 Fusi, S. 9.
33 Ebenda, S. 19.
34 Frederick, S. 85.
35 Ebenda.
36 Ebenda, S. 94.
37 *Der Spiegel*, 10.6.1991.
38 *Der Spiegel*, 26.4.1976, S. 128.
39 Ebenda, S. 129.
40 Ebenda, S. 130.
41 Ebenda, S. 134.
42 Ebenda, S. 134.
43 *Der Spiegel*, 26.4.1976, S. 136.
44 *Diktatoren*, S. 67.
45 Probst, S. 116.
46 Der Spiegel, 41/2000, S. 158.
47 Ebenda.
48 Kunze, S. 43.
49 Ebenda, S. 64.
50 Ebenda, S. 82.
51 Ebenda, S. 160.
52 Ebenda.

53 Ebenda, S. 228.
54 *Berliner Zeitung*, 28.11.2000.
55 Kunze, S. 195.
56 Ebenda, S. 307.
57 William Totok.
58 Busurca.
59 Probst, S. 133.
60 Ortíz, S. 54.
61 Eickhoff, S. 173.
62 Ortíz, S. 78.
63 Ebenda, S. 88.
64 Ebenda, S. 86.
65 *Tagesanzeiger*, 19.11.1999.
66 Probst, S. 138.
67 Ebenda.
68 Ortíz, S. 220.
69 Ebenda, S. 209.
70 Ebenda, S. 357.
71 Ebenda, S. 369.
72 Michalzik, S. 24.
73 Andert und Herzberg, S. 179.
74 Ebenda, S. 185.
75 Ebenda.
76 Ebenda, S. 187.
77 Ebenda.
78 Ebenda, S. 238.
79 Ebenda, S. 147.
80 Ebenda, S. 239.
81 Michalzik, S. 24.
82 Möricke.
83 http://rzaix340.rz.uni-leipzig.de/ ãdvokat/96feb/gefaeng.htm
84 *Der Tagesspiegel*, 30.9.1999.
85 *Der Spiegel*, 47/1999.
86 Przybyski, S. 155.
87 Ebenda, S. 154.
88 Schmidt, S. 44.
89 *Coliers Magazine*, 2.10.1953.
90 Ebenda.
91 Ebenda.
92 http://www.gfbv.de/dokus/pogsel1.htm
93 *Coliers Magazine*, 2.10.1953.
94 Frederick, S. 97.
95 *Coliers Magazine*, 2.10.1953.
96 Ebenda.
97 *New York Post*, 20.12.1959.
98 Frederick, S. 99.
99 Ebenda.
100 *Coliers Magazine*, 2.10.1953.
101 *National Post*, 1.12.2000.
102 Ebenda.
103 *Der Tagesspiegel*, 15.9.2000.
104 *Cosmopolis*, 16.10.2000.
105 *Sonntagszeitung* (Schweiz), 4.4.1999.
106 *Financial Times Deutschland*, 6.4.2001.
107 *Berliner Zeitung*, 24.4.1999.
108 Ebenda.
109 *Die Zeit*, 1.11.1996.
110 *Berliner Zeitung*, 24.4.1999.
111 *Der Spiegel*, 5.3.2001.
112 *Die Zeit*, 18/99.
113 *Wiener Journal* 7/8, 2001.
114 *Der Spiegel*, 5.3.2001.

Bildnachweis

S. 17 Deutsche Presse-Agentur
S. 27 Privatsammlung
S. 36 Deutsche Presse-Agentur
S. 54 Ullstein Bilderdienst
S. 61 Ullstein Bilderdienst
S. 65 Keystone Pressedienst
S. 80 Ullstein Bilderdienst
S. 85 Süddeutscher Verlag Bilderdienst
S. 91 Ullstein Bilderdienst
S. 102 Deutsche Presse-Agentur
S. 118 Keystone Pressedienst
S. 126 Deutsche Presse-Agentur
S. 140 Süddeutscher Verlag Bilderdienst
S. 156 Süddeutscher Verlag Bilderdienst
S. 167 Deutsche Presse-Agentur
S. 173 Ullstein Bilderdienst
S. 180 Ullstein Bilderdienst
S. 188 Süddeutscher Verlag Bilderdienst
S. 208 Süddeutscher Verlag Bilderdienst
S. 224 Deutsche Presse-Agentur

Register

(Die *kursiv* gesetzten Seitenzahlen verweisen auf Abbildungen.)

Familienbande

Günther Wessel
Die Allendes
Mit brennender Geduld für eine bessere Welt

2002. 224 Seiten
ISBN 3-593-36775-0

Seit dem 19. Jahrhundert kämpft diese Familie für die Freiheit Chiles. Die Ideen, die Salvador Allende als Staatschef nur drei Jahre umsetzen konnte, trägt seine Nichte Isabell in Romanen wie *Das Geisterhaus* weiter. Günther Wessel hat die Autorin getroffen und das Portrait dieser starken Familie entworfen.

Robert von Rimscha
Die Kennedys
Glanz und Tragik des amerikanischen Traums

2002. 263 Seiten
ISBN 3-593-36529-4

Die Kennedys gelten als das amerikanische Königshaus. Gleichzeitig steht ihr Name für eine der erfolgreichsten und tragischsten Familiengeschichten. Robert von Rimscha blickt hinter die Kulissen – und hat erkannt, dass das »System Kennedy« auch »System Amerika« genannt werden kann.